Bedingungen und Kriterien für den sozialen Dialog in Europa aus Arbeitnehmersicht

Von wissenschaftlichen Erkenntnissen zu praxisorientierten Handlungsempfehlungen

Europäisches Zentrum
für Arbeitnehmerfragen (EZA)

Guy Van Gyes, Sem Vandekerckhove,
Jan Van Peteghem, Stan De Spiegelaere

Der Bericht „*Bedingungen und Kriterien für den sozialen Dialog in Europa aus Arbeitnehmersicht: Von wissenschaftlichen Erkenntnissen zu praxisorientierten Handlungsempfehlungen*" konnte dank der finanziellen Unterstützung der Europäischen Union und der Arbeit von HIVA (Onderzoeksinstituut voor Arbeid en Samenleving) und des Europäischen Zentrums für Arbeitnehmerfragen (EZA) realisiert werden.

Bedingungen und Kriterien für den sozialen Dialog in Europa aus Arbeitnehmersicht

Von wissenschaftlichen Erkenntnissen zu praxisorientierten Handlungsempfehlungen

Europäisches Zentrum
für Arbeitnehmerfragen (EZA)

Guy Van Gyes, Sem Vandekerckhove,
Jan Van Peteghem, Stan De Spiegelaere

Shaker Verlag
Aachen 2017

Bibliografische Angaben veröffentlicht von der Deutschen Nationalbibliothek
Die Deutsche Nationalbibliothek führt diese Veröffentlichung in der
Deutschen Nationalbibliografie; detaillierte biografische Angaben sind im
Internet abrufbar unter: http://dnb.d-nb.de.

Copyright Shaker Verlag 2017
Alle Rechte vorbehalten. Diese Veröffentlichung darf ohne die vorherige
Genehmigung der Herausgeber weder ganz noch teilweise vervielfältigt, in
einem Datenverwaltungssystem gespeichert oder in irgendeiner Form oder
mit einem elektronischen, mechanischem oder anderem Medium, per
Fotokopie, Aufzeichnung oder anderweitig weitergegeben werden.

In Deutschland gedruckt.

Layout: HellaDesign, D – 79312 Emmendingen

Übersetzung aus dem Englischen: Stefanie Becker

ISBN 978-3-8440-4403-4

Shaker Verlag GmbH
Postfach 101818
D – 52018 Aachen
Tel.: 02407/9596-0
Fax: 02407/9596-9
Internet: www.shaker.de
E-Mail: info@shaker.de

Inhaltsverzeichnis

Vorwort	11
Abkürzungsverzeichnis	14
Einführung	15

TEIL 1		**20**
Konzeptualisierung des sozialen Dialogs europäischer Prägung		20
1	**Hauptkonzepte**	**20**
1.1	Arbeit als soziales System	20
1.2	Definition des sozialen Dialogs	21
	1.2.1 Ein besonderes Instrument zur Steuerung der Arbeitsbeziehungen	21
	1.2.2 Mit der Arbeitnehmerbeteiligung und der demokratischen Mitsprache am Arbeitsplatz verwandt, aber unterschiedlich	23
	1.2.3 Abgrenzung des sozialen Dialogs von anderen Konzepten	24
1.3	Wesentliche institutionelle Komponenten	26
	1.3.1 Gegenseitige Anerkennung: Der Klassenkompromiss des Fordismus	27
	1.3.2 Die Gewerkschaft	29
	1.3.3 Das Tarifvertragssystem	32
	1.3.4 Betriebliche Unterrichtung und Anhörung	34
	1.3.5 Soziale Konzertierung	36
1.4	Weitere Merkmale neben dem „Steuerungssystem"	38
1.5	Typologien des sozialen Dialogs	40
2	**Wesentliche Triebfedern und Beweggründe**	**44**
2.1	Die Ziele des sozialen Dialogs	44
	2.1.1 Förderung der Demokratie am Arbeitsplatz	44
	2.1.2 Umverteilung der Unternehmensgewinne	46

	2.1.3	Auf dem Weg zu angemessenen Arbeitsbedingungen	46
	2.1.4	Effizienz und Effektivität	49
2.2		Ethische Argumente für den sozialen Dialog	50
	2.2.1	Die politische Argumentation für Demokratie am Arbeitsplatz	50
	2.2.2	Die staatsbürgerliche Argumentation für Demokratie am Arbeitsplatz	52
	2.2.3	Die religiöse Argumentation für Demokratie am Arbeitsplatz	53
2.3		In der europäischen Gesetzgebung verankert	55
	2.3.1	In der Verfassung verbriefte Rechte	56
	2.3.2	Praktische Umsetzung durch Richtlinien	56

3		**Sozialer Dialog und Wirtschaftsleistung**	**58**
	3.1	Standardmodelle der wirtschaftlichen Verhandlungen	59
	3.1.1	Bilaterales Monopol	59
	3.1.2	Erweitertes Monopolmodell	61
	3.1.3	Das Monopsonmodell	62
3.2		Bedingungen für den sozialen Dialog	64
	3.2.1	Gewerkschaftlicher Organisationsgrad	64
	3.2.2	Zentralisierung	64
	3.2.3	Tarifbindung und Allgemeinverbindlichkeitserklärung	65
	3.2.4	Konsens	66
	3.2.5	Wettbewerb	67
	3.2.6	Politische Unterstützung	67
3.3		Auswirkungen auf die Wirtschaftsleistung	68
	3.3.1	Löhne und Lohnnebenleistungen	68
	3.3.2	Beschäftigungszunahme und -fluktuation	69
	3.3.3	Ungleichheit	71
	3.3.4	Gewinne und Produktivität	71
	3.3.5	Wirtschaftswachstum und Stabilität	73
	3.3.6	Grenzen der ökonomischen Forschung zum sozialen Dialog	74
3.4		Fazit zur wirtschaftlichen Wirkung des sozialen Dialogs	75

4	**Die europäische Tradition des sozialen Dialogs in der aktuellen Krise unter Druck**	**76**
4.1	Das goldene Zeitalter des sozialen Dialogs	76
4.2	Neue Herausforderungen für die Arbeitsbeziehungen…	79

	4.2.1	Allgemeine Entwicklungen in der Arbeitswelt	80
	4.2.2	Entwicklungen auf EU-Ebene	83
4.3		... von der aktuellen Wirtschaftskrise beeinflusst	86
	4.3.1	Dezentralisierung	88
	4.3.2	Die Neueröffnung der Debatte über Besitzstände	88
	4.3.3	Neuorganisation der Sozialpartner	90
4.4		Entwicklungen, die wenig Einfluss auf die Qualität des sozialen Dialogs haben	92
	4.4.1	Der Trend zu kleineren Unternehmen	92
	4.4.2	Der Trend der rückläufigen Gewerkschaftsmitgliederzahl	92
	4.4.3	Zunehmende Beachtung des Wohlbefindens am Arbeitsplatz	94
	4.4.4	Zunehmende Einmischung von Nichtregierungsorganisationen	95
4.5		Die spezifische Situation der neuen EU-Mitgliedstaaten	96

TEIL 2   101

Der betriebliche soziale Dialog   101

5	Der institutionelle Rahmen der Arbeitnehmervertretung	101
5.1	Nähere Betrachtung der Theorie	101
5.2	Kartierung des institutionellen Rahmens	104

6	Grundlagen der effektiven Unterrichtung und Anhörung	109
6.1	Die zentrale Bedeutung des Engagements	111
6.2	Die Notwendigkeit klarer Zielsetzungen	112
6.3	Themen für die Anhörung, Unterrichtung und Verhandlung	113
6.4	Unterrichtung muss klar, rechtzeitig und regelmäßig sein	116
6.5	In den firmenübergreifenden sozialen Dialog und vergleichende Rechtsvorschriften eingebettet	117
6.6	Der betriebliche soziale Dialog sollte institutionell angemessen unterstützt werden	117
	6.6.1 Schaffung eines guten Rechtsrahmens	118
	6.6.2 Bereitstellung einer effektiven Arbeitsaufsichtsbehörde	118
	6.6.3 Beilegung von Streitigkeiten	120
	6.6.4 Anerkennung von Fähigkeiten und Kompetenzen	121

7	**Strukturelle Modalitäten der effektiven paritätischen Konsultation**	**122**
7.1	Zusammensetzung paritätischer Ausschüsse: Verschiedene Formeln	122
7.2	Arbeitsmodalitäten	126
7.2.1	Ständige Gremien	126
7.2.2	Ad-hoc-Gremien	127
7.3	Notwendige Ressourcen der Arbeitnehmervertreter	128
7.3.1	Schutz vor unfairer Behandlung	128
7.3.2	Informationsrechte	129
7.3.3	Freistellung	135
7.4	Ein spezifisches Format: Europäische Betriebsräte	137
7.4.1	Konzernbetriebsräte	137
7.4.2	Der Rechtsrahmen	138
7.4.3	Sachstand	139
8	**Arbeitnehmerbeteiligung in den Entscheidungsgremien – eine Idealform?**	**141**
8.1	Mitbestimmung in Europa	141
8.2	Warum ist die Mitbestimmung wünschenswert oder nicht?	143
8.3	Fallstricke und Probleme	146
8.3.1	Wer sollten die Vertreter sein?	146
8.3.2	Welche Aufgaben haben die Arbeitnehmervertreter?	146
8.3.3	Welche Interessen sollten sie vertreten?	147
8.3.4	Vertraulichkeit?	147
8.3.5	Wie steht es mit der Vergütung?	148
8.4	Halten wir die Mitbestimmung für wünschenswert?	148
9	**Verfahrensbezogene Herausforderungen für einen effektiven sozialen Dialog**	**150**
9.1	Wunsch und Fähigkeit zur echten Anhörung	150
9.2	Bewährte Fähigkeiten und Fortbildung	155
9.3	Techniken für gute Sitzungen	156
9.4	Die Verwendung angemessener Verhandlungstechniken	158
9.4.1	Die Vorbereitungsphase	158
9.4.2	Die Verhandlungen selbst	159
9.4.3	Abschluss der Verhandlungen	161
9.5	Konfliktlösung	162
9.6	Einbindung von Sachverständigen	165

10	**Was ist mit Kleinst- und Kleinunternehmen?**	**166**
10.1	Kleinst- und Kleinfirmen erfordern einen eigenen Ansatz	166
10.2	Der EU-Ansatz und die diversen nationalen Rechtsrahmen	167
	10.2.1 Betriebsräte und Arbeitsschutzausschüsse	168
	10.2.2 Gewerkschaftsvertreter	169

TEIL 3   171

Überbetriebliche Koordinierung des sozialen Dialogs   171

11	**Überbetrieblicher Dialog: Was verbirgt sich hinter dem Namen?**	**171**
11.1	Einige Zahlen...	171
11.2	... und ihre Ursprünge ...	174
11.3	... und ihre Wirkung	176
12	**Der branchenspezifische Ansatz**	**178**
12.1	Tarifverträge: Was verbirgt sich hinter dem Namen?	178
12.2	Wichtige Merkmale	183
	12.2.1 Organisationsmacht und Ressourcen der Sozialpartner	184
	12.2.2 Der gesetzliche und institutionelle Rahmen	184
	12.2.3 Die Rolle des Staats	185
	12.2.4 Die Integration von Branchentarifverträgen	185
	12.2.5 Merkmale von Branchentarifverträgen	185
12.3	Erfolgsfaktoren für Branchentarifverhandlungen	186
13	**Der nationale Ansatz**	**190**
13.1	Art und Wirkung des nationalen Tarifvertragssystems	192
	13.1.1 Zentralisierung	192
	13.1.2 Koordinierung	193
	13.1.3 Lackmustext für nationale Tarifverhandlungen: Einführung eines Mindestlohns	194
13.2	Sozialpakte	195
13.3	Nationale Institutionen für den sozialen Dialog	198
13.4	Vertretung in verschiedenen Gremien	200
13.5	Berufsausbildung und Arbeitsbeziehungen	200
13.6	Regionale Wirtschaftspartnerschaften	203

Inhaltsverzeichnis

14 **Fazit** **208**

Literaturangaben **210**

Autoren **224**

Vorwort

Dieser Bericht ist das Ergebnis eines zweistufigen Forschungsprogramms zu den „Bedingungen und Kriterien für einen erfolgreichen sozialen Dialog in Europa". Das Studienprojekt ist mit dem Bildungsprogramm des EZA-Netzwerks zum sozialen Dialog verbunden. Das Europäische Zentrum für Arbeitnehmerfragen (EZA) ist ein Netzwerk, das sich aus 69 Arbeitnehmerorganisationen aus 26 europäischen Ländern zusammensetzt, die sich für christlichsoziale Werte einsetzen. Die Mitglieder von EZA sind Arbeitnehmerorganisationen sowie Bildungs- und Forschungseinrichtungen, die sich mit arbeitnehmerbezogenen Fragen beschäftigen.

Seit Gründung und Erweiterung der Europäischen Union nach dem Zweiten Weltkrieg ist der soziale Dialog ein wesentliches Merkmal des europäischen Sozialmodells und der wirtschaftspolitischen Steuerung. Der Schwerpunkt dieses Berichts liegt zunächst auf der Definition und Konzeptualisierung des sozialen Dialogs und der organisierten Arbeitsbeziehungen in dieser europäischen Tradition. In einem zweiten Schritt werden die strukturellen und institutionellen Bedingungen und Prozesskriterien dieser Tradition des sozialen Dialogs erörtert. Diese Diskussion basiert auf einer Auswahl der bestehenden wissenschaftlichen Literatur mit dem Ziel, eine Reihe praxisorientierter Handlungsempfehlungen zu erarbeiten. Diese praxisorientierten Empfehlungen wurden außerdem in einer Seminarreihe bestätigt, die innerhalb des EZA-Netzwerks gehalten wurde. Nach Vorstellung der Kerngedanken erfolgte bei den Seminaren ein Meinungsaustausch. Das wissenschaftliche Team nutzte die jeweiligen Veranstaltungen als Gelegenheit, um Einsichten und Gedanken in Einzelgesprächen mit den Fachleuten aus der Praxis des sozialen Dialogs in den verschiedenen europäischen Ländern zu vertiefen.

HIVA und das wissenschaftliche Team, das an diesem interessanten Studienprojekt beteiligt war, möchten EZA und der Europäischen Kommission für ihr aufrichtiges Interesse an der Frage des sozialen Dialogs und für die Bereitstellung der Finanzmittel für dieses Forschungsthema danken.

Guy Van Gyes

Vorwort

Übersicht 0.1 EZA-Seminare, bei denen die wissenschaftlichen Erkenntnisse vorgestellt und erörtert wurden

Termine	Ort	Titel	Veranstalter
23.-24. April 2014	Jurmala, Lettland	Merkmale für die qualitative Bewertung des sozialen Dialogs in den baltischen Staaten	LKrA (Latvijas Kristīga Akadēmija)
22.-24. September 2014	Belgrad, Serbien	Wahrung der sozialen Dimension in einer wettbewerbsträchtigen Wirtschaft: Der europäische soziale Dialog in einem sich wandelnden industriellen Umfeld	Recht en Plicht
7.-9. Oktober 2014	Costa de la Calma (Mallorca), Spanien	Tarifverhandlungen und sozialer Dialog im neuen sozialen Europa	USO - CCFAS (Unión Sindical Obrera - Centro Confederal de Formación y Acción Social)
27.-29. November 2014	Budapest, Ungarn	Startseminar: Schwerpunkte des europäischen sozialen Dialogs	MOSZ (Munkástanácsok Országos Szövetsége)
16.-18. Februar 2015	Budapest, Ungarn	Gewerkschaft – Betriebsräte	MOSZ (Munkástanácsok Országos Szövetsége)
3.-4. März 2015	Brüssel, Belgien	30 Jahre Europäischer Sozialer Dialog – Erfolge, Herausforderungen und Entwicklungsperspektiven	Beweging.net - Ter Munk

Vorwort

Zu den oben genannten Seminaren wurde ein Abschlussbericht veröffentlicht: EZA: Gewerkschaftsstrategien zur Förderung guter Arbeitsverhältnisse in einem sich wandelnden industriellen Umfeld (Beiträge zum sozialen Dialog, 22). Königswinter, März 2015.
Verfasst wurde der Abschlussbericht von Volker Scharlowsky, dem Projektkoordinator der Seminare.

Abkürzungsverzeichnis

CEDEFOP	Europäisches Zentrum für die Förderung der Berufsbildung
ECS	European Company Survey (Europäische Unternehmenserhebung)
EIRO	European Industrial Relations Observatory (Europäische Beobachtungsstelle für die Entwicklung der Arbeitsbeziehungen)
ESENER	European Survey of Enterprises on New and Emerging Risks (Europäische Unternehmensumfrage über neue und aufkommende Risiken)
EZA	Europäisches Zentrum für Arbeitnehmerfragen
EU	Europäische Union
EBR	Europäischer Betriebsrat
HPWS	High-Performance Work Systems (Spitzenarbeitsbedingungen)
HR	Humanressourcen
HRM	Human Resources Management (Personalmanagement)
ILO	Internationale Arbeitsorganisation
KMU	Kleine und mittlere Unternehmen
UK	Vereinigtes Königreich
USA	Vereinigte Staaten von Amerika

Einführung

In den EU-Mitgliedstaaten spielen Organisationen, die die Arbeitgeber und Arbeitnehmer vertreten, gemeinsam eine wichtige Rolle, denn sie beeinflussen Entwicklungen auf betrieblicher Ebene und haben an der sozial- und wirtschaftspolitischen Steuerung im weiteren Sinne teil. Auch wenn das Wesen und der Umfang dieser Rolle von Land zu Land sehr unterschiedlich sind, ist der soziale Dialog Teil des so genannten *acquis communautaire*. Er wird im Vertrag zur Gründung der Europäischen Gemeinschaft gefördert.[1] Die Charta der Grundrechte der Europäischen Union beinhaltet ebenfalls das Recht auf Unterrichtung und Anhörung der Arbeitnehmerinnen und Arbeitnehmer im Unternehmen (Artikel 27) und das Recht auf Kollektivverhandlungen und Kollektivmaßnahmen (Artikel 28). Der soziale Dialog und organisierte Arbeitsbeziehungen werden als fester Bestandteil des europäischen Sozialmodells gesehen. Daher müssen neue Mitgliedstaaten Strukturen und Aktivitäten des sozialen Dialogs aufweisen und die Sozialpartner in der Lage sein, im europäischen sozialen Dialog eine effektive Rolle zu spielen. Sie müssen außerdem bei der Umsetzung des acquis communautaire in ihrer jeweiligen nationalen Gesetzgebung den sozialen Dialog berücksichtigen.

Folglich wird in allen EU-Mitgliedstaaten ein sozialer Dialog geführt, auch wenn dessen Rolle von Land zu Land variiert. Der Dialog kann verschiedene Formen haben – bi- und tripartistisch (oder eine Kombination beider) – und auf nationaler/regionaler, sektoraler und betrieblicher Ebene stattfinden. Die verschiedenen nationalen Dialogmuster spiegeln die unterschiedliche Geschichte sowie wirtschaftliche und politische Lage der Länder wider. Die meisten nord- und westeuropäischen Länder entwickelten ihr Modell des Sozialdialogs während/nach dem Zweiten Weltkrieg. Im Süden (1980er Jahre) und im Osten (1990er Jahre) wurden diese institutionellen Weichen später gestellt.

Die Entwicklung des (organisierten) sozialen Dialogs in Europa ist das Ergebnis von drei zusammenhängenden Prozessen (Hyman, 2001):

---

1 Die früheren Artikel 138-139, jetzt Artikel 154-155, des Vertrags über die Arbeitsweise der Europäischen Union, der am 1. Dezember 2009 nach der Ratifizierung des am 13. Dezember 2007 unterzeichneten Vertrags von Lissabon in Kraft trat.

a) Die Entstehung organisierter Interessensvertretungen, vor allem von Gewerkschaften, aber auch Arbeitgeberverbänden auf sektoraler, nationaler und supranationaler Ebene

b) Die Anerkennung dieser Interessensvertretungen als Stakeholder, die im System der Arbeitsbeziehungen eine wichtige Rolle spielen und ein großes Spektrum von Aufgaben übernehmen können

c) Das zunehmende Interesse von Regierungen und Gesetzgebern an diesem System von Arbeitsbeziehungen.

Traditionell wurden in Westeuropa die Hauptmerkmale von Systemen des sozialen Dialogs wie folgt gekennzeichnet (Sisson & Marginson, 2002; Aust et al., 2000):

a) Zentralisierte und starke Organisationen auf beiden Seiten (Arbeitgeberverbände und Gewerkschaften)

b) Eine relativ zentralisierte und koordinierte Form von Tarifverhandlungen

c) Koordinierung der Sozial- und Wirtschaftspolitiken durch verschiedene Regierungsebenen unter Einbindung der Arbeitgeberverbände und Gewerkschaften (Sozialpartner)

d) Integration der Arbeitnehmer auf betrieblicher Ebene durch Mechanismen zur Unterrichtung und Anhörung (zum Beispiel Betriebsräte oder Vertrauensleute).

Daher werden der Rechtsrahmen und die Beteiligung von Gewerkschaften als wichtige Merkmale des europäischen Arbeitsbeziehungsmodells definiert. Es sind dieses Konzept des sozialen Dialogs und die beteiligten Sozialpartner, die von der europäischen Politik aufgefordert werden, eine wesentliche Rolle bei der Modernisierung der Wirtschaft in ganz Europa zu spielen (insbesondere im Rahmen der Lissabon-Strategie, weniger in der Strategie Europa 2020[2]). Dabei

---

[2] Europa 2020 ist eine 10-Jahres-Strategie, die die Europäische Kommission am 3. März 2010 vorgestellt hat, um die Wirtschaft der Europäischen Union zu beleben. Sie soll „intelligentes, nachhaltiges, integratives Wachstum" mit einer stärkeren Koordinierung der nationalen und europäischen Politiken fördern. Sie ist die Nachfolgerin der Lissabon-Strategie für den Zeitraum 2000–2010.

beziehen sich die EU-Institutionen nicht auf eine bestimmte Idealform der Arbeitsbeziehungen, sondern befürworten allgemein jedes System der Arbeitsbeziehungen, das von sozialem Dialog geprägt und belastbar genug ist, um eine wesentliche Rolle in der Modernisierung des europäischen Sozialmodells zu spielen (Europäische Kommission, 2002).

Das neue System der wirtschaftspolitischen Steuerung, das von der EU und ihren Mitgliedstaaten schrittweise geschaffen wurde, um die wirksame Umsetzung der Sparpolitiken und Strukturreformen zu gewährleisten, hat jedoch die Vorbedingungen, unter denen die nationalen Tarifverhandlungen erfolgen, grundlegend verändert. Aus Verfahrenssicht verlagert das neue System der wirtschaftspolitischen Steuerung mit seinen neuen Überwachungsmechanismen, Sanktionen und der verstärkten Koordinierung zunehmend die Entscheidungsbefugnis von der einzelstaatlichen auf die europäische Ebene und beschneidet damit den Entscheidungsspielraum der nationalen Stakeholder bei politischen Entscheidungen. Bei der einseitigen Konzentration auf die Haushaltsdisziplin und die Kostenwettbewerbsfähigkeit werden die Entgelte – oder konkreter die Abwärtsflexibilität der Entgelte – als eine der zentralen Stellgrößen für die aktuellen makroökonomischen Ungleichgewichte gesehen. Durch diese neuen wirtschaftspolitischen Steuerungsprozesse haben europäische Institutionen, wie die Europäische Kommission, die Europäische Zentralbank (EZB) und der Europäische Rat, in die nationalen Tarifverhandlungen eingegriffen und Lohnkürzungen und Nullrunden sowie die Dezentralisierung der Lohnbildung gefordert. Daher stellt das neue System der europäischen wirtschaftspolitischen Steuerung einen Paradigmenwechsel in der Haltung der EU zum sozialen Dialog dar, der eine Abkehr von der Akzeptanz der Tarifautonomie zugunsten unmittelbarer politischer Intervention in die Ergebnisse und Verfahren nationaler Tarifverhandlungen bedeutet (Schulten & Müller, 2013).

Dennoch kann man ungeachtet dieser jüngsten politischen Entwicklungen nicht leugnen, dass der organisierte soziale Dialog auch weiterhin als ein Grundpfeiler der Demokratie im 21. Jahrhundert in Europa anerkannt wird. Andererseits wird zunehmend mit neuer Energie und Inbrunst darüber debattiert, wie wünschenswert dieser soziale Dialog ist. Die Diskussion befasst sich mit innovativen Formen des sozialen Dialogs und der Rolle, die die Sozialpartner und nationale/internationale Institutionen (wie Nichtregierungsorganisationen) darin spielen – ein Diskurs, der im europäischen Kontext durch die institutionelle Bandbreite der Arbeitsbeziehungen in den einzelnen Mitgliedstaaten weiter erschwert wird.

Einführung

Diese Fragen werden in den nachfolgenden drei Teilen eingehender behandelt. Teil 1 schildert, inwieweit die Praxis des sozialen Dialogs (ein Begriff, der für bi- oder tripartistische Verhandlungen durch Vertreter auf betrieblicher, regionaler, sektoraler, nationaler oder internationaler Ebene verwendet wird) im Zentrum des sozioökonomischen Konzepts steht, auf dem die EU basiert. Dieser Teil baut auf einer umfangreichen Untersuchung der internationalen Literatur auf. Das erste Kapitel behandelt die wichtigsten Konzepte und die gemeinsamen (oder ggf. unterschiedlichen) Merkmale der Systeme des sozialen Dialogs in der EU. Kapitel 2 beleuchtet die rechtlichen und ethischen Grundlagen des europäischen Modells des sozialen Dialogs und Kapitel 3 widmet sich der wirtschaftlichen Betrachtung. Kapitel 4 bietet Einblick in den aktuellen Stand dieser europäischen Tradition, die unter dem Einfluss der jüngsten Wirtschaftskrise stand und weiter steht, und versucht, die weitere Entwicklung zu prognostizieren.

Teil 2 befasst sich mit der betrieblichen Arbeitnehmervertretung. Er behandelt die Grundlagen des betrieblichen sozialen Dialogs zwischen Arbeitgebern und Arbeitnehmern und zeigt die Bedeutung eines wirksamen Regelwerks und der strukturellen oder notwendigen institutionellen Modalitäten effektiver paritätischer Konsultation. Weitere Themen sind der Mehrwert der Arbeitnehmervertretung in den Entscheidungsgremien der Unternehmen und wichtige Verfahrenskriterien für eine effektive Arbeitnehmervertretung (Kapitel 6 bis 9). Kapitel 10 beleuchtet schließlich die besondere Situation kleinerer und mittlerer Unternehmen.

Teil 3 dieses Berichts beschäftigt sich mit dem überbetrieblichen Einfluss, den die Sozialpartner ausüben. Ein Hauptmerkmal des europäischen Modells sozialen Dialogs ist unserer Meinung nach – ausgehend von der bestehenden Literatur – die Koordinierung über den einzelnen Betrieb hinaus. Auf dieser Ebene kann der soziale Dialog folgende Ausprägungen haben:[3]

- Einfache Konsultationen verschiedenster sozioökonomischer Interessensvertretungen (Sozialpartner) durch die Regierung vor Verabschiedung wirtschafts- und sozialpolitischer Maßnahmen, die ihre Interessen berühren

---

3 www.southeast-europe.net/document.cmt?id=504

- Bipartistische Verhandlungen zwischen Arbeitnehmer- und Arbeitgeberorganisationen auf nationaler, sektoraler, berufsspezifischer, regionaler oder lokaler betrieblicher Ebene

- Tripartistische Verhandlungen zwischen den Vertretern der Sozialpartner und dem Staat zwecks Erreichen eines breiten gesellschaftlichen Konsenses, der zur Unterzeichnung nationaler Sozialabkommen oder sogenannter Sozialpakte führt.

Angesichts dieser verschiedenen Kategorien untergliedert sich Teil 3 in mehrere Hauptthemen. Nach einer kurzen Einführung in Kapitel 11 befasst sich Kapitel 12 mit dem überbetrieblichen, sektoralen sozialen Dialog, wie er sich in den verschiedenen EU-Mitgliedstaaten ausgestaltet hat. Kapitel 13 erörtert Modelle des nationalen sozialen Dialogs. Es wurde beschlossen, weder die europäischen Institutionen, die den sozialen Dialog fördern, noch weltweite Ansätze, wie den der ILO, zu behandeln, obwohl deren Bedeutung spürbar zugenommen hat.

TEIL 1

KONZEPTUALISIERUNG DES SOZIALEN DIALOGS EUROPÄISCHER PRÄGUNG

1 Hauptkonzepte

1.1 Arbeit als soziales System

Jedes soziale System besteht aus einer Vielzahl von Individuen, die in Interaktion zueinander treten und sich dadurch von ihrem Umfeld abheben. Nicht nur kleine Gruppen oder Organisationen, sondern ganze Zivilisationen können ein soziales System bilden, das der Beeinflussung durch andere soziale Systeme in der menschlichen Zivilisation unterliegt und umgekehrt selbst ähnlichen Einfluss auf diese sozialen Systeme ausübt. Der Soziologe Talcott Parsons hat die These vertreten, dass jedes soziale System sich an Veränderungen im Umfeld anpassen muss, um zu überleben, und sich daher seine Merkmale im Verhältnis zur Beeinflussung durch die Außenwelt weiterentwickeln.

Die Arbeitswelt ist ein solches soziales System, das den meisten Bürgern die Möglichkeit bietet, im Wirtschaftssystem produktiv zu sein und ein Einkommen zu erwirtschaften. Erwerbstätigkeit oder bezahlte Arbeit ist ein Oberbegriff, der grundsätzlich eine Gesamtheit von Einzelleistungen und -ergebnissen bezeichnet, die finanziell vergütet und im Rahmen einer hierarchischen Beziehung organisiert werden. Die Arbeit als soziales System ist von den Arbeitsbeziehungen geprägt. „Die Arbeitsbeziehungen bezeichnen das Werk, das sich damit befasst, die Arbeitgeber-Arbeitnehmer-Beziehungen aufrechtzuerhalten, die zu einer zufriedenstellenden Produktivität, Motivation und Arbeitsmoral beitragen. Das Ziel der Arbeitsbeziehungen ist vor allem, Probleme mit einzelnen Arbeitnehmern zu vermeiden und zu lösen, die durch die Arbeitssituation entstehen oder sie betreffen" (OHCM, 2012).

1.2 Definition des sozialen Dialogs

1.2.1 Ein besonderes Instrument zur Steuerung der Arbeitsbeziehungen

Dieser Bericht befasst sich mit dem sozialen Dialog, der ein wesentlicher Teil des übergeordneten Konzepts der *Arbeitsbeziehungen* ist, bei denen es um die Strukturierung und Regulierung des Beschäftigungsverhältnisses über Austausch, Dialog, Verhandlung, Auseinandersetzung und Streit zwischen der Arbeitgeber- und Arbeitnehmerseite geht (Cortebeeck et al., 2004). Mit den Worten von Lester (1964): „Die Arbeitsbeziehungen beinhalten den Versuch, Lösungen zwischen gegensätzlichen Zielen und Werten zu erzielen: zwischen dem Gewinnmotiv und sozialem Zugewinn; zwischen Disziplin und Freiheit; zwischen Autorität und Demokratie am Arbeitsplatz; zwischen Verhandlung und Kooperation; zwischen den gegensätzlichen Interessen des Einzelnen, der Gruppe und der Gemeinschaft." Richardson (1954) ergänzt noch eine emotionale Dimension und spricht von der „Kunst des Zusammenlebens zum Zweck der Produktion". Die Arbeitsbeziehungen beinhalten daher die „Prozesse zur Regulierung und Kontrolle der Beziehungen im Betrieb, der Aufgabenorganisation und Beziehungen zwischen den Arbeitgebern und ihren Vertretern einerseits und den Arbeitnehmern und ihren Vertretern andererseits und sind die Summe der wirtschaftlichen, sozialen und politischen Interaktionen an Arbeitsplätzen, wo die Arbeitnehmer körperliche und geistige Arbeit im Gegenzug für Vergütung durch den Arbeitgeber leisten, sowie die Institutionen zur Steuerung der betrieblichen Beziehungen" (Gospel & Palmer, 1993).

Der *soziale Dialog* kann als spezifisches Instrument oder als Lösung innerhalb dieses allgemeinen Konzepts zur Steuerung der Arbeitsbeziehungen gesehen werden. Regini (2002) liefert einen guten Überblick der Bedeutung des sozialen Dialogs innerhalb des Rahmens der Arbeitsbeziehungen (Übersicht 1.1).

Übersicht 1.1 Sozialer Dialog als spezifischer Bereich innerhalb der Arbeitsbeziehungen

	ART DER REGULIERUNG			
	Konflikt	Unilateral	Verhandlung	Kooperation
ART DER AKTEURE				
Einzelne Akteure	Ausstiegsverhalten	Managementkontrolle/ Regulierung durch Verbände	Individuelle Verhandlungen	Direkte Beteiligung
Interessensgruppe	Streik/ Aussperrung	Verlassen auf die Verbände	Tarifverhandlungen *	Mitbestimmung *
Staat	Eingriff von Gewerbeaufsichten; Schlichtung	Gesetze und Normen	Sozialpakte*	Tripartistische Steuerung *

* Bereiche, die unter den Begriff des sozialen Dialogs fallen
Quelle: nach Regini, 2002

Dennoch scheint es keine einheitliche und allgemein anerkannte Definition zu geben, was unter dem Begriff sozialer Dialog zu verstehen ist. In der Praxis ist die Definition der Internationalen Arbeitsorganisation vermutlich die am häufigsten verwendete: „Der soziale Dialog steht für alle Arten von Verhandlung, Anhörung und Unterrichtung zwischen den Vertretern der Regierungen und der Sozialpartner oder zwischen den Sozialpartnern über Themen gemeinsamen Interesses, die die Wirtschafts- und Sozialpolitik betreffen." Ihm wird im Allgemeinen eine „kritische Rolle für das Erreichen des (...) Ziels [zugeschrieben], Chancen für Frauen und Männer zu fördern, würdige und produktive Arbeit unter den Bedingungen der Freiheit, Gleichheit, Sicherheit und menschlichen Würde zu finden" (ILO, 2013).

1.2.2 Mit der Arbeitnehmerbeteiligung und der demokratischen Mitsprache am Arbeitsplatz verwandt, aber unterschiedlich

Zwei verwandte, häufig genannte Konzepte sind die *Arbeitnehmerbeteiligung* und die *demokratische Mitsprache am Arbeitsplatz*. Diese beiden werden häufig gleichbedeutend verwendet, aber aus Sicht einiger Wissenschaftler geht letzteres Konzept weiter und ist stärker. Ihrer Ansicht nach ist die Beteiligung notwendig, aber eine unzureichende Vorbedingung für die demokratische Mitsprache am Arbeitsplatz. Demokratische Mitsprache in ihrer Reinform soll in Unternehmen (und nur in diesen Unternehmen) bestehen, wo die Arbeitnehmer echte Kontrolle über die Festlegung der unternehmerischen Ziele und die strategische Planung haben und so sicherstellen können, dass ihre eigenen Ziele und Interessen berücksichtigt werden und nicht nur die des Unternehmens: „Die Beteiligung erfüllt nicht die Anforderungen der demokratischen Mitsprache am Arbeitsplatz, denn sie besteht immer, wenn Arbeitnehmer die Möglichkeit haben, ihre Meinung zu unternehmerischen Entscheidungen zu äußern, selbst wenn dies nur darauf hinausläuft, Vorschläge zur Umsetzung bereits getroffener Entscheidungen zu unterbreiten" (Foley & Polany, 2006). So betrachtet, ist die *Arbeitnehmerbeteiligung* ein zu vager Begriff, um als konzeptionelle Grundlage zur Beschreibung des sozialen Dialogs zu dienen.

Andererseits sehen einige Autoren die Arbeitnehmerbeteiligung als Oberbegriff, der das enger gefasste Konzept des *sozialen Dialogs* umfasst, das im Grundsatz häufig auf Vertretung basierende Formen der Arbeitnehmerbeteiligung bezeichnet, d.h. Diskussionen und Verhandlungen zwischen Arbeitnehmervertretungen (oft Gewerkschaftsvertretern) und Arbeitgebervertretern (unabhängig vom Beisein von Regierungsdelegierten) auf betrieblicher, sektoraler, regionaler, nationaler oder internationaler Ebene. Eine weitere Kategorie der Arbeitnehmerbeteiligung wird traditionell als *partizipatives Management* bezeichnet: Die Praxis, es Beschäftigten zu ermöglichen, an operativen Entscheidungen teilzuhaben. Diese Praxis entstand aus der Human-Relations-Bewegung der 1920er Jahre und basiert auf Grundsätzen, die Wissenschaftler entdeckten, die sich mit Management- und Organisationsstudien befassten. Auch wenn die letztendliche Entscheidungsbefugnis bei den Führungskräften bleibt, wenn eine Form des partizipativen Managements praktiziert wird, werden die Mitarbeiter doch ermutigt, ihre Ansichten über die Arbeitsbedingungen in einem sicheren Umfeld zu äußern, das vor der potenziell defensiven Einstellung ihrer Vorgesetzten geschützt ist. In den 1990er Jahren wurde das partizipative Management in anderer Form durch die Förderung von Methoden des organisatorischen Lernens wiederbelebt.

Dieser Bericht befasst sich mit dem „sozialen Dialog" im engsten Sinne des Wortes. Anders gesagt, beschränkt er sich innerhalb des übergeordneten Konzepts der demokratischen Mitsprache am Arbeitsplatz auf die Beteiligung per Vertretung: Der organisierte politische Austausch, ungeachtet der Ebene, zwischen Delegierten, die die Arbeitgeber und die Arbeitnehmer vertreten (in der Praxis Gewerkschaftsvertreter), mit oder ohne Beteiligung von Regierungsvertretern.

1.2.3 Abgrenzung des sozialen Dialogs von anderen Konzepten

Dieser Bericht konzentriert sich demnach auf den unteren rechten Quadranten des „sozialen Dialogs" in der Einteilung der Arbeitsbeziehungen in Übersicht 1.1. Daher lässt er Formeln des direkten Kontakts zwischen Arbeitnehmern und Führungskräften sowie konfliktträchtige Formen der Kommunikation zwischen beiden Parteien unberücksichtigt. Dennoch ist es sinnvoll, neben dem, was Regini (2002) als sozialen Dialog in Reinform bezeichnet, kurz einige Formen der Arbeitnehmereinbindung zu beschreiben.

1.2.3.1 Konfliktträchtiges Verhalten

Formen des einseitigen konfliktträchtigen Verhaltens werden im Rahmen dieses Texts nicht erörtert – obwohl die Hinzuziehung der Gewerbeaufsicht, die Urabstimmung über einen Streik oder die Entscheidung für eine Aussperrung sicherlich auch Wege des politischen Austauschs zwischen beiden Seiten sind.

1.2.3.2 Direkte Formen der Kommunikation

Die direkte Kommunikation und direkte Beteiligung sind leicht unterschiedliche Formen der betrieblichen Regulierung und Kontrolle, die allmählich zunehmen; diese Begriffe beziehen sich in der Regel auf die direkte/individuelle Aussprache von Arbeitnehmern mit ihren Vorgesetzten oder Führungskräften anstelle kollektiver Vertretungsstrukturen. Es bedeutet, dass die Arbeitnehmer einzeln angehört und ermutigt werden, sich an der Gestaltung ihres Arbeitsumfelds oder der Arbeitsorganisation zu beteiligen. Dennoch bleibt diese Beteiligung für gewöhnlich innerhalb der hierarchischen Grenzen. Es gibt nur wenig Nachweise für die Wirksamkeit der direkten Beteiligung (Walters, 2010), vermutlich aufgrund der fehlenden kritischen Masse an methodologisch fundierten Studien. Dennoch haben sich in der täglichen Praxis partizipative Formen der Kommunikation bei der Behandlung betrieblicher Themen, wie Qualitätsproblemen und Arbeitsschutzthemen, als erfolgreich erwiesen (siehe Abschnitt 4.2.1.3).

Man könnte argumentieren, dass die direkte Vertretung und direkte Kommunikation als andere Formen der Beteiligung innerhalb eines Kontinuums der Ansätze des sozialen Dialogs betrachtet werden können. Auch wenn in einigen Betrieben und Einrichtungen die Führungskräfte womöglich versuchen, Methoden der direkten Konsultation als Alternativen zur Vertretung zu fördern, treten diese in anderen parallel zu den Vertretungsformen auf (Europäische Agentur für Sicherheit und Gesundheitsschutz am Arbeitsplatz, 2013). Es gibt keinen Grund, warum sich die beiden gegenseitig ausschließen sollten; sie sind vielmehr als zwei Seiten derselben Medaille zu sehen. Außerdem zeigt die Geschichte der partizipativen Herangehensweisen an Gesundheit und Sicherheit, dass die Entwicklung solcher Lösungen äußerst langwierig ist, wenn keine Gesetzesmaßnahmen vorliegen, die die Arbeitgeber zwingen, gemeinsame Vorkehrungen für die Gesundheit und Sicherheit am Arbeitsplatz zu treffen. „Fehlen andere Formen der Unterstützung, würde es den Arbeitnehmern in der direkten Anhörung vermutlich selten gelingen, genug Ressourcen einzusetzen, um die Eigenständigkeit ihrer Mitsprache zu erhalten oder eine wirksame Umsetzung ihrer Ziele zu erreichen" (Walters et al., 2005).

1.2.3.3 Einseitige Positionen der Arbeitgeberverbände oder Gewerkschaften

Die Kommunikation von oben nach unten („top-down"), d.h. der Arbeitgeber und die Hierarchie erteilen der Belegschaft Anweisungen und treffen allein Entscheidungen zu beliebigen Themen, ist sicherlich eine Art, ein Unternehmen oder eine Organisation zu führen, kann aber nicht als Form der gegenseitigen Kommunikation gelten, geschweige denn des sozialen Dialogs. Das Gleiche gilt für die wenigen Fälle, in denen Arbeitnehmerorganisationen in der Vergangenheit einseitig die Bedingungen der Beschäftigung festgelegt haben, was manchmal als Verbandsregulierung bezeichnet wird (Regini, 2002); dabei werden die Bedingungen diktiert, unter denen Arbeitnehmer von den Arbeitgebern unter Vertrag genommen werden können. Die *Verbandsregulierungen* betreffen zum Beispiel die Klauseln über gewerkschaftspflichtige Betriebe, die in einigen Teilen der Industrie bewahrt wurden (Drucksetzer in den Niederlanden, Schauerleute in Belgien) und die noch in wenigen Unternehmen fortbestehen, vorwiegend in den englischsprachigen Ländern.

Diese Praktiken kann man natürlich ebenfalls nicht als normalen „sozialen Dialog" bezeichnen.

1.3 Wesentliche institutionelle Komponenten

Die Entwicklung dieses (organisierten) sozialen Dialogs in Europa ist das Ergebnis von drei historischen, miteinander verwandten Prozessen (Hyman, 2001):

a. Entstehung organisierter Interessensgruppen, insbesondere von Gewerkschaften, aber auch von Arbeitgeberverbänden auf sektoraler, nationaler und supranationaler Ebene
b. Anerkennung dieser Interessengruppen als Akteure, die eine wichtige Rolle im System der Arbeitsbeziehungen spielen und darin vielfältige Aufgaben ausüben können
c. Das zunehmende Interesse von Regierungen und Gesetzgebern an diesem System der Arbeitsbeziehungen.

Traditionell wurden in Westeuropa die Hauptmerkmale dieses Systems des sozialen Dialogs wie folgt charakterisiert (Sisson & Marginson, 2002; Aust et al., 2000):

a. Zentralisierte und starke Organisationen auf beiden Seiten (Arbeitgeberverbände und Gewerkschaften)
b. Eine relativ zentralisierte und koordinierte Form von Tarifverhandlungen
c. Beteiligung der Arbeitnehmer auf betrieblicher Ebene durch Mechanismen zur Unterrichtung und Anhörung (zum Beispiel Betriebsräte oder Vertrauensleute)
d. Anhörung der Arbeitgeberverbände und Gewerkschaften (Sozialpartner) zu Politiken, die im sozial- und wirtschaftspolitischen Bereich von verschiedenen Regierungsebenen beschlossen werden.

Dies erfordert primär die Existenz gut etablierter Gremien, ungeachtet davon, ob diesen eine eigene Rechtspersönlichkeit gegeben wurde oder nicht, die die moralische oder rechtliche Unterstützung haben, um formelle Verhandlungen zu beliebigen sozioökonomischen Themen zu führen. Im Grundsatz sollten diese Verhandlungen nicht auf gelegentliche Kontakte beschränkt, sondern Teil einer strukturierten, langfristigen Beziehung sein. Was das Wesen dieser Kontakte betrifft, unterscheiden die Autoren für gewöhnlich zwischen den drei folgenden (kumulativen) Stufen (Anderson & Mailand, 2001):

- „Anhörung: Ein Prozess der Diskussion und Debatte, der sich in der Regel von Verhandlungen und Tarifverhandlungen dahingehend unterscheidet, dass er nicht notwendigerweise zu einem Kompromiss und einer Einigung führt;

- Sozialer Dialog: Ein Prozess der kontinuierlichen Interaktion zwischen den Arbeitgebern und den Gewerkschaften mit dem Ziel, Einigungen zur Steuerung bestimmter wirtschaftlicher und sozialer Stellgrößen zu erzielen, sowohl auf mikro- wie auch auf makroökonomischer Ebene;
- Sozialpartnerschaft: Ein Prozess der Anhörung und/oder Verhandlung, der auf innovative Ansätze zur Bekämpfung der sozialen Ausgrenzung abzielt und allen Beteiligten nützt. Die möglichen Akteure sind die Arbeitgeber (oder ggf. ihre Verbände), Gewerkschaften, öffentliche Behörden und Nichtregierungsorganisationen. Die Sozialpartnerschaft kann auf allen Ebenen initiiert werden."

Jede dieser Stufen kann mit einem bestimmten institutionellen Rahmen in Verbindung gebracht werden. Die Anhörung wird von Unterrichtungs- und Anhörungsgremien auf betrieblicher Ebene organisiert. Das wesentliche institutionelle Merkmal des sozialen Dialogs ist nach Ansicht von Anderson & Mailand das Tarifvertragssystem. Die Stufe oder Ebene der Sozialpartnerschaft ist erreicht, wenn sich der soziale Dialog zu einer sozialen Konzertierung weiterentwickelt. Diese institutionellen Merkmale werden im Folgenden kurz vorgestellt, aber natürlich bauen alle drei auf einem politischen Grundfundament auf – der gegenseitigen Anerkennung.

1.3.1 Gegenseitige Anerkennung: Der Klassenkompromiss des Fordismus

Die Steuerung der Arbeitsbeziehungen im „sozialen Dialog" wurde historisch Mitte des 20. Jahrhunderts durch einen Kompromiss zwischen Kapital und Arbeit konsolidiert. Im Gegenzug für wirtschaftliche Zugeständnisse des Kapitals gegenüber den Arbeitnehmern (hohe Entgelte, Vollbeschäftigung, Sozialleistungen) akzeptierten die Arbeitnehmer das kapitalistische System und insbesondere das Vorrecht des Kapitals, das Unternehmen zu führen. Die Tatsache, dass über die Institutionen eines demokratischen kapitalistischen Staats ein steigender Lebensstandard und Vollbeschäftigung erzielt werden konnten, führt dazu, dass die Arbeitnehmer ein Interesse an der Verteidigung und am Erhalt dieser Institutionen entwickelten. Die Stützung dieses Kompromisses war dann eine starke Reaktion der Investoren auf den Nachfrageanstieg, der durch die steigenden Löhne und die Vollbeschäftigung ausgelöst wurde. So vertritt Glyn (1995) die Meinung, dass die Entgelte und Beschäftigung gleichzeitig in einem sich selbst verstärkenden Zyklus stiegen, der durch hohe Investitionen, steigende Produktivität und Lohnerhöhungen verbunden ist. Historisch betrachtet, wurde dieser Kompromiss durch eine Reihe von Faktoren ermöglicht: Die Entwicklung der makroökonomischen

Nachfragesteuerung nach Keynes, die Pax Americana und Massenproduktionssysteme Fordscher Ausprägung (Marglin und Schor, 1990). Eine institutionalisierte Form des sozialen Dialogs bildete das Rückgrat des Systems.

Abb. 1.1: Der Fordsche Kompromiss (makroskopisch)

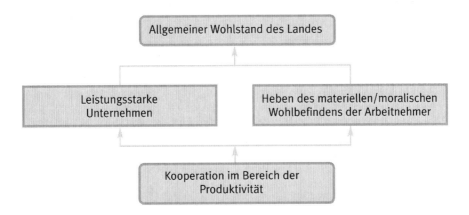

Die Quintessenz dieses Kompromisses wurde beispielsweise in der belgischen gemeinsamen Erklärung zur Produktivität von 1954 treffend formuliert, die 1959 auf Forderung der Gewerkschaften überarbeitet wurde (Cassiers & Denayer, 2009): „Die Früchte der steigenden Produktivität werden gerecht zwischen dem Unternehmen und seinen Beschäftigten verteilt, unter anderem unter Berücksichtigung der Folgen steigender Produktivität für die Beschäftigungsquote und die Lebensbedingungen der Arbeitnehmer."[4] Übersicht 1.2 fasst die betriebliche Umsetzung dieses Kompromisses in den Arbeitsbeziehungen zusammen.

---

4 Eigene Übersetzung

Teil 1: Konzeptualisierung des sozialen Dialogs europäischer Prägung

Übersicht 1.2 Das Fordsche Modell (mikroskopisch)

Pflichten der Arbeitnehmer	Pflichten der Arbeitgeber
Die Autorität des Arbeitgebers anzuerkennen und zu respektieren	Die Würde der Arbeitnehmer zu respektieren
Arbeitsanweisungen pflichtbewusst auszuführen	Die Arbeitnehmer gerecht zu behandeln
Gemeinsame Praxis zu befolgen	Die Freiheit der Gewerkschaften und die Mitgliedschaft in Gewerkschaften nicht zu behindern

Das Modell des Fordismus wird oft als *Korporatismus* oder *Neokorporatismus* bezeichnet und lässt sich auf den Versuch verkürzen, die politische Steuerung der Wirtschaft mit der Eigenständigkeit der Marktkräfte in Einklang zu bringen. Im Allgemeinen haben drei Hauptfaktoren zur Entwicklung und Stabilität dieser organisierten Form des sozialen Dialogs in Europa beigetragen (Upchurch et al., 2009):
- „Eine staatliche Tradition des wirtschaftlichen Interventionismus in sozialen Gebilden, in denen der liberale Individualismus relativ unterentwickelt war;
- Die Existenz einer politischen Kultur, die auf gesellschaftlicher Harmonie und politischem Konsens basiert und durch den Wunsch nach nationalem Wiederaufbau und Bildung einer Nation ermöglicht wurde;
- Die Wahl sozialdemokratischer Regierungen neben der Existenz starker, repräsentativer und geschlossener Arbeitgeber- und Arbeitnehmerdachverbände mit engen institutionellen Verbindungen zwischen Gewerkschaften und sozialdemokratischen Parteien."

1.3.2 Die Gewerkschaft

Die am häufigsten zitierte Definition einer Gewerkschaft ist die der britischen Arbeitshistoriker und -theoretiker Beatrice und Sidney Webb aus ihrem Buch *Die Geschichte des britischen Trade Unionism* in der Neuauflage von 1920. Sie definieren eine Gewerkschaft als „kontinuierlichen Zusammenschluss von Lohnempfängern zum Zwecke des Erhalts und der Verbesserung der Bedingungen ihres Arbeitslebens". Es sind freie und unabhängige Vereinigungen, die von Arbeitnehmern gegründet werden, um ihre Interessen am Arbeitsplatz und allgemein in der politischen Wirtschaft zu vertreten. Ein wichtiges Merkmal von Gewerkschaften ist ihr angenommener repräsentativer

Charakter: Sie sprechen für ihre Mitglieder, sie können ihre Mitglieder bei Interessenskonflikten mit dem/den Arbeitgeber(n) mobilisieren und eine Einigung mit der Arbeitgeberseite im Namen ihrer Basis erzielen. Der nachfolgende Abschnitt stellt drei Indikatoren für die Macht und Struktur dieses Akteurs der Arbeitsbeziehungen aus Sicht der Arbeitnehmer vor. Das „klassische" Konzept macht deutlich, dass die folgenden Grundelemente im Zentrum der gewerkschaftlichen Organisation stehen:

- Gewerkschaften sind dauerhafte Organisationen, keine vorübergehenden, informellen oder Ad-hoc-Zusammenschlüsse von Arbeitnehmern. Logischerweise haben Gewerkschaften einen offiziellen Status – eine ganze Reihe von Rechten und Pflichten ihrer Mitglieder und Vertreter werden schriftlich fixiert. Eine solche Organisation ist beispielsweise von einem spontan gebildeten Streikausschuss zu unterscheiden, der sich wieder auflöst, wenn die Aktion beendet ist oder der Konflikt gelöst wurde.
- Gewerkschaften sind Organisationen gewerblicher Arbeitnehmer und/oder Angestellter – d.h. sie vertreten Menschen, die auf Grundlage eines Arbeitsvertrags erwerbstätig sind oder sein möchten, um ein Entgelt zu verdienen.
- Die freiwillige Mitgliedschaft ist ein drittes Merkmal der gewerkschaftlichen Organisation. Die Arbeitnehmer entscheiden selbst, ob sie einer Gewerkschaft beitreten möchten oder nicht. Diese Freiheit ist der Lackmustest der Unabhängigkeit der Gewerkschaft vom Arbeitgeber.

So sind diese repräsentativen Arbeitnehmerverbände das, was Müller-Jentsch als zwischengelagerte Organisationen bezeichnet. Sie sind Zusammenschlüsse, die einerseits in den Zwischenbereich zwischen Politik und Wirtschaft fallen und andererseits zwischen ihren Mitgliedern oder ihrem Zuständigkeitsbereich stehen; sie greifen ein, indem sie die Interessen ihrer Mitglieder artikulieren. Die Gewerkschaften und Arbeitgeberverbände sind an verschiedenen Fronten aktiv – nicht nur innerhalb ihrer Organisationen (siehe Teil II dieses Berichts), sondern auch in verschiedenen Wirtschaftszweigen auf lokaler, nationaler und internationaler Ebene. Übersicht 1.3 verdeutlicht diese verschiedenen Wirtschaftszweige, indem unter drei geografischen Bereichen (international, national und lokal/regional) und drei Ebenen von Zielgruppen unterschieden wird: Strukturen und ihre Ergebnisse, wie Tarifverträge, können eine große Kohorte der erwerbstätigen Bevölkerung aus verschiedenen Wirtschaftszweigen abdecken (dies bezeichnen wir als sektorenübergreifenden Ansatz), aber auch einen spezifischen Sektor (z. B. die Baubranche, Kleinunternehmen) oder einen bestimmten Berufsstand (Hausangestellte, Angestellte, Pflegeberufe, ...) oder eine einzelne Organisation (zentralisiert oder mit mehreren Standorten).

Übersicht 1.3 Tätigkeitsbereiche der Sozialpartner

	Makroebene (sektorenübergreifender Ansatz)	Zwischenebene (Wirtschaftszweig, Unternehmen oder Berufsstand)	Mikroebene (Organisation)
International			
National			
Lokal (regional)			

Das ist der Grund, warum die Sozialpartner in europäischen Ländern eine mehrstufige Struktur haben und von großen, nationalen Institutionen, die aus zahlreichen Sektionen und Segmenten bestehen, bis zu kleineren Organisationen reichen können, die sich oft nur auf einen einzigen (wenn auch großen) Arbeitgeber beschränken, wie zum Beispiel Interessensgruppen, die die Rechte der Lokführer oder Fluglotsen verteidigen und bisweilen relativ autonom handeln. Gewerkschaften wie auch Arbeitgeberverbände haben meistens lokale Stellen, die ihre Mitglieder in einem bestimmten Bezirk bedienen. Die lokalen Vertretungen können sich an Sektoren ausrichten (wie zum Beispiel Zusammenschlüsse, die die Interessen der chemischen Industrie oder die Rechte von Dockern in einem Hafengebiet verteidigen) oder sektorenübergreifend organisiert sein. Sie gehören fast immer einem Dachverband an, der sektoral oder sektorenübergreifend aufgestellt sein kann. Diese Beziehung kann manchmal sehr locker oder im Gegenteil sehr hierarchisch strukturiert sein.

Die verschiedenen sektorenübergreifenden Interessensvertretungen sind die oberste Ebene und werden in der Regel als „nationale Sozialpartner" bezeichnet. Auf der Gewerkschaftsseite haben sie häufig eine Affinität zu den wichtigsten politischen Lagern des Lands (Sozialdemokratie, Kommunisten, Christdemokraten, sogar Liberale), während auf der Arbeitgeberseite zumeist der sektorale Ansatz vorherrscht. Einige Branchenorganisationen können sehr dominant sein und einen entscheidenden Einfluss auf der sektorenübergreifenden Ebene ausüben, wie die traditionell starken Branchengewerkschaften (Beamte, Bergleute, Stahlarbeiter) oder auf Arbeitgeberseite die Landwirtschaft oder (in Ländern mit einem hohen Anteil von Kleinst- und Kleinfirmen wie Italien oder Belgien) die Berufsverbände der Selbständigen. Daneben haben Berufsverbände in föderalen Ländern (Deutschland, Italien, Spanien,

Belgien...) oft regionale Zwischenebenen. Durch die Entwicklung der EU haben außerdem internationale Dachverbände der Gewerkschaften sowie der Arbeitgeberverbände an Bedeutung gewonnen.

1.3.3 Das Tarifvertragssystem

Übersicht 1.1 zeigt, dass das *Tarifvertragssystem* als spezifisches Segment des übergeordneten Konzepts des *sozialen Dialogs* gesehen werden kann.

a) Definition

Der Begriff Tarifverhandlungen bezieht sich auf alle Verhandlungen zwischen einem Arbeitgeber, einer Gruppe von Arbeitgebern oder einer oder mehrerer Arbeitgeberorganisationen einerseits und einer oder mehrerer Arbeitnehmerorganisationen andererseits mit einem oder mehreren der folgenden Ziele (Standaert, 2005):
- Festlegung von Arbeitsbedingungen und Beschäftigungsbestimmungen
- Regulierung der Beziehungen zwischen Arbeitgebern und Arbeitnehmern
- Regulierung der Beziehungen zwischen den Arbeitgebern und ihren Organisationen und (einer) Arbeitnehmerorganisation(en).

Wie der Ausschuss für Vereinigungsfreiheit der Internationalen Arbeitsorganisation festgestellt hat, regeln die Verfassung der ILO und ihre Übereinkommen Nr. 98 und 154, dass Tarifverhandlungen auf folgenden wichtigen Grundsätzen basieren sollten:
- Freie und freiwillige Verhandlungen
- Autonomie der Sozialpartner, die „keine unangemessene Einmischung der Regierung oder anderer Stellen duldet. Die Regierung kann jedoch einen Rechtsrahmen für Tarifverhandlungen schaffen, der durch Regeln oder Praktiken ergänzt werden kann, die die Sozialpartner selbst festlegen" (Standaert, 2005)
- Gleicher Status oder gleiche Rechte für alle an den Tarifverhandlungen beteiligten Partner.

Die Verwendung des Begriffs *Tarifverhandlungen* ist überwiegend formellen betrieblichen oder überbetrieblichen, d.h. sektoralen oder nationalen, Verhandlungen vorbehalten, die im Allgemeinen zum Abschluss von *Tarifvereinbarungen* führen sollen.

b) Branchenvereinbarungen

Im Grundsatz haben alle EU-Mitgliedstaaten eine lange Tradition des sektoralen sozialen Dialogs. Die meisten haben eine bipartistische Formel für den sektoralen sozialen Dialog gewählt, wobei der Staat oft logistische Unterstützung leistet.

Der sektorale soziale Dialog, der auf den Abschluss langfristiger Tarifverträge abzielt, wurde schnell zur vorherrschenden Strategie der Gewerkschaften. Ihre Hauptstoßrichtung bestand anfangs darin, die Arbeitgeber von der Unterzeichnung solcher Vereinbarungen zu überzeugen, weshalb sie nach und nach ihren Konfrontationskurs aufgaben, um zu versuchen, eine vertrauensvolle Atmosphäre aufzubauen und ihren Teil der Verantwortung zu tragen. Der wichtigste Punkt, den die Gewerkschaften dabei in die Waagschale werfen konnten, war die Wahrung des sozialen Friedens. Dies war und ist die wichtigste Legitimierung ihrer Rolle den Arbeitgebern gegenüber und ermöglicht es ihnen, breite gesellschaftliche Unterstützung zu sichern (Luyten, 1995).

In den Anfangsphasen konzentrierten sich die Gewerkschaften vorrangig auf finanzielle Fragen: Die Regulierung von Entgelttrends im weitesten Sinne (zur Sicherung der Kaufkraft) und die Harmonisierung der Tariftabellen. Den Arbeitgebervertretern hingegen ging es vor allem darum, die Rentabilität einzelner Unternehmen und die Wettbewerbsfähigkeit des Sektors insgesamt zu wahren. Später kamen auch andere Themen in den Tarifvereinbarungen hinzu: die wöchentliche Arbeitszeit, Bedingungen für den Frühruhestand, Gleichstellung von Frauen und Männern ...

Das Konzept des sektoralen Dialogs ist nicht immer ganz klar. Tarifverträge auf Verbandsebene, die von wenigen national tätigen Unternehmen abgeschlossen werden, die einen bestimmten Sektor beherrschen und später vom Sektor insgesamt befolgt werden, sind nicht mit typischen Branchentarifverträgen vergleichbar, die grundsätzlich durch Beteiligung einer großen Anzahl von Unternehmen in einem spezifischen Sektor entstehen (Ghellab & Vaughan-Whitehead, 2003).

In vielen Ländern werden Tarifvereinbarungen auf Branchenebene für allgemeinverbindlich erklärt.

Der Begriff *Allgemeinverbindlichkeitserklärung* bezieht sich auf staatlich beeinflusste Bestimmungen, die Tarifverträge auf Arbeitgeber und Arbeitnehmer ausweiten können, die nicht direkt unter diese Tarifverträge fallen, wodurch sie in ihrem Geltungsbereich allgemeinverbindlich werden, indem die Arbeitgeber und Arbeitnehmer, die keine vertragsschließende Partei sind, gebunden werden. In etwa der Hälfte der EU-Mitgliedstaaten ist dies nicht der Fall: Ein Tarifvertrag, der von einem Arbeitgeberverband abgeschlossen wird, gilt normalerweise nur für die Unternehmen, die dem vertragsschließenden Verband angehören; so wird die Autonomie des jeweiligen Unternehmens gewahrt (Rebhahn, 2004).

1.3.4 Betriebliche Unterrichtung und Anhörung

Im Allgemeinen sind formelle paritätische Anhörungsgremien eher in Großunternehmen zu finden, während kleinere und mittlere Unternehmen typischerweise einen Gewerkschaftsvertreter haben.

a) Vorgeschriebene Gremien

Bei *firmeninternen* Anhörungsgremien kann man grob zwei Typen unterscheiden. Es können gemeinsame beratende Ausschüsse sein, die keine oder nur wenig rechtliche Unterstützung haben, wie man sie vorwiegend in den angelsächsischen Ländern findet, oder paritätische Gremien, die auf Grundlage zwingender Standards eingerichtet werden, die per Gesetz vorgegeben werden, wie es in vielen kontinentaleuropäischen Staaten der Fall ist. Diese beratenden Gremien können ein breites Spektrum von Interessen abdecken und jedwedes Thema erörtern, das auf betrieblicher Ebene für diskussionswürdig erachtet wird, oder sich in ihrer Arbeit auf bestimmte Themen beschränken. In vielen Mitgliedstaaten müssen die Arbeitnehmervertreter in diesen gesetzlich vorgeschriebenen, paritätischen Ausschüssen einer formellen Gewerkschaft angehören; in anderen Ländern gibt es Raum für einzelne Arbeitnehmer ohne formelle Beziehung zu einer institutionalisierten Organisation (wie in den Niederlanden oder Deutschland). In vielen Ländern ist die Schaffung formeller Betriebsräte oder Arbeitsschutzausschüsse ab einer bestimmten Anzahl von Mitarbeitern vorgeschrieben. Es scheint, dass keine eindeutige Verbindung zwischen diesen Schwellwerten und dem tatsächlichen Vertretungsgrad besteht: Länder mit niedrigeren rechtlichen Schwellwerten sind nicht zwangsläufig die mit einer stärkeren Vertretung (Eurofound, 2011). In anderen Ländern haben Unternehmen beträchtlichen Spielraum bei der Wahl einer Formel für den sozialen Dialog: Die Rechtsvorschriften beschränken sich in diesen Fällen darauf festzulegen, dass in Betrieben ab einer bestimmten Belegschaftszahl (meistens 30 bis 50 Beschäftigte), „die Arbeitgeber angemessene Strukturen zur Unterrichtung oder Anhörung ihrer Mitarbeiter" sicherstellen müssen oder ähnliches. Dies resultiert oft in sogenannten Ad-hoc-Tarifverhandlungen: Die Sozialpartner auf betrieblicher Ebene kommen nur formell zusammen, wenn Gesprächsbedarf entsteht.

All das führt dazu, dass der Standardbegriff *Betriebsrat* ein recht diffuses Konzept beschreibt: Ein Betriebsrat ist eine betriebliche Organisation, die die Arbeitnehmer vertritt und als lokale bzw. betriebliche Ergänzung firmenübergreifender Tarifverhandlungen fungiert. Je nach Rechtsrahmen können Betriebsräte daher von streng regulierten Foren bis zu locker aufgestellten Institutionen für den sozialen Dialog in Unternehmen reichen, in denen weder Arbeitgeber noch Arbeitnehmer in Strukturen organisiert sind. Der firmeninterne soziale Dialog beschränkt sich nicht zwangsläufig auf den Sitz eines einzelnen Arbeitgebers. In vielen Fällen gründen die Sparten großer oder multinationaler Unternehmen, die manchmal eine eigenständige Rechtseinheit bilden oder in verschiedenen Ländern ansässig sind, gemeinsame Dachausschüsse, die trotzdem als regulärer Betriebsrat gelten können. Die Formel des Europäischen Betriebsrats (siehe unten) fällt darunter.

b) Grad des Einflusses

Die Intensität dieses sozialen Dialogs kann sehr unterschiedlich ausfallen, je nachdem wie stark sich die verschiedenen Partner engagieren.

- Das geringste Maß liegt dort vor, wo die Partner sich darauf beschränken, *Informationen auszutauschen* und Erläuterungen zu geben. Dies ist zum Beispiel der Fall, wenn die oberste Unternehmensleitung in regelmäßigen Abständen Präsentationen zur Finanz- oder Geschäftslage des Unternehmens hält. Versammlungen sollen diese Art der Kommunikation fördern, die sich meist auf eine reine Klarstellung von Standpunkten und Meinungen beschränkt.
- Einen Schritt weiter geht es dort, wo formelle Kontakte *beratender* Natur zwischen Arbeitgebern und Arbeitnehmern bestehen, was bedeutet, dass beide Seiten die jeweils andere Partei um ihren Standpunkt in bestimmten Fragen bittet, ohne jedoch verpflichtet zu sein, die Meinung der anderen Partei zu berücksichtigen. De facto haben die meisten gemeinsamen Ausschüsse in den Unternehmen in vielen EU-Mitgliedstaaten eine beratende Rolle: Die Arbeitnehmer oder ihre Vertreter werden über geplante Maßnahmen unterrichtet und dürfen ihre Ansichten dazu äußern oder werden nach ihrer Meinung gefragt.

- Eine weitere Stufe auf der Leiter des sozialen Dialogs ist die *Kontrolle*. Dies bedeutet, dass die Arbeitnehmer selbst eine direktere und aktive Rolle bei Entscheidungen spielen. Ein besonderes Merkmal ist dabei das Recht zur Überprüfung: Der Arbeitgeber unterbreitet eine Reihe von Daten (Beschäftigungskennzahlen, Unfallquoten oder Ausstoß von Luftschadstoffen) und die Arbeitnehmer und ihre Vertreter können ihre Zustimmung oder ihre abweichende Sicht dazu äußern und gleichzeitig fordern, dass Anpassungen vorgenommen werden. Ähnlich gelagert sind Zustimmungsrechte: Ein Arbeitgeber darf spezifische Maßnahmen erst dann umsetzen, wenn die Zustimmung der Arbeitnehmervertreter vorliegt (Engelen, undatiert). Dies ist vergleichbar mit dem Untersuchungsrecht, wie es im niederländischen Sozialrecht umgesetzt ist (Van der Heijden et al., 2012); es ermöglicht Gewerkschaften, Sachverhalte in Privatunternehmen zu untersuchen.
- Echte *Partizipation* ist jedoch etwas anderes. Ein Kontext der echten Beteiligung erfordert, dass Maßnahmen, Entscheidungen und Pläne wortwörtlich im Dialog gestaltet werden (Heselmans & Van Peteghem, 2007). Es setzt eine beträchtliche Reife und fundiertes Wissen bei allen Partnern voraus, da die Entscheidungen noch nicht getroffen sind und die weitere Vorgehensweise häufig noch unklar ist. Die Beteiligung ist jedoch oft auf „verschiedene Formen der Ermächtigung beschränkt, die manchmal lediglich den Beitrag erhöhen sollen, den die Beschäftigten zum Unternehmen oder zur Organisation leisten" (Brewster, 2007).
- Die letzte und höchste Stufe dieser Form der demokratischen Mitsprache am Arbeitsplatz ist das deutsche System der *Mitbestimmung* – ein Begriff, der sich nur schwer in andere Sprachen übersetzt lässt und einen Idealtypus der betrieblichen Demokratie bezeichnet. Er nähert sich einer Situation an, in der die Arbeitnehmer formell berechtigt sind, echten Einfluss auf eine Reihe von operativen, taktischen und sogar strategischen Themen zu nehmen.

1.3.5 Soziale Konzertierung

Der soziale Dialog auf zentralisierter Ebene umfasst mehr als nur Tarifverhandlungen. Zahlreiche Länder sind mit unterschiedlichen Formeln vertraut, wie Vereinbarungen über gemeinsame Empfehlungen, Leitlinien, Rahmenvereinbarungen, einkommenspolitische Erklärungen etc., und unterschiedlichen Rechtsstatus (Bruun, 2002). Sie wählen oft die Form des sogenannten *Sozialpakts*. Andere Ergebnisse des sozialen Dialogs finden weniger Beachtung in der breiten Öffentlichkeit. Die Sozialpartner können stark in die Steuerung von Sozialversicherungsinstitutionen, öffentlichen Gewerbeaufsichten, Nationalbanken und anderen Finanzinstituten eingebunden sein. Neue Rechtsvorschriften und ein breites Spektrum sozioökonomischer Initiativen gehen auf die gemeinsame oder tripartistische Beratung innerhalb eigener oder informeller Gremien zurück. In vielen Ländern kommen Änderungen des Arbeitsrechts, Bestimmungen über die Sicherheit und den Gesundheitsschutz am Arbeitsplatz, Beschäftigungsmaßnahmen etc. nur in enger Zusammenarbeit mit den Sozialpartnern zustande. In diesen und anderen Mitgliedstaaten sind die Sozialpartner auch direkt am Dialog über allgemeine politische Themen beteiligt, wie Lage und Perspektiven arbeitsloser Menschen, Berufsausbildung junger Menschen, Investitionen in die Infrastruktur, Steuerwesen, Erwerbsarmut, Folgen der weltweiten Finanzkrise ...

Die einzige umfassende Definition zum Umfang des nationalen sozialen Dialogs in Instrumenten der ILO findet sich in Empfehlung Nr. 113 *„Consultation and cooperation between public authorities and employers' and workers' organization at the industrial and national level"* (Anhörung und Zusammenarbeit zwischen öffentlichen Behörden und Arbeitgeber- und Arbeitnehmerorganisationen auf betrieblicher und nationaler Ebene) von 1960. Hier wird klar unterschieden zwischen der gemeinsamen Betrachtung von Fragen gemeinsamen Interesses mit dem Ziel, abgestimmte Lösungen zu erreichen, und dem Prozess der Anhörung, wo die zuständigen öffentlichen Behörden die Ansichten, Ratschläge und Unterstützung der Arbeitgeber- und Arbeitnehmerorganisationen zu solchen Fragen einholen (Rychly & Pritzer, 2003):
- Erarbeitung von Gesetzen und Rechtsvorschriften, die ihre Interessen betreffen
- Gründung und Arbeitsweise nationaler Einrichtungen, wie die Stellen, die für die Organisation der Beschäftigung, der Berufsausbildung, des Arbeitsschutzes etc. verantwortlich sind
- Ausarbeitung und Umsetzung von Plänen für die wirtschaftliche und soziale Entwicklung.

Von dieser Warte aus betrachtet, könnte ein ganzes Themenspektrum unter die soziale Konzertierung auf nationaler Ebene fallen:
- Makroökonomischer, politischer Rahmen und Wirtschaftswachstum
- Strukturwandel und Wandel der Wirtschaft
- Entgelterhöhungen und Inflation (Währungspolitik)
- Beschäftigungspolitik
- Schul- und Berufsausbildung
- Produktivität und wirtschaftliche Wettbewerbsfähigkeit
- Besteuerung und Steuerpolitik

- Sozialstaat, Sozialversicherung und -schutz
- Wirtschafts- und Sozialstrategien zur Behandlung externen Reformdrucks
- Lohnbildung einschließlich Festlegung des Mindestlohns
- Arbeitsrecht
- Arbeitsbedingungen
- Arbeitsmarktpolitik
- Beilegung von Tarifstreitigkeiten
- Sicherheit und Gesundheitsschutz am Arbeitsplatz
- Umweltfreundliche Wirtschaft und nachhaltige Entwicklung.

1.4 Weitere Merkmale neben dem „Steuerungssystem"

a) Der soziale Dialog vervollständigt nicht die klassische parlamentarische Demokratie, sondern ergänzt sie

Die Demokratie sollte sich nicht auf Abstimmungen in turnusmäßigen Wahlen beschränken. Bietet man großen gesellschaftlichen Gruppen die Möglichkeit, sich an den Prozessen der Politikgestaltung und Entscheidungsfindung zu beteiligen, kann dies die traditionellen politischen Mechanismen stärken und festigen. Einige Länder (wie Frankreich) haben betriebliche Gewerkschaftsvertreter, die genauso wie normale politische Vertreter gewählt werden.

Diese erste Aussage gilt auch umgekehrt: „(...) der soziale Dialog kann nur in einer Gesellschaft seine volle Wirkung entfalten, die grundlegende Menschenrechte und bürgerliche Freiheiten nicht nur verkündet, sondern auch praktiziert" (Rychly & Pritzer, 2003).

b) Der soziale Dialog steht nicht im Widerspruch zur Marktwirtschaft

Der soziale Dialog kann dazu beitragen, die effektive Funktion der Marktwirtschaft zu erhalten, indem er sich mit ihren sozialen Folgen auseinandersetzt. Er kann unnötige soziale Konflikte verhindern, heftige Konflikte beilegen und so das Geschäfts- und Investitionsklima verbessern. Zahlreiche Wissenschaftler haben Untersuchungen zum Mehrwert firmeninterner Institutionen des sozialen Dialogs durchgeführt, und obwohl das Bild nicht immer eindeutig ist, kommen viele Autoren zu dem Schluss, dass der soziale Dialog ein Instrument für mehr Produktivität und Wettbewerbsfähigkeit sein kann (siehe Kapitel 3).

c) Der soziale Dialog ist kein Selbstzweck, sondern ein Instrument zur Behandlung wirtschaftlicher und sozialer Probleme

Dem sozialen Dialog werden Verdienste in so innovativen Bereichen wie der Arbeitsorganisation und Modernisierung, der Bewahrung der Chancengleichheit, der Förderung der Sicherheit und des Gesundheitsschutzes am Arbeitsplatz sowie der Feinabstimmung der Sozialversicherungssysteme zugeschrieben. Dabei sollten Gespräche des sozialen Dialogs nicht als Hochämter oder rituelle Sitzungen betrachtet werden, sondern in hohem Maße ergebnisorientiert sein und zu einer sozialen Befriedung führen, während sie gleichzeitig die Sozialstaatlichkeit und das soziale Wohl bewahren und erhöhen.

d) Es gibt kein universelles Modell des sozialen Dialogs

Die Modalitäten des sozialen Dialogs und der Umfang können sich von einem Land zum anderen beträchtlich unterscheiden. Der Grundinhalt ist flexibel genug, um sich an die unterschiedlichsten Situationen anzupassen, sei es auf betrieblicher, sektoraler, regionaler oder nationaler Ebene – solange sich der soziale Dialog auf das soziale und wirtschaftliche Gefüge auswirkt.

e) Der soziale Dialog ist nicht nur eine Form von Krisenmanagement

Wie alle menschlichen Kontakte kann der soziale Dialog nur dann Früchte tragen, wenn er auf gegenseitigem Vertrauen und Zutrauen basiert, und dies gilt umso mehr, wenn organisatorische Veränderungen anstehen (Sorensen & Hasle, 2009). Diese Praktiken brauchen einige Zeit, um sich zu entwickeln, vorzugsweise unter günstigen wirtschaftlichen Umständen, die die Zusammenarbeit in gutem Glauben erleichtern. „Leider wenden sich die Regierungen bisweilen nur in Situationen wirtschaftlicher Krisen an die Sozialpartner, wenn sie Unterstützung für unpopuläre Maßnahmen suchen" (Rychly & Pritzer, 2003).

f) Die Formeln sind miteinander verwandt

Alle Tarifvertragsformeln sind größtenteils miteinander verwandt. Das Wesen und die Formen des sozialen Dialogs, die auf betrieblicher Ebene bestehen, hängen teilweise vom sozialen Dialog auf anderen Ebenen ab. Die relative Bedeutung der verschiedenen Ebenen kann von rechtlichen Sachzwängen, den Kapazitäten und dem Grad der Koordinierung der einzelnen möglichen Akteure oder schlicht von Konventionen bestimmt werden. In Deutschland können Tarifverhandlungen zum Beispiel auf Unternehmens- oder Branchenebene erfolgen, aber ein einzelner Unternehmer kann nicht beide Formen verbinden. In anderen Ländern, wie dem Vereinigten Königreich oder Spanien, steht der Verbindung dieser beiden Ebenen des sozialen Dialogs nichts entgegen (Eurofound, 2012b).

1.5 Typologien des sozialen Dialogs

Im Bereich des Tarifvertragssystems gibt es bereits einen gemeinsamen Kern europäischen Rechts (siehe Abschnitt 2.3). In allen Mitgliedstaaten können Arbeitgeberorganisationen Tarifverträge mit den Gewerkschaften abschließen. In allen Staaten außer Österreich ist jeder Arbeitgeber berechtigt, einen eigenständigen Tarifvertrag für sein Unternehmen abzuschließen. Die Möglichkeit zum Abschluss von Tarifverträgen auf betrieblicher oder höherer Ebene sagt aber nicht zwangsläufig etwas über die Häufigkeit dieser beiden Arten von Tarifverträgen aus. In fast allen Mitgliedstaaten der EU gelten Tarifverträge meistens für einen gesamten Wirtschaftszweig und sind das Ergebnis branchenweiter Verhandlungen. Im Vereinigten Königreich und in der Republik Irland herrschen jedoch Tarifvereinbarungen vor, die jeweils nur für ein Unternehmen gelten. In vielen Ländern dienen diese Art der Tarifverhandlungen (und damit der Tarifverträge) dazu, die für die gesamte Branche oder sogar landesweit abgeschlossenen Tarifverträge zu ergänzen. Dies gilt für Italien, Griechenland, Schweden und zunehmend auch Frankreich. In Deutschland werden Branchentarifverträge selten durch Betriebsvereinbarungen ergänzt, obwohl ihre Anzahl stetig steigt, insbesondere in Unternehmen, die in Schwierigkeiten sind (Rebhahn, 2004).

In fast allen Mitgliedstaaten sind die Tarifverträge zwischen den Parteien *(inter partes)* bindend. Nur im Vereinigten Königreich und in der Republik Irland kann die Verbindlichkeit durch eine ausdrückliche Vereinbarung geregelt werden, was Rebhahn (2004) zufolge sehr selten vorkommt: In diesen Fällen ist der Tarifvertrag nur dann zwischen den Parteien eines Einzelarbeitsvertrags verbindlich, wenn die Parteien diesen ausdrücklich in den Arbeitsvertrag aufgenommen haben, ungeachtet der Frage, ob der Tarifvertrag zwischen den beiden Partnern rechtlich vollstreckbar ist. Der in den anderen EU-Mitgliedstaaten verfolgte Ansatz lässt sich in zwei Kategorien unterteilen. In den meisten Ländern wird davon ausgegangen, dass ein Tarifvertrag einen rechtlichen Standard für das einzelne Beschäftigungsverhältnis vorgibt und daher rechtlich durchsetzbar ist. In diesen Fällen haben die Bestimmungen des Tarifvertrags „normative" Wirkung (Rebhahn, 2004), d.h. sie binden beide Parteien. Beim zweiten Modell, das sich teilweise in den nordeuropäischen Ländern findet, ist der Arbeitgeber nur gegenüber der Gewerkschaft gebunden, nach dem Tarifvertrag zu handeln; der einzelne Arbeitnehmer kann keine Rechte nach dem Tarifvertrag geltend machen – nur die Gewerkschaft kann rechtlich gegen den Arbeitgeber vorgehen. Kurz gefasst, könnte man sagen, dass (nur?) in der Hälfte aller EU-Mitgliedstaaten ein Tarifvertrag für alle Beschäftigten der Arbeitgeber bindend ist, die selbst durch den Tarifvertrag gebunden sind. Dies gilt selbst für die Unternehmen, in denen nur wenige Beschäftigte gewerkschaftlich organisiert sind.

Viele Autoren haben versucht, verschiedene Typologien des sozialen Dialogs voneinander abzugrenzen und sie einzelnen Ländern zuzuordnen. Dabei bemühen sie sich festzustellen, ob bestimmte Aspekte der wirtschaftlichen und politischen Veränderungen des Landes mit Etappen in der Entwicklung der Gewerkschaften und Arbeitgeberverbände zusammenfallen. Sie kommen allgemein zu dem Schluss, dass Indikatoren der Industrialisierung, des nationalen Wohlstands und der Wirtschaftsstruktur nur einen sehr groben Zusammenhang mit den Entwicklungen des sozialen Dialogs aufweisen. Das einzige Kriterium, das der Prüfung standhält, scheint die Höhe des BIP (Bruttoinlandsprodukts) pro Kopf zu sein, unterhalb dem kein Land starke Gewerkschaften oder ein Tarifvertragssystem entwickelt hat (Crouch C., 1993). Oberhalb dieser Schwelle variieren die Merkmale des sozialen Dialogs von Land zu Land. Die betriebliche Arbeitnehmervertretung ist zum Beispiel ein grundlegender Faktor: Sie ist in den Ländern stärker ausgeprägt, in denen nationale und branchenspezifische Tarifvereinbarungen vorherrschen. Ein weiterer Faktor ist der Rechtsrahmen: Die betriebliche Arbeitnehmervertretung ist in den Ländern stärker, in denen diese Systeme gesetzlich stärker unterstützt werden (Eurofound, 2012b).

Die verschiedenen Regionen der EU haben daher unterschiedliche Haltungen zum sozialen Dialog. In den nordischen Ländern mit einer sozialdemokratischen Tradition ist er tief verankert, während er in den liberaleren Marktwirtschaften weniger vertreten ist – dem sozialen Dialog in letzteren, überwiegend angelsächsischen Ländern wird oft nachgesagt, vom *liberalem Pluralismus* geprägt zu sein. Die Länder Mittelwesteuropas beachten die Grundsätze der Sozialpartnerschaft, während Südeuropa einem polarisierten und staatszentrierten Ansatz nähersteht. Mittelosteuropa schließlich ist von kleinteiligen oder staatszentrierten Systemen gekennzeichnet (Eurofound, 2012b). Bei der Betrachtung der einzelnen Mitgliedstaaten und der Art, wie die Tarifvertragssysteme entstanden sind, haben die Autoren traditionell eine gewisse Gruppierung der europäischen Länder vorgenommen, die anscheinend auch weiter als Erklärung dienen kann. Übersicht 1.4 bietet einen Überblick mit fünf Ländergruppen, die jeweils ihren eigenen Typus von Arbeitsbeziehungen aufzuweisen scheinen (Eurofound, 2013).

Übersicht 1.4 Typologie der Arbeitsbeziehungen innerhalb der EU

Ländergruppe	Art der Arbeitgeber-Arbeitnehmer-Beziehungen	Vorrangige Ebene der Verhandlungen	Stil der Verhandlungen	Rolle des Staats in den Arbeitgeber-Arbeitnehmer-Beziehungen	Beteiligte Länder
Nordisch	Organisierter Korporatismus	Branche	Integrativ	Beschränkt (Vermittler)	Dänemark, Finnland, Norwegen*, Schweden
Angelsächsisch, westeuropäisch	Liberaler Pluralismus	Unternehmen	Konfliktorientiert	Kein Eingriff	Irland, Malta, Vereinigtes Königreich, Zypern
Mittelmeerraum/ Südeuropa	Polarisiert/ staatszentriert	Variabel/ instabil	Konfliktorientiert	Häufiger Eingriff	Frankreich, Griechenland, Italien, Portugal, Spanien
Mittelwesteuropa	Sozialpartnerschaft	Sektor	Integrativ	„Schatten der Hierarchie"	Belgien, Dänemark, Luxemburg, Niederlande, Österreich, Slowenien
Mittelosteuropa/ Transformationsländer	Kleinteilig/ staatszentriert	Unternehmen	Auf Harmonie bedacht	Gestalter des Übergangs	Bulgarien, Estland, Lettland, Litauen, Polen, Rumänien, Slowakei, Tschechische Republik, Ungarn

* Kein EU-Mitgliedstaat / **Quelle:** Eurofound, 2013

In dieser Übersicht werden die mittel- und osteuropäischen Länder als spezifische Kategorie dargestellt, die von einem kleinteiligen/staatszentrierten Typus der Arbeitsbeziehungen geprägt ist, während andere Autoren zu dem Schluss kommen, dass „neun von zehn postkommunistischen Ländern letztendlich liberale Institutionen anstatt solche vom (kontinental-)europäischen Typus haben"

(Crowley, 2008) und daher zum gegenwärtigen Zeitpunkt eher unter das angelsächsische Konzept des sozialen Dialogs fallen würden.

Andere Wissenschaftler ziehen andere Gruppierungsansätze heran und verwenden typische Länder als Bezugsrahmen. So unterscheiden Upchurch et al. (2009), die die ost- und südeuropäischen Mitgliedstaaten nicht erwähnen, zwischen dem schwedischen Modell („beispiellose Nähe": ein Entwicklungsmuster der Arbeitsbewegung, das von einer organischen Beziehung zwischen einer dominanten sozialdemokratischen Partei und den Gewerkschaften gekennzeichnet ist), dem deutschen Modell („informelle Ausrichtung"), dem britischen Modell („formelle Zugehörigkeit") und dem französischen Modell („Fragmentierung").

Die Übersicht zeigt eine große Bandbreite von Typologien beim Tarifvertragssystem. Dies sollte als Warnung dienen, mit Aussagen vorsichtig zu sein, dass eine bestimmte Lösung die einzig mögliche ist. Die oben erläuterten Unterschiede verdeutlichen die Schwierigkeiten, die aufträten, würden die EU-Behörden versuchen, die einzelnen nationalen Rechtsordnungen in dieser Frage anzunähern. Für einen Binnenmarkt scheint diese Konvergenz jedoch sinnvoll zu sein, zumindest in bestimmten Teilen. „Von besonderer Bedeutung für den Binnenmarkt wäre die Möglichkeit, grenzübergreifende Tarifvereinbarungen zu schließen, die auf nur einem Rechtssystem basieren (...). Aber neben einem europäischen Gemeinschaftsrecht für Tarifverträge wäre es auch notwendig, einheitliche Rechtsvorschriften über Tarifstreitigkeiten zu haben, zumindest bei grenzübergreifenden Konflikten" (Rebhahn, 2004).

Dennoch werden die nordischen Staaten oft als Ländergruppe genannt, in denen der soziale Dialog Fundament für einen leistungsfähigen, sozialdemokratischen Sozialstaat war. Die Arbeitslosenquote ist deutlich geringer, der gewerkschaftliche Organisationsgrad ist durchgehend höher und die Folgen der jüngsten Wirtschaftskrise wurden besser als im Durchschnitt der EU-Mitgliedstaaten bewältigt. Außerdem ist die Kaufkraft in diesen Staaten im Gegensatz zu vielen anderen westlichen Ländern weiter gestiegen. Auch wenn große Unterschiede zwischen den Ländern bestehen, die der nordischen Region angehören, scheint es ihnen gelungen zu sein, ihre Arbeitskräfte entschieden besser zu nutzen als die anderen EU-Mitgliedstaaten" (Isländischer Arbeitgeberverband, 2013).

2 Wesentliche Triebfedern und Beweggründe

Dieses Kapitel beleuchtet die Triebfedern und Beweggründe des sozialen Dialogs, der eher auf universellen als rein europäischen Überzeugungen und Grundsätzen basiert. Dabei liegt der Schwerpunkt auf der religiösen Begründung der Arbeitnehmerdemokratie. Im letzten Abschnitt wird dann beschrieben, wie dieses System des sozialen Dialogs in der europäischen Gesetzgebung verankert wurde.

2.1 Die Ziele des sozialen Dialogs

Die wichtigsten Gründe, die zur Rechtfertigung der Schaffung und Förderung von Strukturen des Tarifvertragswesens genannt werden, scheinen die Demokratie am Arbeitsplatz, die Umverteilung und Effizienz zu sein. Häufig wird noch ein vierter Grund ergänzt – die Förderung des Wohlergehens am Arbeitsplatz. Alle Rechtfertigungen sind immer in gewissem Umfang bestritten worden, aber dies hat in den letzten Jahrzehnten eine neue Vehemenz erreicht (siehe Kapitel 4).

2.1.1 Förderung der Demokratie am Arbeitsplatz

Die wichtigste und am wenigsten in Abrede gestellte Rechtfertigung für Kollektivmaßnahmen der Arbeitnehmer sind die demokratischen Merkmale. Es ist klar, dass jede Beziehung zwischen einem Arbeitnehmer und seinem Arbeitgeber – ungeachtet der Frage, wie demokratisch und sozial die Gesinnung des Letzteren sein mag – weit davon entfernt ist, von gleicher Stärke geprägt zu sein. Der Inhalt des Arbeitsvertrags wird überwiegend vom Arbeitgeber vorgegeben, wenn auch in gewissem Umfang Rechtsvorschriften und Tarifvereinbarungen hineinspielen. Die Kosten für den Wechsel des Arbeitsplatzes (einschließlich des Risikos, keinen neuen Arbeitsplatz zu finden und des Verlusts arbeitsplatzspezifischer Investitionen) sind normalerweise für den Arbeitnehmer höher als die Ausgaben, die der Arbeitgeber tätigen muss, um einen anderen Arbeitnehmer zu finden. „In anderen Worten ist das Beschäftigungsverhältnis von demokratischen Defiziten geprägt (...), aber es ist zu erwarten, dass das Kräfteungleichgewicht in einem Tarifvertragssystem deutlich geringer ist" (Davidov, 2004).

In diesem Sinne folgt die Demokratie am Arbeitsplatz, die dazu führt, dass sich ein Arbeitgeber nicht wie ein Herrscher in einer Diktatur verhalten kann, der Linie, die abendländische Ideen zur Staatsplanung vertreten, d.h. die Schaffung eines Systems gegenseitiger Kontrolle *(checks and balances)*. Dies ist ein Kernkonzept, das demokratischen Gesellschaften zugrunde liegt und Montesquieu zugeschrieben wird, einem französischen Gesellschaftskritiker und politischem Denker der ersten Hälfte des 18. Jahrhunderts, dessen Theorien zum Synonym für das Ideal der *Gewaltenteilung* geworden sind. Ein bestimmtes Maß an Einfluss durch die Gewerkschaften sollte daher nicht als Manko unseres heutigen Systems der Demokratie am Arbeitsplatz gesehen werden, sondern vielmehr als Symptom. Dies scheint zu erklären, warum das Recht auf Kollektivverhandlungen im Allgemeinen als Menschenrecht betrachtet wird und als solches in zahlreichen ILO-Übereinkommen verankert ist.

Ein gut strukturierter, firmeninterner sozialer Dialog weist alle Merkmale der heutzutage populären Grundsätze auf, die die *Offenheit der Regierung* oder *Transparenz der Verwaltung* berühren. Durch die Veröffentlichung der Ergebnisse des Tarifverhandlungsprozesses, die in vielen Unternehmen üblich und in einigen Ländern sogar detailliert gesetzlich geregelt ist, werden alle interessierten Parteien über die verhandelten Themen und die gegenseitigen Standpunkte dazu informiert. Das Ergebnis kann sein, dass die verschiedenen Standpunkte offengelegt werden, und die Erfahrung hat gezeigt, dass eine intelligente und bewusste Anwendung der Grundsätze des öffentlichen Zugangs häufig zu Ergebnissen führt (Heselmans & Van Peteghem, 1977).

Kritiker halten dagegen, dass Gewerkschaften in der Praxis undemokratisch sein können und ihnen vor allem am Erhalt der eigenen Marktposition liegt, was häufig von den wahren Interessen ihrer Mitglieder an der Basis losgelöst ist. „Es liegt wahrscheinlich ein Körnchen Wahrheit in solchen Vorwürfen – Gewerkschaften sind vor den Übeln aller großen bürokratischen Organisationen nicht gefeit" (Davidoff, 2004). Aber insgesamt manifestieren sich unbestreitbar positive Ergebnisse: Die Demokratie am Arbeitsplatz gehört mehr oder weniger zu den Eckpfeilern einer zivilisierten Organisation des öffentlichen Bereichs. Im Alltag hat ein einzelner Bürger oft nur die Möglichkeit, über zivilgesellschaftliche Organisationen seine Meinung zu äußern (politische Parteien sind ein Beispiel); in gleicher Weise gelten Gewerkschaften als äußerst wichtig, um den Arbeitnehmern eine Stimme zu verleihen (Williamson, 2013).

2.1.2 Umverteilung der Unternehmensgewinne

Angesichts der praktischen Erfahrung im Laufe des letzten Jahrhunderts kann man nicht länger bestreiten, dass die Arbeitnehmer durch Kollektivverhandlungen bessere Bedingungen erreichen (können). Viele akademische Studien in diesem Bereich beziehen sich auf die Situation in den USA, wo allgemeinverbindliche Branchenvereinbarungen eher selten sind und einzelne Unternehmen daher einen erheblichen Spielraum haben, ob sie firmeninterne Tarifverhandlungen durchführen oder nicht. In Nordamerika wurde der Entgeltunterschied zwischen gewerkschaftlich organisierten und nichtorganisierten Unternehmen auf 15% geschätzt, zugunsten der organisierten Unternehmen (Kuhn, 1998); andere Autoren, die von Davidoff (2004) zitiert werden, setzen diese Zahl mit 20% sogar noch höher an, machen dabei aber gleichzeitig deutlich, dass die Entgeltkluft in anderen Teilen der Welt geringer ist. Berücksichtigt man, dass sich dieser Abschnitt mit der Umverteilung der Gewinne beschäftigt, stellt sich daher die offensichtliche Frage: Führt dieser Mechanismus zu einer gerechteren Einkommensverteilung (anders gesagt: Werden die Gewinne des Unternehmens gleichmäßiger zwischen den Anteilseignern und den Arbeitnehmern verteilt)? Dies ist nicht *per se* logisch, da die Kosten höherer Entgelte aufgrund der gewerkschaftlichen Organisation der Arbeitnehmer prinzipiell an andere Parteien weitergegeben werden könnten: Kunden, die Arbeitnehmer, die in kleineren, nicht gewerkschaftlich organisierten Konkurrenzfirmen arbeiten, schwächere Kategorien von Arbeitnehmern im gleichen Unternehmen oder bei Subunternehmen beschäftigte Arbeitnehmer. „Die Zahlen lassen darauf schließen, dass die gewerkschaftliche Organisation den Gewinn der Unternehmen deutlich mindert, daher findet eine Umverteilung vom Arbeitgeber an die Arbeitnehmer sicher statt. (...) Insgesamt scheinen Tarifverhandlungen ein angemessener (wenn auch nicht perfekter) Umverteilungsprozess zu sein" (Davidoff, 2004).

2.1.3 Auf dem Weg zu angemessenen Arbeitsbedingungen

Der wahrgenommene Einfluss von Gewerkschaften und ein gewerkschaftsfreundliches System der Arbeitsbeziehungen (hauptsächlich der organisierte Korporatismus in den nordischen Ländern) werden im positiven Zusammenhang mit regelmäßigen betrieblichen Besprechungen und dem Einfluss dieser Sitzungen auf unternehmerische Entscheidungen gesehen. Die Arbeitnehmer scheinen außerdem unter dem Aspekt einer angemessenen Bezahlung und Arbeitsplatzsicherheit von der kollektiven Macht der Gewerkschaften zu profitieren, auch wenn sich hier das Muster der einzelnen Systeme weniger deutlich zuordnen lässt (Furaker & Bengtsson, 2013).

Es wurden viele Studien zur Wirkung des sozialen Dialogs auf die materiellen und psychosozialen Arbeitsbedingungen durchgeführt – vermutlich weil diese Fragen relativ leicht zu überwachen sind. Es ist allgemein anerkannt, dass ein angemessenes Maß an Gesundheit und Sicherheit am Arbeitsplatz nur durch die Anwendung von Partizipationsmethoden erreicht werden kann, und dies gilt nicht nur für die traditionell schwierigeren Themen, wie die Bekämpfung berufsbedingter Unfälle oder Erkrankungen, sondern auch die (früher) „weicheren" Themen wie psychosoziale Risiken, unangemessenes Verhalten am Arbeitsplatz und Muskel-Skelett-Erkrankungen. Diese partizipativen Ansätze sollten nicht nur während der Phase der Risikoanalyse Anwendung finden, sondern auch bei der Ausgestaltung der Präventiv- und Korrekturmaßnahmen, einschließlich der konkreten Umsetzung und Nachverfolgung der Wirksamkeit dieser Schritte (Van Peteghem et al., 2013). Daher ist eine „grundlegende Rechtfertigung für die Demokratie am Arbeitsplatz, dass demokratischere Arbeitsplätze zur Gesundheit der Arbeitnehmer beitragen, während ungesunde Arbeitsplätze exorbitant hohe Kosten für die Arbeitnehmer, Arbeitgeber und Steuerzahler bedeuten" (Foley & Polanyi, 2006). Viele Wissenschaftler und Fachleute aus der Praxis vertreten die These, dass der soziale Dialog eine äußerst wichtige Komponente ist, um sichere und gesunde Arbeitsbedingungen zu gewährleisten – eine Überzeugung, die von vielen Studien bestätigt wird. Erkenntnisse aus der europäischen Unternehmenserhebung über neue und aufkommende Risiken (ESENER)[5] haben zum Beispiel gezeigt, dass alle in der Erhebung erfassten Maßnahmen zur Steuerung von Sicherheits- und Gesundheitsrisiken in den Unternehmen häufiger Anwendung finden, die eine allgemeine formelle Arbeitnehmervertretung haben. Die Erhebung stellte fest, dass Arbeitsschutzleitlinien, Managementsysteme und Aktionspläne positiv mit der Existenz von Arbeitnehmeranhörung korrelieren, selbst nach Berücksichtigung der Betriebsgröße. Tatsächlich kommt die Erhebung zu dem Schluss, dass dort, „wo es in kleineren Firmen eine Arbeitnehmervertretung gibt, die Wirkung sogar noch ausgeprägter ist als in Großunternehmen" (Europäische Agentur für die Sicherheit und den Gesundheitsschutz am Arbeitsplatz, 2012). Außerdem wurde festgestellt, dass Arbeitsschutzmaßnahmen einschließlich Schritte im Kampf gegen psychosoziale Risiken in

---

5 https://osha.europa.eu/sub/esener/en/front-page

Betrieben mit Arbeitnehmervertretungen wirkungsvoller sind. Die Wirkung ist umso stärker, je mehr die Arbeitnehmervertreter eine aktive und anerkannte Rolle spielen und über ausreichende Ressourcen verfügen können. Die meisten Erkenntnisse, die sich in der internationalen Literatur finden, stimmen mit dieser Schlussfolgerung überein und ergeben das Gesamtbild, dass bessere Gesundheits- und Sicherheitsergebnisse wahrscheinlich sind, wenn die Arbeitgeber den Arbeitsschutz mit Beteiligung der Arbeitnehmer steuern, und dass auf verschiedene Weise gemeinsame Mechanismen, Gewerkschaften und Arbeitnehmervertretungen, die sich mit der Gesundheit und Sicherheit am Arbeitsplatz befassen, mit solchen Ergebnissen zusammenhängen (Europäische Agentur für Sicherheit und Gesundheitsschutz am Arbeitsplatz, 2013).

Diese Denkweise spiegelt die *staatsbürgerliche Argumentation* für die Verteidigung der betrieblichen Mitsprache der Arbeitnehmer wider (siehe Abschnitt 2.2.2): Die Unternehmensebene ist ein ideales Forum, um mit minimalem Einsatz eine große Anzahl einzelner Arbeitnehmer zu erreichen. Die Unternehmen bieten einen direkten Weg, um die Bürger anzusprechen, wenn Regierungen gesundes oder umweltfreundliches Verhalten, nichtdiskriminierende Politiken und Solidarität fördern möchten. Unternehmen und Institutionen sind die am einfachsten zu erreichenden Gruppen für allgemeine Aktivitäten zur Gesundheitsförderung und gesellschaftliche Anliegen.

Dennoch sollten auch hier die verschiedenen Standpunkte mit Vorsicht bewertet werden. „Es gibt Nachweise dafür, dass gewerkschaftlich organisierte Betriebe sicherer sind. Man darf jedoch nicht davon ausgehen (...), dass die reine Präsenz von Gewerkschaften niedrigere Unfallraten garantiert." Und allgemeiner: „Die Beteiligung wirkt sich unterschiedlich auf den Einsatz und die Zufriedenheit unterschiedlicher Menschen und in unterschiedlichen Situationen aus und ist daher in einigen Fällen nicht der wirksamste Mechanismus zur Herbeiführung gewünschter Verbesserungen" (Cameron, 2006). Es sollte nicht außer Acht gelassen werden, dass die Beteiligung und der soziale Dialog zeitaufwändig sind und die Einbindung einer beträchtlichen Anzahl von Arbeitnehmern aller hierarchischer Ebenen erfordern. Während die Effektivität einer solchen betrieblichen Einbindung oft über jeden Zweifel erhaben ist, sieht es bei der Bewertung der Effizienz (das Ergebnis im Verhältnis zum Aufwand) ganz anders aus.

2.1.4 Effizienz und Effektivität

Die womöglich schwierigste Frage bezüglich der Begründung des Tarifvertragssystems betrifft seine Folgen für die Wirtschaftlichkeit. Die makroskopische Wirkung (bis zu welchem Grad formalisierte sektorale oder nationale Tarifverträge zu positiven, makroökonomischen oder gesellschaftlichen Ergebnissen führen) ist tatsächlich schwer zu bewerten. Es gibt jedoch einige indirekte Anzeichen. Martin & Swank (2004) argumentieren, dass die Zentralisierung und Koordinierung der Arbeitgeberverbände sowie die Integration der Arbeitgeberorganisationen in korporatistische Foren zur Politikgestaltung eng damit zusammenhängen, welche Teile des Volkseinkommens für aktive Arbeitsmarktpolitiken aufgewendet werden. „Wir stellen außerdem fest, dass der Organisationsgrad der Arbeitgeber über aktive arbeitsmarktpolitische Lösungsansätze zur Abwanderung der Industrie und Anstiege in der allgemeinen Arbeitslosigkeit entscheidet" (Martin & Swank, 2004).

Aber selbst Studien, die sich auf den Mehrwert des formalisierten, firmeninternen sozialen Dialogs für das Bilanzergebnis des Unternehmens beschränken, liefern keine eindeutige Antwort. Auf Grundlage einiger Zahlen wurde ein Zusammenhang zwischen der Beteiligung der Arbeitnehmer und einer Veränderung ihrer Einstellung gegenüber der Arbeit und der Geschäftsführung hergestellt, wobei angenommen wird, dass sich die Motivation der Arbeitnehmer erhöht, für das Erreichen der Unternehmensziele zu arbeiten. Im Gegensatz dazu kommen andere Studien zu dem Schluss, dass Partizipationssysteme kaum Wirkung zeigen, und weisen nach, dass andere wirtschaftliche und organisatorische Faktoren (Rationalisierung, Umstrukturierung, Umsetzung neuer Technologien, Belegschaftsaktien, ...) als Einflussfaktoren größere Bedeutung haben (Summers & Hyman, 2005). Wenigstens eine Studie zur Effektivität deutscher Betriebsräte kommt zu dem Schluss, dass „die Wirkung der Betriebsräte im Durchschnitt vermutlich gering ist" (Addison et al., 2004) – eine These, die weitgehend von Fitzroy & Kraft (2004) unterstützt wird, die von einer „leichten Steigerung der Produktivität" in den betreffenden Firmen sprechen.

Es gibt viele wissenschaftliche Erkenntnisse, die zeigen, dass Unternehmen, die eine Praxis mit hoher Einbindung (manchmal auch als *Arbeitspraktiken mit hoher Beteiligung* bezeichnet) pflegen oder auf anderem Wege eine starke Unternehmenskultur entwickelt haben (unter anderem Kotter & Heskett, 1992;

Eccles et al., 2011; Summers & Hyman, 2005), sich durch höhere Produktivität und bessere Finanzergebnisse auszeichnen, vorrangig dank einer geringeren Mitarbeiterfluktuation und daher höherer Arbeitsproduktivität. Man kann davon ausgehen, dass sich diese Kategorie von Unternehmen überdurchschnittlich guter Kommunikationskanäle zwischen den verschiedenen Hierarchieebenen rühmen kann, aber die Wirkung firmeninterner, formalisierter Gremien für den sozialen Dialog als solches ist schwer zu ermitteln. Aus methodologischer Sicht ist es heikel, die Wirkung formeller Tarifverhandlungsverfahren vom Ergebnis anderer Formen der Partizipation zu trennen, die in leistungsfähigen Unternehmen sicherlich nebeneinander existieren. Umfassende Qualitätsmanagementsysteme auf Grundlage der aufeinanderfolgenden ISO-9000-Normen, die seit den 1980er Jahren einen Großteil der großen und mittleren Unternehmen in der gesamten industrialisierten Welt durchdrungen haben, haben eine Art Managementkonzept japanischer Art eingeführt, das oft als Alternative zu konfrontationsbehafteten Tarifverhandlungen dargestellt wird (Summers & Hyman). Dieser Ansatz steht für eine geringe gewerkschaftliche Organisation und wenig formelle Konflikte, aber für eine hohe Beteiligung an lokalen Entscheidungen auf betrieblicher Ebene. Seit den 1990er Jahren hat dieser Ansatz auch Eingang in die Steuerung der Sicherheit und des Gesundheitsschutzes am Arbeitsplatz (die Arbeitsschutznormen) und in den Umweltschutz (ISO 14 000) gefunden, wo er zu einer Verschiebung von der Beteiligung über Vertreter (in formellen Arbeitsschutzausschüssen) zur direkten Kommunikation geführt hat – eine Praxis, die den Kern der zugrundeliegenden Philosophie bildet, auf der diese Normen basieren.

Kapitel 3 befasst sich eingehender mit der Beziehung zwischen dem sozialen Dialog und der wirtschaftlichen Leistung.

2.2 Ethische Argumente für den sozialen Dialog

2.2.1 Die politische Argumentation für Demokratie am Arbeitsplatz

Insbesondere in den letzten Jahrzehnten scheinen Unternehmen zunehmend Schwierigkeiten mit ihrer Legitimität zu haben. Nach Aussage zahlreicher Berichte hat sich die Einkommenskluft zwischen den durchschnittlichen Mitarbeitern und den obersten Führungskräften (das sogenannte *Einkommensverhältnis Vorstandsvorsitzender zu durchschnittlichem Mitarbeiter*) systematisch geweitet, vor allem in den USA, aber auch in anderen Ländern (Mishell &

Sabadish, 2012). Die Firmenskandale, die in den letzten Jahren Schlagzeilen gemacht haben (ein Beispiel ist die jüngste Bankenkrise), und die verheerenden Folgen der aufeinanderfolgenden Wellen von Rationalisierungen, die oft nur durch fadenscheinige finanzielle Argumente begründet wurden, haben das Wohlwollen der Öffentlichkeit ausgehöhlt. Laut Foley und Polanyl (2006) sind dies die wesentlichen treibenden Kräfte hinter der Entstehung einer zunehmend stärkeren Arbeitnehmerrechtsbewegung, die sich weiter für eine stärkere Einbindung der Arbeitnehmer in die Entscheidungsprozesse der Firmen einsetzt. Die intuitive Reaktion vieler Bürger ist, dass „der soziale Dialog einfach richtig ist". So haben viele Bürger der EU-Mitgliedstaaten eine lange Tradition demokratischer Institutionen erlebt, wo die öffentliche Meinung großes Gewicht in politischen Entscheidungen hat, und es ist schwierig nachzuvollziehen, warum das gleiche Konzept der Partizipation nicht auch für die Arbeitswelt gelten sollte.

Andererseits kann man nicht bestreiten, dass die Eigentümer des Unternehmens ihr Vermögen durch Gründung des Unternehmens (oder Investitionen darin) aufs Spiel setzen und daher einen legitimen Wunsch haben, selbst zu entscheiden. „Es scheint daher keinen weltanschaulichen oder rechtlichen Konsens darüber zu geben, dass die Beteiligung der Arbeitnehmer an Entscheidungen ein unveräußerliches Rechts darstellt, weshalb man Fragen zur ethischen sowie zur wirtschaftlichen und staatsbürgerlichen Begründung stellen darf, die die Demokratie am Arbeitsplatz unterstützen" (Foley & Polanyi, 2006). Aus diesem Grund stellen einige Autoren die ethische Dimension der Demokratie am Arbeitsplatz in Abrede. Locke et al. (1986) vertreten die Auffassung, dass die Partizipation kein ethischer Imperativ sei, sondern vielmehr eine Führungstechnik, die nur in bestimmten Situationen geeignet ist. Da unter bestimmten Umständen „die Partizipation tatsächlich zu einer geringeren Mitarbeiterzufriedenheit und Produktivität führen kann, (...) wäre es unethisches Verhalten gegenüber den Anteilseignern und Mitarbeitern, wenn die Führungskräfte die Mitarbeiterbeteiligung praktizieren würden". Sie führen anhand einiger Studien aus, dass kein klarer Trend erkennbar sei, der belegen würde, dass die Partizipation zu höherer Produktivität als autoritäre Entscheidungen führt: „Auch wenn die Partizipation die Produktivität erhöhen kann, zeigt sie diese Wirkung nicht durchgehend, und in einigen Fällen ist sie de facto weniger effektiv als die Nichtbeteiligung", neben anderen Gründen weil „es einfach keine direkte Verbindung zwischen der Arbeitsplatzzufriedenheit und der anschließenden Produktivität gibt" (Locke et al., 1986). Diese und ähnliche Autoren sehen die Demokratie am Arbeitsplatz eher als einen Placebo-

Ansatz, der bar jeder echten Wirkung ist. Sie vergessen dabei aber, dass *Ethik* und *Effektivität* zwei vollkommen unterschiedliche Konzepte sind.

Budd & Bhave (2008) haben ausgeführt, dass eines der Interessen der Arbeitnehmer in der Arbeitswelt Fairness sei – ein Anliegen, das in grundlegenden Menschenrechten und Freiheiten verankert ist. Die Erklärung von Philadelphia von 1944 über die Ziele und Zwecke der Internationalen Arbeitsorganisation bekräftigt, dass „Alle Menschen, ungeachtet ihrer Rasse, ihres Glaubens und ihres Geschlechts, [...] das Recht [haben], materiellen Wohlstand und geistige Entwicklung in Freiheit und Würde, in wirtschaftlicher Sicherheit und unter gleich günstigen Bedingungen zu erstreben." Zu diesem Zweck fördert die ILO Arbeitsstandards, die das gleiche Entgelt für gleiche Arbeit, angemessene Arbeitszeiten, bezahlten Urlaub, Arbeitslosen- und Berufsunfähigkeitsversicherungen, das Recht auf Bildung von Gewerkschaften und andere Aspekte der Arbeit betreffen. All dies hat viel mit der menschlichen Würde zu tun und wird von vielen als kritisches religiöses Konzept gesehen. Die katholische Kirche setzt sich über päpstliche Enzykliken wie *Rerum Novarum* für ähnliche Standards ein und verstärkt die Fairness als Arbeitnehmerinteresse im Beschäftigungsverhältnis, und Gleiches gilt für andere Weltreligionen. Dies erklärt die Bedeutung von Abschnitt 2.2.3.

2.2.2 Die staatsbürgerliche Argumentation für Demokratie am Arbeitsplatz

Über die wirtschaftlichen Überlegungen hinaus ist ein wichtiges Argument für Demokratie am Arbeitsplatz, für das es leider wenig empirische Untermauerung gibt, dass die Unternehmensebene als „Plattform dienen kann, um die öffentliche Beteiligung am allgemeinen politischen Prozess zu fördern" (Foley & Polanyi, 2006). Verfechter dieses Standpunkts sind der Meinung, dass die praktische Erfahrung von Partizipation und Kontrolle am Arbeitsplatz für die Entwicklung der Werte und Fähigkeiten der Staatsbürgerschaft kritisch sein könnte, die wiederum das Fundament einer funktionierenden Demokratie bilden. In diesem Sinne kann man „Gewerkschaften als Netzwerke konzeptualisieren, die soziales Kapital erzeugen" (Fiorito & Jarley, 2008). So ist der Arbeitsplatz aufgrund seines Wesens tatsächlich der Ort schlechthin, wo Bürger (in diesem Fall Arbeitnehmer) die „individuellen Einstellungen und psychosozialen Eigenschaften entwickeln können, die für eine umfassendere und echtere politische Demokratie notwendig sind" (C. Pateman, zitiert in Foley & Polanyi, 2006), da sie einen Großteil ihres Lebens am Arbeitsplatz verbringen. Daher wird mit der Institutionalisierung der Arbeitnehmervertretung die soziale Staatsbürgerschaft bis an den Arbeitsplatz ausgeweitet und die Arbeitnehmer werden sozusagen zu „Bürgern des Unternehmens" (Furaker & Bengtsson, 2013).

2.2.3 Die religiöse Argumentation für Demokratie am Arbeitsplatz

Der christliche Glaube, insbesondere die römisch-katholische Ausprägung, sieht auf mehr als ein Jahrhundert der katholischen Soziallehre zurück, die in einer Reihe päpstlicher Enzykliken ihren Ausdruck fand, angefangen von *Rerum Novarum* (1891) bis *Laborem Exercens* und *Centesimus Annus*, die während des Pontifikats von Johannes Paul II. veröffentlicht wurden.

Der Ruf von Papst Leo XIII. nach sozialer Gerechtigkeit, der den Kern der Enzyklika *Rerum Novarum* bildet, wurde als revolutionärer Schritt und wichtiger Wendepunkt eingestuft. Es besteht kein Zweifel, dass er zunächst als Gegengewicht zur Attraktivität des marxistischen Sozialismus, insbesondere unter den westeuropäischen Arbeitnehmern Ende des 19. Jahrhunderts, gedacht war. Die Enzyklika sagt sehr deutlich, dass das Kapital die Arbeitnehmer häufig mit äußerster Rücksichtslosigkeit behandelt hat und stimmt formell den Grundforderungen der sozialistischen Doktrin zu, was die Notwendigkeit besserer Löhne, Arbeitszeiten und Arbeitsbedingungen betrifft. Die Enzyklika betont, dass die Arbeitnehmerorganisationen diese Ziele erreichen müssen, spricht sich aber andererseits sehr deutlich für den Schutz des Eigentums aus und ist gänzlich uneins mit dem zentralen Gedanken des marxistischen, historistischen Konzepts eines unvermeidbaren Klassenkampfs. Ein Jahrhundert später äußerte sich Papst Johannes Paul II. sogar noch deutlicher in der Enzyklika *Laborem Exercens*, auf die Bezug nehmend er sagt, dass der Kampf sozialer Klassen „ideologisch und historisch unzufriedenstellend ist, und seine schlimmsten Folgen führen zur Benachteiligung männlicher und weiblicher Beschäftigter". Die Sicht der katholischen Kirche zu den Arbeitnehmerrechten setzt damit die Ausgewogenheit zwischen den Interessen der Arbeitgeber und Arbeitnehmer voraus: „Als Ziel gelte stets das gesunde Verhältnis zwischen Arbeitern und Lohnherren in Bezug auf Rechte und Pflichten" (Zitat aus *Rerum Novarum*).

Es ist jedoch klar, dass Papst Leo XIII. nicht an moderne Gewerkschaften dachte, als er die Verbände oder Vereinigungen von Arbeitnehmern segnete: Er bezog sich vielmehr auf gemeinnützige Gesellschaften zur gegenseitigen Unterstützung im Falle unvorhergesehener Ereignisse (Gruenberg, 1998). Bei Veröffentlichung der nächsten wichtigen Enzyklika durch Papst Pius XI., *Quadragesimo Anno* (1931), war die Situation grundlegend anders. Das wirtschaftliche Umfeld hatte sich gegenüber dem Agrarzeitalter deutlich gewandelt, der Erste Weltkrieg und die Weltwirtschaftskrise hatten sich ereignet und viele beobachteten aufmerksam das Experiment eines von Marx inspirierten Staats (die UdSSR). Vor allem hatte sich die Gewerkschaftsmitgliedschaft in vielen Industrienationen zu einer etablierten Größe entwickelt. Der berühmte Zwiespalt, den der Papst in dieser Enzyklika unterstellt („es ist unmöglich, gleichzeitig guter Katholik und wirklicher Sozialist zu sein") traf viele dieser gegründeten Gewerkschaftsorganisationen und begrenzte die Unterstützung der Kirche für die katholische Gewerkschaftsbewegung, indem die Arbeitnehmer vor anderen Mitgliedschaften am Arbeitsplatz gewarnt wurden. „Unter dem Gesichtspunkt der effektiven Mitsprache der Arbeitnehmer schien die Organisation einer separatistischen katholischen Arbeitnehmerbewegung eine spaltende Kraft zu sein, die sich mehr dafür interessierte, Kommunisten aus den lokalen Gewerkschaften auszumerzen als effektiv mit den Arbeitgebern zu verhandeln" (Gruenberg, 1998).

Mit der Veröffentlichung von *Mater et Magistra*, der nächsten wichtigen Enzyklika zur Demokratie am Arbeitsplatz, nutzte Papst Johannes XXIII. den 70. Jahrestag der Veröffentlichung von *Rerum Novarum*, um an die Rechte und Pflichten im Zusammenhang mit der Gerechtigkeit am Arbeitsplatz und der Arbeitnehmerbeteiligung zu erinnern. Das vielleicht wichtigste neue Element war der Aufruf zur Beteiligung der Arbeitnehmerorganisationen nicht nur an der Führung des Unternehmens, sondern auch an nationalen und übernationalen wirtschaftlichen Institutionen, um sicherzustellen, dass „an den staatlichen Stellen und in diesen Institutionen außer den Unternehmern [...] auch die Arbeiter vertreten sind oder diejenigen, die bestellt sind, die Rechte, Ansprüche und Interessen der Arbeiter wahrzunehmen" (Zitat aus *Die Soziale Agenda – Eine Sammlung von Texten aus der Katholischen Soziallehre*, mit Verweis auf *Mater et Magistra*). Die Enzyklika äußert sich sogar lobend über die Arbeit der Internationalen Arbeitsorganisation (ILO).

Der Vollständigkeit halber müssen zwei weitere Enzykliken von Papst Johannes Paul II. Erwähnung finden: *Laborem Exercens* und *Centesimus Annus*. Sie bestätigten nicht nur frühere päpstliche Stellungnahmen zur Arbeitnehmerdemokratie, sondern enthielten auch einige neue Aspekte. *Laborem Exercens* sah neue Bedingungen, die „eine Neuordnung und Revision der heutigen Wirtschaftsstrukturen und der Verteilung der Arbeit notwendig machen. [...] Derartige Änderungen können leider [...] Arbeitslosigkeit bedeuten [...]; sie bringen sehr wahrscheinlich für die stärker entwickelten Länder eine Verringerung oder ein langsameres Wachstum des materiellen Wohlstandes mit sich, können aber andererseits den Millionen von Menschen, die heute noch in schmachvollem und unwürdigem Elend leben, Erleichterung und Hoffnung bringen." Die Enzyklika enthielt eine weitere bemerkenswerte Aussage zu Arbeitsniederlegungen: Sie ruft zu einer sparsamen Nutzung von Streiks bei gleichzeitiger Gewährleistung wesentlicher öffentlicher Dienste auf, betont aber gleichzeitig, dass die „katholische Soziallehre" Streiks als eine „unter den notwendigen Bedingungen und in den rechten Grenzen erlaubte Methode anerkennt". Und *Centesimus Annus* zeugt von einem hohen Bewusstsein für den internationalen Charakter der Arbeitnehmerprobleme: Eine zentrale Botschaft ist, dass es der unterentwickelten Welt vermutlich nicht helfen wird, gegen das Konsumverhalten der entwickelten Welt zu arbeiten. Der Lebensstandard der Arbeitnehmer in der unterentwickelten Welt wird sich nicht dadurch verbessern, dass man eine Verschlechterung der Arbeitsstandards in der entwickelten Welt zulässt. „Spielt man die beiden Welten mit Handelsschranken, die ausländische Waren raushalten, und mit Zuwanderungsbeschränkungen, die ausländische Arbeitnehmer raushalten, gegeneinander aus, läuft dies genau der Solidarität zuwider, die Arbeitnehmer brauchen, um ihr Leben zu verbessern" (Gruenberg, 1998).

Schließlich setzte Papst Franziskus im November 2013 mit der Veröffentlichung seines ersten Apostolischen Schreibens, oder offizieller schriftlicher Lehre, mit dem Titel *Evangelii Gaudium* eine echte Marke. Es ist weit davon entfernt, sich auf die Verkündung des Evangeliums zu beschränken (wie der Titel vermuten lassen könnte), sondern enthält zwei Kapitel zu sozioökonomischen Fragen. Kapitel 2 bietet einen Überblick über „einige Herausforderungen der Welt von heute" und Kapitel 4 ist allein der Frage der sozialen Dimension der Evangelisierung gewidmet. Lesenswert sind die Absätze 238-258, die den „sozialen Dialog als Beitrag zum Frieden" behandeln.

2.3   In der europäischen Gesetzgebung verankert

Der soziale Dialog ist weithin als einer der Grundsätze anerkannt, die dem europäischen Sozialmodell zugrunde liegen, das versucht, eine gute Wirtschaftsleistung mit einem hohen Maß an sozialer Absicherung und Bildung zu vereinen. In der Praxis bleibt die EU die einzige Region der Welt, in der der soziale Dialog als fester Bestandteil der guten Regierungsführung und der Politik verankert ist (ILO, 2013). Trotz dieser allgemeinen Akzeptanz ist der soziale Dialog zumindest zwischen den EU-Mitgliedstaaten ein Konzept, das weder politisch noch ideologisch neutral ist. Seit der Verabschiedung des Vertrags von Maastricht gewährleisten die europäischen Institutionen einen deutlichen Beitrag der Sozialpartner – einerseits bei der Erarbeitung von Standards und andererseits bei der Umsetzung der verschiedenen EU-Richtlinien in nationales Recht.

2.3.1 In der Verfassung verbriefte Rechte

Im Jahre 1961 beschloss der Europarat die Europäische Sozialcharta. Sie ergänzte die wesentlichen Individualrechte, die in der 1953 in Kraft getretenen Europäischen Konvention zum Schutze der Menschenrechte verankert wurden, indem sie eine Reihe sozialer Rechte festlegte. Sie besagt ausdrücklich: „Alle Arbeitnehmer und Arbeitgeber haben das Recht auf Freiheit zur Vereinigung in nationalen und internationalen Organisationen zum Schutz ihrer wirtschaftlichen und sozialen Interessen." Noch konkreter bekräftigen Artikel 5 und 6 der Sozialcharta das Vereinigungsrecht und das Recht auf Kollektivverhandlungen. Dieses europäische Modell kann vermutlich prägnant wie folgt beschrieben werden: „... dass repräsentative Vereinigungen die Möglichkeit haben sollten, ihre Meinungen zu äußern, von den Behörden angehört zu werden und mit ihnen einen Dialog zu führen, sowie [...] Arbeitnehmer und Arbeitgeber in die Entscheidungsfindung zu Themen, die sie direkt betreffen, einzubeziehen." (Europäische Union, 2012).

2.3.2 Praktische Umsetzung durch Richtlinien

Die Europäische Kommission veröffentlichte 1975 ein Grünbuch über die „Mitbestimmung der Arbeitnehmer und die Struktur der Gesellschaften in der Europäischen Gemeinschaft", das auf ein dualistisches System mit Vorstand und Aufsichtsrat nach deutschem Modell setzte. Dabei war die Ernennung von Arbeitnehmervertretern in den Aufsichtsrat der Unternehmen vorgesehen, aber andererseits blieb auch Raum für andere Ansätze. Ein Jahr später schlug der erste Entwurf zum Statut der Europäischen Gesellschaft (2001) ebenfalls eine ähnliche dualistische Struktur vor und regte weiterhin an, dass Unternehmen Betriebsräte einrichten und die Offenlegung bestimmter Arten von Unternehmensinformationen vorsehen (Wallace, 2004).

Beim Thema Wohlbefinden am Arbeitsplatz ist die Europäische Kommission sehr konkret. Die Richtlinie 89/391/EWG über die Durchführung von Maßnahmen zur Verbesserung der Sicherheit und des Gesundheitsschutzes der Arbeitnehmer bei der Arbeit (die sogenannte *Rahmenrichtlinie*) behandelt die Anhörung der Arbeitnehmer und ihrer Vertreter als wesentliches Element ihrer Sicht zur Regulierung der Steuerung berufsbedingter Risiken. Zu den Anforderungen in dieser Richtlinie zählen die Rechte auf Unterrichtung, Anhörung und ausgewogene Beteiligung der Arbeitnehmer und ihrer Vertreter bei der Ausgestaltung der Gesundheit und Sicherheit am Arbeitsplatz.

Die bekannteste Richtlinie zur paritätischen Anhörung ist zweifelsohne die Europäische Betriebsrats-Richtlinie (94/45/EG), die für alle Unternehmen mit mindestens 1.000 Arbeitnehmern und mindestens 150 Beschäftigten in zwei oder mehr EU-Mitgliedstaaten gilt. Sie verlangt von den Unternehmen die Gründung eines Europäischen Betriebsrats, der Arbeitnehmervertreter (in der Regel Gewerkschaftsmitglieder) aus allen EU-Mitgliedstaaten, in denen das Unternehmen Standorte hat, zusammenbringt, damit sie Vertreter der Unternehmensleitung treffen, Informationen erhalten und ihre Meinung zu aktuellen Strategien und Entscheidungen äußern können, die das Unternehmen und seine Belegschaft betreffen. Auch wenn die Anzahl dieser EBR jedes Jahr steigt und sich gegenüber 1996 verdoppelt hat, ist der Fortschritt noch immer zu langsam und eine große Herausforderung für die Unterrichtungs- und Anhörungsverfahren auf europäischer Ebene.

Das vielleicht wichtigste Instrument für die Einrichtung einer formellen, gemeinsamen Anhörung innerhalb des Unternehmens ist Richtlinie 2002/14/EG, die einen Rahmen für die Unterrichtung und Anhörung der Arbeitnehmer im Unternehmen schafft. Sie gilt für alle Betriebe, die mindestens 50 Mitarbeiter beschäftigen, sowie EU-Einrichtungen mit mindestens 20 Beschäftigten. Es wird geschätzt, dass diese Richtlinie weniger als 3% aller Unternehmen abdeckt, aber dennoch bieten diese mehr als der Hälfte aller Beschäftigten in der EU einen Arbeitsplatz. Die Mitgliedstaaten mussten die Richtlinie bis zum 23. März 2003 in nationales Recht umsetzen. Diese Richtlinie ist sehr bedeutsam, da sie der erste Rechtsakt der EU ist, der eine allgemeine Verpflichtung zur Unterrichtung und Anhörung der Arbeitnehmer festlegt. Sie hat wohl ein europäisches Modell für die verpflichtende Arbeitnehmervertretung und verpflichtende Unterrichtung und Anhörung von Arbeitnehmern über ihre Vertreter geschaffen.

3 Sozialer Dialog und Wirtschaftsleistung

Dieses Kapitel befasst sich mit dem sozialen Dialog und der Wirtschaftsleistung. Wie das vorherige Kapitel gezeigt hat, war der Beweggrund für den sozialen Dialog in Europa das Erreichen eines Interessensausgleichs. Er wurde als Demokratisierung der betrieblichen Führung zum Ausgleich von Gerechtigkeit und Effizienz geschaffen. Daher war ein wichtiges Thema in der Diskussion seit jeher, vor allem seit der letzten Wirtschaftskrise (der 1970er Jahre), ob und inwiefern das System dieses Ziel erfüllt. Sind Institutionen des sozialen Dialogs, die das Beschäftigungsverhältnis und das System der produktiven Arbeit mit mehr Gerechtigkeit durch Demokratie erfüllen, wirtschaftlich? Diese Frage wird in Kapitel 3 im Großen und Ganzen auf die Tarifverhandlungen zwischen den Arbeitgeber- und Arbeitnehmervertretern beschränkt, die als Sozialpartner bezeichnet werden.

Im nächsten Absatz wird der Standardrahmen für Tarifverhandlungen vorgestellt. Es ist wichtig, dass die Gewerkschaften, also die Arbeitnehmervertreter, verschiedene Ziele haben, die über diesen Rahmen hinausgehen, zum Beispiel Anliegen im Zusammenhang mit der Demokratie oder mit Frauenrechten (Freeman, 2005). Dieser Rahmen ist außerdem flexibel und nicht normativ, sodass er lediglich einen Weg bietet, um die später in diesem Kapitel erörterten Erkenntnisse zu verstehen, aber an sich kein Ergebnis vorhersagt, denn wie so oft vergessen wird, hängen Wirtschaftszahlen und -ereignisse eher von Präferenzen als von der Wirtschaftsentwicklung ab.

Abschnitt 3.2 ergänzt diesen Rahmen um Hintergrundinformationen: Nicht jeder Kontext ist für den sozialen Dialog gleichermaßen förderlich. Hier wird eine Reihe von Kräften behandelt, die die Effizienz, die Verhandlungsmacht und die Präferenzen von Tarifverhandlungen beeinflussen. Diese werden so interpretiert, dass sie entweder die Wirkung von Gewerkschaften verstärken oder nicht. Diese Faktoren hängen mit der strukturellen Ausgestaltung des Tarifverhandlungssystems, endogenen Faktoren wie der Gewerkschaftsdichte und externen, exogenen Faktoren wie der Öffnung oder Wettbewerbsfähigkeit des Wirtschaftszweigs und der Verhandlungsmacht der Arbeitnehmer und Unternehmen im Arbeitsmarkt zusammen.

Der dritte Abschnitt in diesem Kapitel behandelt empirische Erkenntnisse zu unterschiedlichen Dimensionen, die die Wirtschaftsleitung beeinflussen:

Entgelte und Lohnnebenleistungen, Beschäftigungswachstum und -fluktuation, Ungleichheit, Gewinne und Produktivität und Wirtschaftswachstum. Die Einschränkungen oder Defizite dieser „wirtschaftlichen" Betrachtung der Gewerkschaften und des sozialen Dialogs werden in einem Kasten am Ende des Abschnitts erläutert.

Die wichtigste Erkenntnis, die in Abschnitt 3.4 erläutert wird, ist, dass die meisten Wirkungen sich in beide Richtungen bemerkbar machen und die Wirtschaftsleistung entweder positiv oder negativ beeinflussen können, gerade weil die Praxis der Gewerkschaften und die Tarifverhandlungssysteme so vielfältig sind. Es ist jedoch klar, dass unter optimalen Bedingungen die Gewerkschaften als stabilisierende Kraft im Arbeitsmarkt und in der Wirtschaft wirken.

3.1 Standardmodelle der wirtschaftlichen Verhandlungen

Die Grundtheorie wird von zwei Warten aus erörtert: Zunächst wird das Unternehmen als Monopolist im Produktmarkt betrachtet (d.h. niemand sonst bietet das gleiche Produkt an) und dann als Monopsonist im Arbeitsmarkt (d.h. kein anderes Unternehmen fragt die gleiche Art von Arbeit nach). Die beiden Modelle schließen sich nicht gegenseitig aus. Es kann durchaus sein – vielleicht im schlimmsten anzunehmenden Fall – dass ein Unternehmen gleichzeitig Monopolist und Monopsonist in diesen verschiedenen Märkten ist. Es ist jedoch häufiger davon auszugehen, dass sich Unternehmen irgendwo dazwischen befinden, auf halbem Wege zwischen vollständigem Wettbewerb und einem Monopol oder Monopson. Es sollte außerdem klar sein, dass in den Modellen eine Gewerkschaft versucht, auf dem Arbeitsmarkt wie ein Monopolist aufzutreten. Das bedeutet, dass der Preis für die von den Arbeitnehmern geleistete Arbeit nicht unterschritten werden darf. Die Wirkungen richten sich in jedem Rahmen an den Entgeltniveaus und der Beschäftigung aus. Es ist leicht zu erkennen, dass solche Modelle die Realität nur unvollkommen widerspiegeln können (Hicks, 1955), aber sie können uns trotzdem helfen, die vorherrschende Dynamik in einem Arbeitsmarkt besser zu verstehen.

3.1.1 Bilaterales Monopol

Bei vollständigem Wettbewerb erwirtschaften an Gewinnmaximierung orientierte Unternehmen Gewinne, die der normalen, erwarteten Kapitalrendite entsprechen (d.h. dem Preis für die Einlage von Geld durch die Investoren). Dies gilt, weil sie solange Mitarbeiter einstellen werden, bis die Arbeitskosten dem Wert des Grenzprodukts (auch Grenzproduktivität genannt) entsprechen. Der Grund dafür ist leicht nachzuvollziehen: Der/die zusätzliche Mitarbeiter/in bringt mehr Ertrag, als er/sie kostet, also wäre es dumm, ihn oder sie nicht zu beschäftigen. Würden Unternehmen nicht so handeln, würden Wettbewerber den Markt für sich erobern und sich den „zusätzlichen" Gewinn holen. In einem vollständig vom Wettbewerb bestimmten Markt würde sich dieser Prozess, der Bertrand-Wettbewerb genannt wird, solange fortsetzen, bis alle Unternehmen den maximalen Grad an Effizienz erreicht haben, die Nachfrage nach Arbeitskräften gleich dem Arbeitskräfteangebot ist und sich Entgelte und Beschäftigung im Gleichgewicht befinden. Offensichtlich ist ein solcher Zustand äußerst realitätsfremd, da Unternehmen mit allen Mitteln versuchen, Wettbewerb zu vermeiden. Zu „allen Mitteln" zählen das Marketing, Exklusivverträge, stillschweigende Absprachen und ähnliches. Dadurch erzielen sie Monopolgewinne, die zusätzliche Gewinne darstellen. Gleichzeitig versuchen auch die Arbeitnehmer, die Ungleichheit und Unsicherheit scheuen, Wettbewerb zu vermeiden, daher das *bilaterale* Monopol. Da sie sich gewerkschaftlich organisieren, sprechen sie in Verhandlungen mit einer Stimme und haben potenziell enorme Verhandlungsmacht.

Abb. 3.1   Bilaterales Monopol mit aufsteigender Kontraktkurve

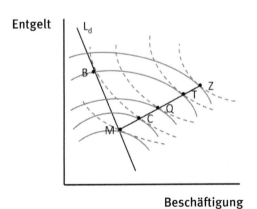

Quelle: Auf Basis von Borjas (2013)

In diesem Modell hebt der Monopolist seine Preise an, um seinen Gewinn zu maximieren, und kann dies ungehindert tun, da er keine Wettbewerber hat. Dies ist dem Gemeinwohl abträglich: niedrigere Preise und größere Mengen von Gütern würden der Gesellschaft nützen. Der zusätzliche Gewinn für das Unternehmen (höherer Überschuss für den Hersteller) ist geringer als der Wert des Rückgangs an gekauften Gütern (Verbraucherüberschuss). Eine starke Gewerkschaft wird dann in der Lage sein, diese zusätzlichen Gewinne (teilweise) einzufordern, höhere Entgelte zu verlangen und die Zugewinne des Herstellers effektiv umzuverteilen. Im Gegenzug ist das Unternehmen dann möglicherweise versucht, weniger Arbeitnehmer einzustellen. In Abb. 3.1 ist diese Situation in Punkt B dargestellt, wo die Verhandlungen über Entgelterhöhungen zu geringerer Beschäftigung führen, da die Nachfrage nach Arbeitskräften dadurch sinkt. Eine weitere Folge ist, dass die nicht eingestellten Arbeitnehmer sich mit einer geringeren Bezahlung in einem anderen Unternehmen zufrieden geben müssen oder arbeitslos bleiben. Dies ist der einfachste Rahmen, der den Zielkonflikt zwischen Entgelt/Beschäftigung aufzeigt.

3.1.2 Erweitertes Monopolmodell

Die oben erläuterte Logik muss erweitert werden, da bisher außer der Gewinnmaximierung die Gewerkschafts- und Firmenpräferenzen unberücksichtigt geblieben sind. Zur Erinnerung: Die Arbeitsnachfragekurve fällt ab und beschreibt die Verbindungen aus Beschäftigung und Entgelten, die zur Gewinnmaximierung führen. Die buckelförmigen (konkaven) Isogewinnlinien in der Grafik (durchgezogene graue Bögen) zeigen, welche Kombinationen aus Entgelten und Beschäftigung den gleichen Gewinn ergeben, selbst wenn *höhere* Gewinne (d.h. *niedrigere* Isogewinnlinien) an diesen Stellen verfügbar wären, würde das Unternehmen zur Arbeitsnachfragekurve zurückkehren. So können zum Beispiel mehr Mitarbeiter eingestellt werden, aber um den gleichen Gewinn zu erzielen, müssen die Entgelte geringer sein. In diesem Fall wird das Unternehmen jedoch versuchen, eine tiefere Isogewinnlinie zu erreichen und mehr Gewinne zu machen.

Wir haben festgestellt, dass das Unternehmen Monopolgewinne erwirtschaftet, die höher als die Gewinne sind, die bei vollständigem Wettbewerb zu erwarten wären. Die Verteilung dieser Gewinne hängt von der Verhandlungsmacht des Unternehmens und der Gewerkschaft ab. Da das Unternehmen in der Lage ist, die *gleichen* Gewinne mit mehr oder weniger Arbeitnehmern und geringeren Löhnen zu erzielen, wird es diesem Zielkonflikt gleichgültig gegenüberstehen. In Abb. 3.1 ist Verhandlungslösung B genauso gut wie Lösung T und jeder andere Punkt auf der Isogewinnlinie, der mit diesen Lösungen zusammenhängt. Beim Entgeltniveau in T ist es aus Sicht des Unternehmens jedoch besser, zur Arbeitsnachfragekurve zurückzukehren. Es kann auch sein, dass das Unternehmen Punkt C auf der Linie anpeilt, da die Gewerkschaft hier Zugeständnisse bei den Löhnen im Gegenzug für Beschäftigung macht, und an Punkt C sind die Gewinne des Unternehmens höher.

Bei den Gewerkschaften gehen die Präferenzen in die andere Richtung (in der Grafik durch gestrichelte graue Bögen dargestellt): Bei der Monopollohnhöhe B erreichen die Löhne ihren Höchststand, aber die Gewerkschaft ist bereit, bei den Entgelten Zugeständnisse zu machen, wenn dafür die Beschäftigung über die Arbeitsnachfragekurve steigt. Tatsächlich gibt es eine effizientere Lösung: Die Gewerkschaft kann um Punkt T verhandeln, der für das Unternehmen den gleichen Gewinn wie B bedeutet, aber für die Gewerkschaft nutzbringend ist, da die Iso-Nutzenfunktion (Indifferenzkurve) höher verläuft. Das Ergebnis ist die Kontraktkurve, die alle Lösungen verbindet, deren Veränderung Verluste für einen der beiden Sozialpartner bedeutet. Die Kontraktkurve ist daher Pareto-effizient. Das wesentliche Element ist hier, dass offensichtlich die Indifferenzkurven (Unternehmensgewinne und Entgelt-/Beschäftigungsverhältnis) tangential („knapp berührend") verlaufen müssen.

3.1.3 Das Monopsonmodell

Das oben beschriebene Modell begrenzt die Verhandlungsmacht eines Unternehmens aufgrund der Nachfrage anderer Unternehmen nach Arbeitskräften. Es ist jedoch auch eine andere Situation denkbar: Das Unternehmen tritt auf dem Arbeitsmarkt als Monopsonist auf, d.h. es ist der einzige verfügbare Arbeitgeber. Das Beispiel, das in Fachbüchern genannt wird, ist das einer Mine mit Werkswohnungen, die weit von einer Stadt oder anderen Wirtschaftstätigkeiten entfernt liegt und wenig andere Beschäftigungsmöglichkeiten bietet. Auch wenn ein solches Szenario heute recht realitätsfern wirken mag, kann es solche monopsonistischen Konstrukte in der Vorstellung der Arbeitnehmer durchaus geben: Der/die Arbeitnehmer/in sieht in der Region keinen anderen Arbeitgeber für die Fähigkeiten, die er/sie entwickelt hat, und der Arbeitgeber ist sich dieser Abhängigkeit bewusst. In diesem Fall ist es möglich, die Entgelte unter das Gleichgewicht zu drücken. Der Grund dafür ist nicht zwangsläufig stumpfe Ausbeutung. Man kann sich vorstellen, dass der Arbeitgeber so höhere Einstellungskosten hat (Manning, 2006): Da die „tief hängenden Früchte" (sprich die einfachen Lösungen) als erste gepflückt werden, erfordert die Einstellung eines zusätzlichen Arbeitnehmers größere Anstrengungen für die

Rekrutierung und Ausbildung (die Grenzkostenkurve verläuft oberhalb der Arbeitsangebotskurve). Daher hängt die effektive Arbeitsangebotskurve nicht ausschließlich von den Entgelten ab, sondern auch von anderen Mitteln zur Gewinnung von Arbeitnehmern; die Kosten der letztgenannten Komponente steigen parallel zur Beschäftigung und führen zu einer ausgeprägten, höher verlaufenden Grenzkostenkurve. Die Festlegung eines Mindestlohns mindert dann die Grenzkosten, denn unter bestimmten Umständen sinken die Zusatzkosten für die Einstellung bei steigenden Entgelten. Daher können steigende Mindestlöhne bis zum Gleichgewichtslohn die Löhne erhöhen. In Abb. 3.2 führt der Mindestlohn dazu, dass die effektive Arbeitsangebotskurve abflacht und mit den Arbeitsgrenzkosten zusammenfällt. Entsprechen die tatsächlichen Arbeitsangebotskosten den Arbeitsgrenzkosten, verschiebt sich letztere Kurve zurück zum Monopsonfall. Genau an dieser Stelle, wo die Löhne noch unterhalb des Gleichgewichtslohns bei E sind, ist die Grenzproduktivität (die Arbeitsnachfragekurve) den Arbeitsgrenzkosten am nächsten (aber höher) und die Beschäftigung wird entsprechend bei M angesetzt, wo das Arbeitsangebot zum Mindestlohn zuzüglich zusätzlicher Einstellungskosten aufschließt.

Abb. 3.2   Der verallgemeinerte Monopsonfall

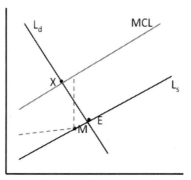

Quelle: auf Basis von Manning (2006)

3.2 Bedingungen für den sozialen Dialog

Die Wirkung der Gewerkschaften auf die Wirtschaftsleistung steht in engem Zusammenhang mit einer Reihe von Dimensionen, die Teil des Verhandlungssystems sind und die Bedingungen für den sozialen Dialog und die Lohnverhandlungen bestimmen. Es ist vermutlich unmöglich, alle diese Wechselwirkungen zu kartieren. Stattdessen geht der Überblick im nächsten Abschnitt davon aus, dass die Wechselwirkung immer auf die gleiche Weise verläuft (z. B. stärkere Wirkungen in zentralisierten Systemen, im Falle konsensgeprägter Verhandlungen etc.). In diesem Abschnitt sprechen wir einige der wichtigsten Dimensionen an, die den Kontext für den sozialen Dialog prägen.

3.2.1 Gewerkschaftlicher Organisationsgrad

Die wichtigste Dimension, die die Wirkung gewerkschaftlicher Strategien stärkt, ist zweifelsohne die Mitgliedschaft oder der Organisationsgrad der Gewerkschaft. Große Zahlen stellen eine spürbare Bedrohung dar, sowohl physisch als auch was den Einfluss betrifft. Letztendlich hängt das Unternehmen oder die Organisation von ihren Arbeitskräften ab. Die Organisationskraft der Gewerkschaften und die Schlagkraft der Aktionen verstärken die zahlenmäßige Macht. So sind die Gewerkschaften in Frankreich vielleicht zahlenmäßig kleiner, aber sie verfügen über beträchtliche Verhandlungsmacht, weil eine hohe Bereitschaft zu Aktionen wie Streiks besteht. Daher hat das Land den höchsten Grad an Aufteilung ökonomischer Renten zwischen den Arbeitnehmern und dem Unternehmen („Rent-sharing") in der EU-15 (Freeman, 2005; Kaufman, 2005).

3.2.2 Zentralisierung

Eine bekannte Abhandlung zum optimalen Niveau der Tarifverhandlungen oder Zentralisierung ist bei Calmfors & Driffil (1988) nachzulesen, die von Olson (1990) aufgegriffen wurde. Sie lässt auf eine buckelförmige Korrelation zwischen der Zentralisierung und Wirtschaftsleistung schließen. Es handelt sich um einen doppelten Ansatz. Zunächst wird davon ausgegangen, dass zentralisierte Tarifverhandlungen die höchste Garantie bieten, dass negative externe Effekte berücksichtigt werden, die sich bei Tarifverhandlungen auf tieferen Ebenen ergeben könnten, wie zum Beispiel Beschäftigungsverluste und Inflation. Die im ersten Abschnitt skizzierten Grundmodelle erläutern die Möglichkeit von Beschäftigungsverlusten. Die Angst vor Inflation hat ihre

Ursachen in dynamischeren Modellen, wie der um Erwartungen modifizierten Philips-Kurve. Letzteres Modell sieht Beschäftigungswachstum zulasten der Inflation voraus, was zu Verhandlungen um höhere Entgelte führt, um mit der erwarteten Inflation Schritt zu halten. Im Ergebnis ist eine inflationsstabile Arbeitslosenquote notwendig, die als NAIRU *(non-accelerating inflation rate of unemployment)* bezeichnet wird. Zur kurzfristigen Senkung der Arbeitslosigkeit ist steigende Inflation erforderlich. Zweitens schwächen vollkommen dezentralisierte Tarifverhandlungen die Wirkung der Gewerkschaftsarbeit insofern, als dass solche externen Effekte gar nicht erst auftreten. Es versteht sich von selbst, dass dann auch die Vorteile der Gewerkschaftsarbeit geringer sind. In Summe liegt die schlechteste Verhandlungsebene dazwischen, wie zum Beispiel auf Ebene der Branche. Dies ist problematisch, da es die Ebene ist, auf der die meisten Gewerkschaften ihren Ursprung haben.

In einem Rückblick lässt John Driffil (2006) diese frühen Vorhersagen Revue passieren. Er begrüßt die früheren Untersuchungen, die andere Faktoren über die bivariate Beziehung zwischen Zentralisierung und Wirtschaftswachstum hinaus berücksichtigt haben. Die Erkenntnisse aus den letzten beiden Jahrzehnten haben die kurvilineare Beziehung nicht konsequent bestätigt. Obwohl unklar ist, ob Tarifverhandlungen auf der Zwischenebene schlechter sind als dezentralisierte Verhandlungen, gibt es sehr viele Erkenntnisse, die das Hauptargument untermauern, dass zentralisierte Tarifverhandlungssysteme bei Arbeitslosigkeit und Inflation besser abschneiden.

3.2.3 Tarifbindung und Allgemeinverbindlichkeitserklärung

In engem Zusammenhang mit der Ebene der Tarifverhandlungen steht die Tarifbindung, die von dem Anteil von Arbeitnehmern und Unternehmen abhängig ist, die die Tarifverträge einhalten müssen. Dies gilt in jedem Fall für die vertragsschließenden Parteien, d.h. die Arbeitgeber, die den Tarifvertrag unterzeichnen, müssen diesen für die Arbeitnehmer erfüllen, die von der Gewerkschaft vertreten wurden. Es ist auch möglich, dass Unternehmen den Tarifvertrag auf alle Mitarbeiter anwenden. Oft bestehen auch rechtliche Möglichkeiten, Tarifverträge für alle Arbeitnehmer in einer Branche für allgemeinverbindlich zu erklären (Freeman, 2005). Dies ist eine Möglichkeit, um das losgelöste Handeln von Unternehmen zu überwinden, aber wie oben beschrieben mindert es die Motivation der Arbeitnehmer, Mitglied in einer Gewerkschaft zu werden. Die Tarifbindung ist letztlich von großer Bedeutung, da sie den Handlungsspielraum einschränkt.

3.2.4 Konsens

Es wird oft implizit angenommen, dass zentralisierte Tarifverhandlungen zum Konsens führen, wie in den skandinavischen Ländern, wo die „Dienstleistungsgewerkschaften" *(business unionism)* – die Tradition, Gewerkschaftsarbeit als Geschäftsdienstleistung zu sehen – auf eine hohe Tarifbindung treffen. Diese Strategie basiert auf gegenseitigem Respekt und der Anerkennung der Verhandlungsmacht der Gewerkschaften, ohne Notwendigkeit, die eigene Stärke zu demonstrieren. Nach dem Paradoxon von Hicks vermeidet Konsens die Kosten von Auseinandersetzungen, sodass jede Einigung (wir erinnern an die Kontraktkurve im erweiterten Monopolmodell) günstiger und zum Nutzen beider Parteien erzielt werden kann. Eine konfrontations- oder konfliktträchtige Gewerkschaftsarbeit wird in der Regel die gegenteilige Wirkung haben, da im Verhandlungsprozess Energie verschwendet wird. Beispiele sind die USA mit ihrem „business unionism", wo die Tarifbindung gering und die Gewerkschaftsfeindlichkeit bei den Führungskräften tief verwurzelt sind, sowie die sich ideologisch sehr deutlich positionierenden Gewerkschaften in Lateinamerika und in gewissem Umfang in Südeuropa.

Wir haben bereits argumentiert, dass Führungskräfte Gewerkschaften ablehnend gegenüberstehen, da sie mikroökonomisch die Gewinne belasten. Es kann jedoch im Interesse der (großen) Unternehmen sein, Tarifverträge zu unterzeichnen, um Missbrauch zu verhindern, wie die Zahlung von Niedriglöhnen, um Wettbewerber auszustechen. Außerdem könnten Führungskräfte in einer Zeit, in der der latente Wunsch der gewerkschaftlichen Organisation zunimmt, Interesse an der Zusammenarbeit mit den Gewerkschaften haben, um die ständig steigenden Kosten der gewerkschaftsfeindlichen Maßnahmen zu vermeiden. Des Weiteren können die Gewerkschaften durch die Zusammenarbeit de facto zu einer höheren Produktivität beitragen. Freeman & Medoff (1984) formulieren es wie folgt: „Die gewerkschaftliche Organisation an sich bedeutet weder ein Plus noch ein Minus für die Produktivität. Worauf es ankommt, ist der Umgang zwischen Gewerkschaften und der Leitung im Unternehmen." Um den Widerstand zu begrenzen, kann das Management beschließen, Gewerkschaftsaktivitäten im Unternehmen zu integrieren, wie zum Beispiel formelle Verfahren für die Vergütung, Beförderung, Aus- und Weiterbildung, Mitsprache etc. (Verma, 2005).

3.2.5 Wettbewerb

Aus Sicht von Wirtschaftswissenschaftlern führt Wettbewerb fast immer automatisch zu Effizienz. Unter den Gewerkschaften oder zwischen Gewerkschaften einerseits und nicht gewerkschaftlich organisierten Arbeitnehmergruppen andererseits bedeutet dies bessere Angebote für die Mitglieder und Verbesserungen in der Organisation (Freeman, 2005). Dies steigert vermutlich die Effektivität von Gewerkschaften. Andererseits verschiebt der Wettbewerbsdruck der Unternehmen Entgelte und Beschäftigung in Richtung des Gleichgewichts – im Gegensatz zu den Modellen, die im ersten Abschnitt gezeigt wurden. Dies beseitigt die ökonomische Rente, die Verhandlungsmöglichkeiten schafft, ist aber wie oben gesehen aus Wohlfahrtsicht optimal. Bei internationalem Wettbewerb, zum Beispiel gemessen an der Öffnung eines Wirtschaftszweigs, ist es wahrscheinlich, dass die Unternehmen Entgelte und Arbeitsbedingungen unterbieten. In diesem Fall stellt dies eine Bedrohung für das Überleben des Wirtschaftszweigs in einem Land mit mehr Arbeitnehmerrechten dar. Im Gegensatz dazu haben die öffentlichen Institutionen und Gewerkschaften im öffentlichen Sektor ein gemeinsames Interesse daran, die angebotenen Güter und Dienstleistungen zu fördern, wobei der Druck nicht von Wettbewerbern kommt, sondern von Zielen des Gemeinwesens.

3.2.6 Politische Unterstützung

Gewerkschaften investieren viel in die politische Lobbyarbeit, um einen Rechtsrahmen für den sozialen Dialog zu schaffen und die Arbeitnehmer gesetzlich zu schützen. Wenn jedoch die Verbindung zu einer bestimmten politischen Partei (z. B. die Demokraten in den USA) irgendwann für selbstverständlich wahrgenommen wird, erhalten sie keine Unterstützung von irgendeiner Partei mehr. Dies bedeutet auch, dass Gewerkschaften in Ländern mit wenigen linken Parteien weniger politische Unterstützung erfahren. Es kann auch sein, dass die Gewerkschaften ihre politischen Bemühungen verstärken, in dem Maße, wie der gewerkschaftliche Organisationsgrad sinkt (Masters & Delaney, 2005); sich auf die Politik zu verlassen, kann langfristig ihre Position schwächen.

Traditionell ist die Haltung der internationalen politischen Instanzen Gewerkschaften gegenüber eher ablehnend, da die internationale Politik oft von Geschäftsinteressen getrieben ist und in den 1980er Jahren in einer Zeit des sogenannten Neoliberalismus ihren Umfang deutlich erweitert hat. In den Beratungen des IWF und der OECD werden häufig solche gewerkschaftsfeindlichen Überzeugungen geäußert. Es ist jedoch bemerkenswert, dass die Weltbank ihren Standpunkt geändert hat. Der Weltentwicklungsbericht von 1995 stellt fest, dass unabhängige Gewerkschaften ein Eckpfeiler eines jeden effektiven Systems der Arbeitsbeziehungen sind, das versucht, die Notwendigkeit der Unternehmen, wettbewerbsfähig zu bleiben, mit der Hoffnung der Arbeitnehmer auf höhere Löhne in Einklang zu bringen (...). Sie tragen dazu bei, die Produktivität im Betrieb zu erhöhen und mindern die Diskriminierung am Arbeitsplatz (Walton & Balls, 1995).

3.3 Auswirkungen auf die Wirtschaftsleistung

3.3.1 Löhne und Lohnnebenleistungen

Gewerkschaften können das Lohnniveau anheben. Der Hintergrund für diese Dynamik wird im Abschnitt zur Theorie oben erläutert. Wenn sich das Unternehmen wie ein Monopolist verhält und die Gewerkschaft eine Monopolstellung auf dem Arbeitsmarkt hat, können die Zusatzgewinne oder ökonomischen Renten zwischen den Anteilseignern und Arbeitnehmern aufgeteilt werden. Die Verteilung dieser Anteile hängt von der Verhandlungsmacht beider Parteien ab, d.h. der Stärke des Arbeitsmonopols und des Arbeitsmonopsons. Dies kann zu einer Situation führen, die in zweierlei Hinsicht unter dem Aspekt der Wohlfahrt ineffizient ist: Die höheren Lohnkosten bedeuten eine Belastung der Beschäftigung und die Zusatzgewinne bestehen weiter, wenn sie nicht durch höhere Löhne vollständig umverteilt werden.

Eine wichtige Erkenntnis ist, dass höhere Löhne nicht zwangsläufig zulasten der Beschäftigung gehen müssen. Im oben geschilderten Modell kann die Kontraktkurve bei Verbindung der pareto-effizienten Verhandlungslösungen vertikal oder aufsteigend verlaufen. Wenn die Löhne aufgrund eines monopsonistischen Firmenverhaltens unterhalb des Gleichgewichts liegen, können außerdem die Gewerkschaften sektorenspezifische oder nationale Mindestlöhne durchsetzen, um so effektive Beschäftigungszunahmen auslösen (Card & Krueger, 1994; Manning, 2006). Ein Indikator für eine positive Korrelation zwischen Löhnen und Beschäftigung ist die Tatsache, dass de facto viele Hochlohnländer geringe Arbeitslosigkeit, hohe Beschäftigungsquoten und starke Gewerkschaften haben. Ein weiterer Indikator ist die gut dokumentierte *Lohnkurve*, eine fast universelle Elastizität der Löhne bei Arbeitslosigkeit von - 0,10 (Blanchflower, 1996). Bei hypothetischer Annahme einer Verdoppelung der Arbeitslosenquote würden die Reallöhne um 10 Prozent sinken. Eine geringere Verhandlungsmacht durch wirtschaftlichen Rückgang und Arbeitslosigkeit verursacht eine Verschiebung entlang der monopolitischen Kontraktkurve, die den in dem Forschungsbereich nachgewiesenen Gesamtzahlen entspricht.

Gewerkschaften können neben den Lohnverhandlungen auch an den Verhandlungen für Pakete von Lohnnebenleistungen beteiligt sein. Die Optimierung des Zielkonflikts zwischen den Löhnen und anderen Leistungen kann den Nutzen für die Arbeitnehmer optimieren (Budd, 2004). Dies beinhaltet oft die Wahl von Kollektivleistungen (Altersrenten, Krankengeld, Jahresurlaub, betriebliche Vorsorgesysteme etc.), die gesicherte Rechte bieten, und die Entscheidung für Nebenleistungen anstelle von Einzelvergütungen aus praktischen oder steuerlichen Gründen. Da dies bedeutet, dass die Arbeitnehmer bereit sind, geringere Löhne in Kauf zu nehmen, ist es notwendig, dass die Vermittlung der Information Teil des Abschlusses ist, den eine Gewerkschaft erzielt, denn ansonsten könnte das Unternehmen lediglich den Lohn des einzelnen Arbeitnehmers kürzen und den Gewerkschaften für die Information danken. Ein weiterer Beitrag, der den Nutzen für den Arbeitnehmer erhöht, besteht darin, dass die Gewerkschaften sie auf die Nebenleistungen aufmerksam machen, die bestehen.

3.3.2 Beschäftigungszunahme und -fluktuation

Wie oben schon erklärt, schadet die Gewerkschaftsarbeit nicht per se der Beschäftigung. Es gibt jedoch Situationen, in denen Tarifverhandlungen eine Beschäftigungszunahme behindern (Addison & Belfield, 2004). Wie gezeigt, hängt dies von dem durch die Gewerkschaft angestrebten Ausgleich zwischen Löhnen und Beschäftigung ab. Ein Faktor, der zu diesen Präferenzen beiträgt, ist die Mitgliedschaft. Natürlich verhandeln Gewerkschaften zum Nutzen ihrer Mitglieder, was zulasten der Nichtmitglieder und auch der Arbeitslosen gehen kann. Dieser Prozess ist ein klares Beispiel für die Insider-Außenseiter-Dynamik, die zum Beispiel Arbeitnehmer mit einer längeren Betriebszugehörigkeit begünstigt (Lindbeck & Snower, 2002, 1986). Es kann jedoch sein, dass die Gewerkschaften einige Rechte gleichermaßen anwenden möchten, da die Außenseiter künftige Mitglieder sein und überzogene Vorteile durch die Gewerkschaftsmitgliedschaft Ressentiments gegen die Gewerkschaften auslösen könnten. Die Unterscheidung zwischen Insidern und Außenseitern ist daher in der Praxis nicht so explizit.

Zahlreiche Studien befassen sich mit den Folgen der Gewerkschaftsarbeit für die Beschäftigung und die meisten stellen eine langsamere Beschäftigungszunahme fest (Blanchflower, Millward, & Oswald, 1991; Booth & McCulloch, 1999; Wooden & Hawke, 2000). Wooden & Hawke (2000) meinen zum Beispiel, dass die Gewerkschaften in Australien die Beschäftigungszunahme um 2,5 Prozent pro Jahr verlangsamen – eine Zahl, die auch von Addison & Belfield (2004) von 1990 bis 1998 anhand von Paneldaten für das Vereinigte Königreich festgestellt wird.

Bei dieser Diskussion ist ein zweites Element zu berücksichtigen, das Freeman & Medoff (1984) angesprochen haben. Es ist ein gedanklicher Ansatz, der auf dem Strategiekomplex von Hirschman (1970) basiert, der neben der Loyalität auch Abwanderung und Mitsprache beinhaltet. Die Präsenz einer Gewerkschaft bietet die Möglichkeit, Beschwerden zu äußern und verhindert so den Ausstieg (Freeman & Medoff, 1984; Freeman & Rogers, 1999; Hammer & Avgar, 2005). Wichtig ist dabei, dass die Gelegenheit, Beschwerden zu äußern, die Mitarbeiterfluktuation mindert, da die Menge der individuellen Beschwerden wiederum positiv mit der Fluktuation korreliert (Freeman, 2005; Lewin, 2005).

Die Fluktuation selbst hat eine doppelte wirtschaftliche Bedeutung. Die positive Wirkung einer geringen Fluktuation ist, dass die erwarteten Renditen auf Investitionen in das Humankapital höher sind und das Risiko des Wissensverlusts geringer ist. Außerdem kann man eine größere Loyalität über den beruflichen Werdegang des Mitarbeiters und über die Konjunktur des Unternehmens hinweg erwarten. In der Vergangenheit wurden Länder wie Japan für die familienähnlichen Bindungen an das Unternehmen gepriesen. Der Nachteil ist jedoch, dass die Einteilung der Arbeitnehmer dadurch suboptimal sein kann. Es wurde nachgewiesen, dass sich das Entgelt junger Arbeitnehmer durch einen Wechsel des Arbeitsplatzes erhöht (Oreopoulos et al., 2007). Es kann auch sein, dass Arbeitgeber weniger geneigt sind, Berufseinsteiger einzustellen, wenn die Bedingungen strenger sind, was wiederum die Chancen spezifischer Gruppen mindert, wie junger und älterer Arbeitnehmer, Frauen, Langzeitarbeitsloser und Migranten etc. Möglicherweise fühlen sich die Arbeitnehmer selbst in einem goldenen Käfig gefangen, da sie nicht einfach die Firma wechseln können, ohne dass sie Sonderleistungen verlieren. In Summe wird argumentiert, dass ungeachtet des Wirtschaftswachstums oder -rückgangs die Arbeitsplatzmobilität der Arbeitnehmer („Churning" genannt) ein Optimum erreichen sollte, das die Freizügigkeit der Arbeitnehmer bei gleichzeitigem Erhalt einer gewissen Stabilität der Beschäftigten gewährleistet (Burgess et al., 2001).

3.3.3 Ungleichheit

Gewerkschaften vertreten oft egalitäre Weltanschauungen und die Mitglieder tragen diese mit. Auch ohne erwirtschaftete Zugewinne kann der Wunsch bestehen, mögliche Produktivitätszugewinne auf alle Arbeitnehmer zu verteilen, obwohl vielleicht einige Beschäftigten für sich einen größeren Teil eingefordert haben. Hicks (1955) hat bereits festgestellt, dass diese sozialen Befindlichkeiten einen großen Beitrag zur Lohnbildung leisten können und Veränderungen erst dann eintreten, wenn die Gleichheit wirtschaftlich untragbar wird. Dann kommt es zur Lohnkompression: Hochproduktive Arbeitnehmer müssen mit einem geringeren Entgelt leben, es sei denn ein Fachkräftemangel rechtfertigt eine höhere Bezahlung. Neben dieser freiwilligen Gleichheit gibt es noch zwei weitere Fälle, wo dies zu beobachten ist. Im ersten Fall ist es nahezu unmöglich, Produktivitätszugewinne einem einzelnen Arbeitnehmer oder einer Einheit zuzuordnen. Dann ist es nur natürlich, den gestiegenen Wohlstand mit allen Arbeitnehmern zu teilen (was sich von der oben genannten Aufteilung ökonomischer Renten zwischen Arbeitnehmern und Unternehmen unterscheidet). Der zweite Fall ist, wenn Arbeitnehmer, die eine stärkere Verhandlungsposition zu haben scheinen, de facto keine Ausweichmöglichkeit haben, zum Beispiel bei Allgemeinverbindlichkeitserklärung von Tarifverträgen für Wettbewerberfirmen oder aufgrund fehlender geografischer Mobilität. Ein gutes Beispiel für solche linearen Bezahlungen als Reaktion auf Produktivitäts*zugewinne* ist die Lohnindexierung, die Lohnunterschiede erhält, die ihren Ursprung in unterschiedlichen Produktivitäts*niveaus* haben.

Wenn wir zum Standardmodell zurückkehren, stellen wir fest, dass die Gewerkschaftsarbeit zu Lohnunterschieden zwischen verschiedenen Wirtschaftszweigen (oder Regionen) führt, da es in unterschiedlichen Wirtschaftszweigen und Regionen unterschiedliche Gewinne zu verteilen gibt. Es wird jedoch argumentiert, dass die Wirkung der sektorenspezifischen Lohnkompression innerhalb von Ländern gegenüber der gesteigerten sektorenübergreifenden Lohndifferenz überwiegt (Freeman, 2005). Dies gilt sicher, wenn die Tarifverhandlungen zentralisiert sind (z. B. Italien während der Zeit der Lohngleitklausel, *Scala Mobile*), bei hoher Tarifbindung (z. B. in Schweden) oder wenn Tarifverträge politisch für allgemeinverbindlich erklärt werden (Niederlande).

3.3.4 Gewinne und Produktivität

Anhand der Standardgewerkschaftsmodelle sollte klar sein, dass Gewerkschaften Firmengewinne mindern (Hirsch 2004). Wir rufen in Erinnerung, dass dies als Weg theoretisch untermauert werden kann, um sozialstaatliche Niveaus wiederherzustellen, die durch die Unzulänglichkeiten des Markts verzerrt werden. Wie oben schon festgestellt, führt dies auf mikroökonomischer Ebene bei Führungskräften zu gewerkschaftsfeindlichen Einstellungen.

Interessanterweise zeigen empirische Studien jedoch eine beträchtliche Bandbreite bei der Wirkung von Gewerkschaften auf die Produktivität (Hirsch 2004). So haben zum Beispiel Doucouliagos & Laroche (2003) bei einer Metaanalyse von 73 Gewerkschafts-Produktivitäts-Studien in den USA, Japan und im Vereinigten Königreich über alle Studien hinweg eine Wirkung von nahezu null ermittelt, mit Ausnahme des verarbeitenden Gewerbes in den USA. Im Vereinigten Königreich werden hingegen keine nachteiligen Wirkungen auf die Investitionen oder die Forschung & Entwicklung beobachtet, von denen angenommen wird, dass sie die Produktivität steigern (Freeman, 2005). Im Gegensatz dazu stellen Addison & Belfield (2004) fest, dass britische Firmen, die sich von den Gewerkschaften trennen, eine Steigerung ihrer Produktivität verzeichnen. In Deutschland beobachtet man hingegen, dass die Produktivität dank der Gewerkschaftsarbeit zunimmt (Freeman, 2005).

Für die USA kommt Hirsch (2004) zu dem Schluss, dass „es keinen schlüssigen Hinweis darauf gibt, dass die Gewerkschaften einen direkten Einfluss auf die Steigerung der Produktivität haben". Er meint, dass gewerkschaftlich organisierte Firmen und Sektoren weniger als vergleichbare, nicht gewerkschaftlich organisierte Firmen an Kapital und in Forschung & Entwicklung investieren, vermutlich aufgrund der geringeren Gewinne durch die gewerkschaftliche Umverteilung. Hier ist darauf hinzuweisen, dass das nationale Gesamtwachstum sich vom Wachstum auf Unternehmensebene unterscheidet. Es kann Sektoren mit einem geringeren gewerkschaftlichen Organisationsgrad geben, die womöglich von der Kaufkraft profitieren, die in gewerkschaftlich organisierten Sektoren generiert wird. Darüber hinaus sind Sparguthaben zu berücksichtigen, die auf die Gewerkschaften zurückzuführen sind, wie Rentenpläne, die zu einem späteren Zeitpunkt Investitionen auslösen könnten (Freeman 1985). Verma (2005) weist nach, dass Gewerkschaften die Aus- und Fortbildung, die Ausschreibung von Stellen, Probezeiten, die theoretische Berufsausbildung etc. formalisieren, was alles die Produktivität steigert. Nicht ganz so eindeutig ist zu erkennen, dass weniger leistungsbezogene Vergütungen und weniger individuelle Anreize den Einsatz des Einzelnen mindern, aber die Produktivität des Teams steigern, wobei letztgenannter Effekt zu überwiegen scheint.

3.3.5 Wirtschaftswachstum und Stabilität

Es ist verständlich, dass das vorrangige Anliegen der Politik, vielleicht neben der Bekämpfung der Ungleichheit, darin besteht, das Wirtschaftswachstum insgesamt zu fördern. Ungeachtet ihrer Ratschläge liefert die Reihe „Beschäftigungsausblick" der OECD gemischte Erkenntnisse zur Rolle der Gewerkschaften. Aidt & Tzannatos (2002) stellen in einer Zusammenfassung von Studien zur Gewerkschaftsbewegung im Auftrag der Weltbank fest, dass Gewerkschaften sich entwickelnden Volkswirtschaften vermutlich eher nützen als schaden. McLennan (2005) erwähnt, dass das Vereinigte Königreich in den 1990er Jahren nach der Thatcher-Ära und der Schwächung der Gewerkschaften wirtschaftlich stark war, Irland – mit starken Gewerkschaften – aber noch erfolgreicher war.

In letzter Zeit wurde der rückläufige Lohnanteil am BIP in vielen Ländern mit dem Rückgang des gewerkschaftlichen Organisationsgrads und dem Ursprung der Hypothekenkrise in den USA in Verbindung gebracht, da Arbeitnehmer Hypothekendarlehen aufgenommen hatten, die sie sich nicht leisten konnten. Daher argumentieren einige Stimmen, dass die Wohlstandsverteilung zuerst an niedrige Einkommen gehen sollte. Dafür gibt es zweierlei Gründe. Zunächst ist die marginale Konsumquote offensichtlich bei Menschen höher, die nicht die Mittel haben zu sparen. Im Ergebnis ist der Geldumlauf schneller, was die Wirtschaftstätigkeit steigert. Zweitens wird nachgewiesen, dass große Volkswirtschaften, wie die USA, Europa oder die Welt immer nachfragesteuert sind. Gewinne durch Ausfuhren auf einen anderen Planeten gibt es nicht. Da Wirtschaftswachstum die Summe der Zuwachsraten des Konsums, der Investitionen und der Exporte ist, muss die Kaufkraft gesteigert werden, wenn die Produktivität steigt.

Die jüngste, noch nicht beendete Wirtschaftskrise hat außerdem das Interesse von der langfristigen Wachstumsmaximierung (wie Keynes es formuliert: „wenn wir alle tot sind") zugunsten von Stabilität über alle Phasen der Konjunktur und in Krisen verschoben. Da Gewerkschaften Lohngewissheit den Vorzug vor Gewinnbeteiligung geben (Mitchell und Erickson 2005, Freeman und Weitzman 1987), sind sie bereit, auf einen Teil der Forderungen zu verzichten, die sie bei guter Konjunktur hätten stellen können, im Gegenzug für Beschäftigungssicherheit und langsamere, aber dauerhafte Lohnsteigerungen. Die Gesetzgebung zum Kündigungsschutz zwingt Unternehmen, finanzielle Reserven für Zeiten wirtschaftlicher Einbrüche anzulegen, um Kündigungen zu vermeiden, während die Lohnstabilität eine antikonjunkturelle Wirkung hat und die konjunkturellen Ausschläge nach oben und unten begrenzt, die ansonsten zu Blasen, zum Platzen solcher Blasen und zu Hysterese führen würden.

3.3.6 Grenzen der ökonomischen Forschung zum sozialen Dialog

Dieser Überblick zeigt, dass die Forschung zur Gewerkschaftsarbeit keine schlüssigen Ergebnisse liefert und deren Wirkung von vielen Parametern abhängt. Die folgende Liste nennt Defizite dieser Forschung und zeigt, dass weitere Daten und Studien notwendig sind, um eine ausreichende Basis zu schaffen, die die Wirkung von Gewerkschaften auf die Wirtschaftsleistung dokumentiert.

Makroökonomie. Aus Gründen der begrenzten Datenlage oder weil die abschließende Bewertung, wie eine Politik wirkt, bei sonst gleichen Umständen nicht identisch (ceteris paribus) ist, wird die Arbeitsökonomie manchmal aus makroökonomischer Sicht betrachtet. Der Nachteil ist, dass es nur sehr wenig Datenpunkte gibt. Es ist daher sehr schwierig, eine bestimmte Dimension von anderen zu isolieren, zum Beispiel bei der Analyse von „Systemen", seien es Sozialstaaten, Verhandlungssysteme oder Spielarten des Kapitalismus.
USA-bezogene Einseitigkeit. In den USA gehören etwa 8% der Arbeitnehmer einer Gewerkschaft an. Dies sind in der Regel die bestqualifizierten Arbeitnehmer des Sektors mit starker Verhandlungsmacht. Die meisten Studien zur Gewerkschaftsbewegung beleuchten jedoch nur dieses besondere Verhandlungssystem.
Kausalität. Es ist schwierig, die Wirkung der Gewerkschaftsarbeit chronologisch zu erfassen. Es kann sein, dass die Gewerkschaften die Funktionsweise des Arbeitsmarkts optimieren, aber es ist auch möglich, dass gut funktionierende Arbeitsmärkte Raum für Gewerkschaften schaffen.
Strukturmodelle. Die Arbeitsökonomie hat irgendwann vermutlich zu sehr mit deduktiven Modellen gearbeitet. Dabei wird ein plausibles theoretisches Modell erarbeitet und strukturell ausgedrückt. Dann wird das Modell mit Daten abgeglichen. Dieser Ansatz hat an Verbreitung verloren und in den letzten Jahren einer stärker evidenzbasierten Forschung Platz gemacht (Freeman, 2005).
Fallstudien. Auch wenn es Fallstudien in Hülle und Fülle gibt, sind sie allgemein übermäßig selektiv und ihre Interpretation wird durch Idiosynkrasien beeinträchtigt. Trotz dieser Bemerkung findet sich ein gutes Beispiel dafür,

wie qualitative Arbeit die Wirtschaftstheorie ergänzen kann, in Bewleys Why wages don't fall during a recession (1999) (Warum Löhne während einer Rezession nicht sinken), wo er Zitate von Führungskräften und Gewerkschaftern zu gängigen Wirtschaftstheorien widergibt.
Variabler Detaillierungsgrad. Bei der Untersuchung von Gewinnen ist die Aussagekraft von zweistelligen, sektorenspezifischen Gesamtzahlen begrenzt. In vielen Fällen ist dies nicht der Sektor, auf den sich die Unternehmen selbst beziehen. Was die Gewerkschaftsarbeit betrifft, unterscheidet sich die Präsenz (binär) vom Einfluss (kontinuierlich). Der letztgenannte Indikator ist jedoch nur selten verfügbar.

3.4 Fazit zur wirtschaftlichen Wirkung des sozialen Dialogs

Aus dem Überblick der Literatur zur wirtschaftlichen Wirkung des sozialen Dialogs zeichnen sich zwei Schlussfolgerungen eindeutig ab. Zunächst haben wirtschaftliche Institutionen, wie Tariflöhne, Mindestlöhne und Gesetze zum Kündigungsschutz, eine spürbare Wirkung auf die Funktionsweise einer Wirtschaft, sei es in Bezug auf die Beschäftigungszunahme, das Wirtschaftswachstum oder die Einkommensungleichheit. Zweitens hängt dieser Einfluss von dem Umfeld für Tarifverhandlungen ab. Institutionelle Strukturen, wie zentralisierte Tarifverhandlungen mit hoher Tarifbindung, und vor allem die Bereitschaft bei beiden Sozialpartnern und eine hohe Mitgliedschaft können mit der Arbeit der Gewerkschaften zusammenwirken, um die Wirtschaft effektiv zu steigern.

4 Die europäische Tradition des sozialen Dialogs in der aktuellen Krise unter Druck

Kurz vor seinem Ruhestand äußerte sich der Stellvertretende Vorsitzende des Internationalen Gewerkschaftsbunds (IGB) in einem Beitrag für ein Kompendium zur Bewertung des paritätischen sozialen Dialogs wie folgt: „Der Verlust wesentlicher Fähigkeiten, die für die Aufnahme einer konstruktiven Konsultation notwendig sind, scheint zum breiten gesellschaftlichen Trend geworden zu sein. Er wirkt sich nicht nur auf den sozialen Dialog aus. Man kann es auch in den privaten Haushalten, in Wohngebieten, in Vereinen – und auch der Politik – beobachten. Es ist das nagende Gefühl der Unfähigkeit bzw. die fehlende Bereitschaft, der legitimen Einigung gegenüber dem eigenen absoluten Recht den Vorzug zu geben, sich an die Stelle des Gegenübers zu versetzen, das Gemeinsame vor das Trennende zu stellen, Verantwortung zu übernehmen anstatt als Sprachrohr für das eigene Lager zu dienen. Bei einer solchen Vorgehensweise verkommt der soziale Dialog zum Eifer, sich gegenseitig verändern zu wollen" (Luc Cortebeeck in Devos et al., 2011)[6].

Ist der europäische soziale Dialog unter Druck, wie der Titel dieses Kapitels nahelegt? Und wenn ja, was kann man als ursächlich dafür sehen? Und welche Rolle hat dabei die jüngste Wirtschaftskrise gespielt? Wir werden kurz versuchen, diese Fragen auf der Grundlage der (umfangreichen) Fach- und Trivialliteratur zu klären.

4.1 Das goldene Zeitalter des sozialen Dialogs

Viele sehen die Nachkriegszeit und die Wirtschaftswunderjahre als das goldene Zeitalter des sozialen Dialogs. Der französische Autor J. Fourastié sprach von *Les trente glorieuses* (30 glorreiche Nachkriegsjahre) und versah die Zeit mit dem Untertitel *The invisible revolution from 1946 to 1975* (Die unsichtbare Revolution von 1946 bis 1975; Fourastié, 1979). Es ist die Zeit, als die Grundsätze der (post-)Fordschen Zeit von den Gewerkschaftsvertretern wie auch den Arbeitgeberverbänden voll akzeptiert wurden (Cassiers & Denayer, 2009). Sie können wie folgt zusammengefasst werden:

---

6 Eigene Übersetzung des Autors

- Die gegenseitige Anerkennung der Arbeitgeber- und Gewerkschaftsorganisationen bildet das Fundament für sozialen Frieden und faire Zusammenarbeit.
- Diese Zusammenarbeit zielt auf ein gemeinsames Ziel ab: die Verbesserung der Lebensbedingungen der gesamten Bevölkerung durch wirtschaftlichen Wohlstand.
- Wirtschaftlicher Wohlstand erfordert die Förderung guter Praxis in Unternehmen.
- Durch Tarifverhandlungen (oder paritätische Verhandlungen) und die Institutionalisierung der Sozialversicherungssysteme sollte eine für gerecht erachtete Einkommensverteilung erreicht werden.
- Die in den Sektoren oder Wirtschaftszweigen erzielten Produktivitätszugewinne werden über Entgelte und Gewinne verteilt.

Weltweit führte das Abkommen von Bretton Woods (1944) zur Schaffung eines internationalen Währungssystems, das stabile Wechselkurse einführte und die Überwachung unerwünschter Kapitalbewegungen förderte; darauf folgte unmittelbar die Gründung des Internationalen Währungsfonds und der Weltbank. Kurz danach wurde die Europäische Gemeinschaft für Kohle und Stahl (1951) gegründet und am 25. März 1957 wurden in Rom zwei Verträge unterzeichnet, die die Geburtsstunde der Europäischen Wirtschaftsgemeinschaft (EWG) und der Europäischen Atomgemeinschaft (Euratom) bedeuteten.

In den meisten westeuropäischen Ländern führte dies zur Einrichtung und Erweiterung kohärenter Systeme für den sozialen Dialog. Es wurden Sozialpakte unterzeichnet und der Sozialstaat wurde auf dem Fundament politischer und sozialer Entscheidungen aufgebaut, die von den Keynesschen Wirtschaftstheorien geprägt waren. Politische Entscheidungen zu sozioökonomischen Fragen stellten eine echte Abkehr von früheren historischen Tendenzen dar, als sich die Klassenkampf-Gewerkschaftsbewegung und hartgesottene liberale Wirtschaftskonzepte durchgesetzt hatten. Die zunehmende Institutionalisierung des sozialen Dialogs führte zu einem allmählichen Rückzug der öffentlichen Behörden aus den Arbeitsbeziehungen und sozialen Konflikten, da von den Sozialpartnern erwartet wurde, dass sie sich selbst in gegenseitiger Absprache einigten.

Dies stärkte die Gewerkschaften und bestätigte ihre Rolle als Sprachrohr der arbeitenden Bevölkerung. Dabei führten die Gegensätze zwischen den Forderungen nach Entgelterhöhungen und anderen Wünschen unter den verschiedenen Wirtschaftszweigen zu einigen Rivalitäten: Die Gewerkschaften in den Sektoren mit geringer Produktivität versuchten, ähnliche Lohnerhöhungen wie in den von höheren Produktivitätszugewinnen geprägten Branchen zu erzielen, wo dies leichter war. Daher stellen die starken Wirtschaftszweige, die gut für den internationalen Wettbewerb gewappnet oder kapitalintensiv sind (durch den allmählichen Fortschritt) die treibende Kraft für Entgelterhöhungen, Arbeitszeitverkürzungen und andere Formen des sozialen Fortschritts dar (Cassiers & Denayer, 2009). Ermöglicht wurde all dies durch kontinuierliche und deutliche Produktivitätsverbesserungen.

Dies war kurz gesagt das goldene Zeitalter des sozialen Dialogs und das, was in der Literatur häufig als *Neokorporatismus* oder *liberaler Korporatismus* bezeichnet wird. Geprägt war die Zeit dadurch, dass sich gesellschaftliche Gruppen den öffentlichen Raum teilten, die freiwillig organisiert waren und Anspruch auf verschiedene Formen der kollektiven Beteiligung und Selbstverwaltung hatten, sofern sie das Primat der parlamentarischen Demokratie anerkannten. Während die Gewerkschaften bereit waren, ihre Interessen vorrangig im wirtschaftlichen Bereich zu verfolgen, „verzichteten die Regierungen gern darauf, in Klassenkonflikte einzugreifen, die sie schwierig, wenn nicht gar unmöglich zu befrieden fanden. Stattdessen ließen sie die Gewerkschaften und Arbeitgeber untereinander die Beschäftigungsbedingungen festlegen, zunehmend unter Gewährung rechtlicher Immunitäten, Schutz und sogar Förderung" (Streeck & Kenworthy, 2005).

Die allgemeine Akzeptanz des neokorporatistischen Ansatzes wurde durch Beispiele mehrerer kontinentaleuropäischer Staaten in den 1950er und 1960er Staaten, allen voran Schweden, gefördert. Das Land hatte starke Gewerkschaften und Arbeitgeberverbände und die Wirtschaft verzeichnete bemerkenswerten Erfolg und Modernisierung, die unter anderem der großen Rolle zugeschrieben wurden, die die Tarifverhandlungen gespielt hatten (Wallace, 2004). Die Stabilität der Organisation des Nachkriegsstaats hing daher von einem fragilen Geben und Nehmen zwischen den Regierungen, Arbeitgeberorganisationen und Gewerkschaften ab, die für sich den alleinigen Anspruch erhoben, die Stimme der Arbeiterklasse zu sein. Dies führte im Allgemeinen zur Entstehung einer gesellschaftlichen Ordnung und zur Schaffung eines mehr oder weniger stabilen sozialen Klimas am Arbeitsplatz. Wissenschaftler aus den USA schrieben über ein „europäisches Gesellschaftsmodell mit einer breiten demokratischen politischen Beteiligung, Kollektivverhandlungen zwischen großen gesellschaftlichen Kräften, Schutz vor den Risiken durch Krankheit, Unfall, Alter und die Unbilden des Markts und das Engagement, Beschäftigung für alle zu schaffen" (Martin & Ross, 1999). Und sie sprachen von „starke[n] Gewerkschaftsbewegungen, deren Stärke nicht zulasten der Geschäftsinteressen ging, da sie der Wirtschaft treue Verbraucher, eine kontrollierbare Arbeitnehmerschaft, Entgelterhöhungen, die an Produktivitätszugewinne gekoppelt waren, Preisstabilität und im Allgemeinen eine vorhersehbarere sozioökonomische Welt lieferten, im Gegenzug für die Berücksichtigung der Forderungen der Arbeitnehmer" (zitiert von Bohle & Greskovits, 2004).

4.2 Neue Herausforderungen für die Arbeitsbeziehungen...

Der rasante Anstieg der Energiepreise in den 1970er Jahren (der durch die Ölkrisen von 1973 und 1979 ausgelöst wurde) führte zu einem weltweiten wirtschaftlichen Abschwung und beschleunigte latente sozioökonomische Trends. Er kennzeichnete auch einen einsetzenden Wandel in der Praxis des sozialen Dialogs. Kommt man auf die Wendung zu Beginn des vorherigen Abschnitts zurück, könnte man sagen, dass auf die *goldenen dreißig Jahre* die *vierzig Jahre der Ungewissheit* folgten. Seit Mitte der 1980er Jahren haben die Gewerkschaften in fast allen Industrieländern schnell an Mitgliedern und Einfluss verloren. Der Verlust von Arbeitsplätzen im verarbeitenden Gewerbe, die Zunahme der Beschäftigung im Dienstleistungssektor und die Entstehung politischer Veränderungen haben die Art und Weise verändert, wie die Beschäftigung heute in modernen Industriewirtschaften organisiert ist. Anstelle stetiger Lohnerhöhungen im Verhältnis zu den Produktivitätszugewinnen für den normalen Arbeitnehmer stagnieren die Entgelte für die Mehrheit der Arbeitnehmer. Anstatt hoch regulierter Arbeitsbeziehungen sind die Arbeitsmärkte liberalisiert. Die zentralisierten Tarifvertragsstrukturen sind teilweise zerschlagen. Die soziale Ungleichheit, die sich in einer Entgeltkluft und Armutsquoten äußert, hat in den meisten Industrienationen zugenommen (Hassel, 2013).

Andererseits hat sich das Wesen formeller Tarifverhandlungen ebenfalls verändert. Diese Veränderungen sind nachfolgend zusammengefasst (Devos et al., 2011):
- Die Position des Nationalstaats im Hinblick auf die Arbeitsbeziehungen wurde eher gestärkt als geschwächt, im Gegensatz zu den üblicherweise als neoliberalen Tendenzen bezeichneten Entwicklungen.
- Der firmenübergreifende soziale Dialog soll nicht länger nur den Gewerkschaften die Möglichkeit bieten, Forderungskataloge vorzulegen, sondern hat sich zu einem Kanal für die Vorstellung der Forderungen der Arbeitgeberseite entwickelt.

- Die Stimme des Mittelstands und der KMU hat an Gewicht gewonnen – im Gegensatz zu früher, als vorrangig die Großunternehmen den Ton angaben.
- Diskussionen über die Wettbewerbsfähigkeit, die anhand der Personalkosten und Besteuerungssysteme definiert wird, sind an die Stelle der Produktivitätszugewinne und die Aufteilung ihrer positiven Ergebnisse zwischen Arbeit und Kapital getreten.
- Eine Tendenz zur Dezentralisierung, die die nationale oder sektorale Ebene zugunsten einzelner Unternehmen oder regionaler Einheiten schwächt.

Die nachfolgenden Abschnitte beleuchten die Hauptprobleme für die Arbeitsbeziehungen, die in den letzten Jahrzehnten in der EU aufgetreten sind. Dabei kann zwischen allgemeinen, langfristigen Trends, die sich weltweit vollziehen, und spezifischen Entwicklungen in der EU unterschieden werden. Beide wurden in erheblichem Maße von der jüngsten Wirtschaftsrezession beeinflusst, die noch nicht überwunden ist.

4.2.1 Allgemeine Entwicklungen in der Arbeitswelt

4.2.1.1 Globalisierung

Es wird oft angenommen, dass die zunehmende Globalisierung der Fertigung, des Handels und der Geldströme an Fahrt aufnahm, als die USA 1971 die Konvertierbarkeit des US-Dollar in Gold aussetzten: Die festen Wechselkurse des Währungssystems fielen weg und die Inflation stieg. Die Globalisierung stand bevor.

Der Begriff *Globalisierung* bezieht sich auf Prozesse der internationalen Integration, die sich durch den Austausch weltweiter Ansichten, Produkte, Ideen und anderer kultureller Aspekte ergeben. Fortschritte im Verkehrswesen und der Telekommunikationsinfrastruktur, einschließlich des Ausbaus der elektronischen Kommunikation, sind wesentliche Faktoren bei der Globalisierung, denn sie führen zu einer stärkeren Unabhängigkeit der Wirtschaftsaktivitäten. Es wird allgemein angenommen, dass die Globalisierung neue Geschäftsmöglichkeiten eröffnet, was sich auf die Unternehmensstrategie und die Arbeitsmärkte auswirkt, auf die Vertretungsstruktur der nationalen Gewerkschaften und Arbeitgeberverbände und die Regulierungsmacht der nationalen Regierungen. Durch die Öffnung der Binnenmärkte, die Deregulierung der Finanzwelt und die Privatisierung ist nun ein viel breiteres Spektrum von Wirtschaftstätigkeiten intensivem Wettbewerb ausgesetzt. Und die

Reichweite und Intensität dieser weltweiten Verflechtungen wird sich weiter ausdehnen und beschleunigen (Van der Heijden, 2012).

Während der traditionelle Ansatz des sozialen Dialogs allgemein für die makroökonomische Stabilisierung in der Krise der 1970er Jahre als sinnvoll erachtet wurde, ist er für die detaillierten, unternehmensspezifischen Umstrukturierungen, die die heutige Wirtschaft kennzeichnen, weniger gut gerüstet (Crouch, 1993). Dabei stellt die Globalisierung die Arbeitsbeziehungen vor komplexe Herausforderungen, „angefangen bei der Solidarität mit den Entwicklungsländern über den Einsatz für grundlegende Arbeitsstandards und soziale Werte bis hin zur Modernisierung unseres eigenen Sozialmodells mit dem Ziel, zu einem neuen ausgewogenen Verhältnis zwischen Wettbewerbsfähigkeit, Beschäftigung und sozialer Eingliederung zu gelangen" (Europäische Kommission, 2002). In solchen Zeiten ist die Stärkung der Demokratie in den Unternehmen keine einfache Aufgabe, denn die Internationalisierung der Märkte versetzt Unternehmen in die Lage, den Ort der Entscheidungsfindung ständig zu verlagern, um nationale Mitbestimmungsgesetze und Steuervorschriften zu umgehen.

In diesen komplexen Unternehmen stehen die Gewerkschaftsvertreter vor Schwierigkeiten, weil das Verständnis von Gremien des sozialen Dialogs den (internationalen) Unternehmensstrukturen kaum entspricht. Für paritätische Anhörungsgremien ist die Tatsache, dass die Führungskräfte, die die Entscheidungsgewalt haben, oft weit weg sind, ein ernstzunehmendes Hindernis (Van der Heijden, 2012). Außerdem müssen Betriebsräte, die unterschiedlichen Sparten multinationaler Konzerne angehören, manchmal divergierende und teils sogar gegensätzliche Interessen vertreten.

Dennoch haben jüngste Bewertungen (Engelen, 2002) gezeigt, dass die meisten multinationalen Unternehmen eine Form der Arbeitnehmeranhörung eingerichtet haben. Bisher haben sie kaum Rechte, aber künftige Revisionen der Gesetzgebung könnten Gesetzesvorhaben in Gang setzen, die zu einer weiteren Stärkung der Rechte Europäischer Betriebsräte auf Unterrichtung und Anhörung führen.

4.2.1.2 Technologischer Wandel und die Wissenswirtschaft

Neue Technologien (elektronischer Datenaustausch, Biotechnologie, Nanotechnologie…) und die Entwicklung zur Wissensgesellschaft sind wesentliche Treiber für den weltweiten Wandel. Dies wirkt sich bereits auf die Art und Weise aus, wie die Geschäftswelt arbeitet und organisiert ist, und wird sich nicht auf eine Handvoll von Unternehmen oder gar Sektoren beschränken. Die Unternehmenskulturen werden sich auf das Wissensmanagement, die Personalentwicklung, Beteiligung und Befähigung konzentrieren. „Angesichts solcher Veränderungen steigt der Druck, in der Vergangenheit auf tarifvertraglicher oder zentraler Ebene abgewickelte Fragen [...] dezentral zu regeln" (Europäische Kommission, 2002), wie Arbeitsbedingungen, Arbeitsplatzbeschreibungen und selbst Prozesse für Leistungsbeurteilungen.

4.2.1.3 Der Trend zur direkten Kommunikation

Die meisten Arbeitgeber bevorzugen heute ein System individueller Arbeitsverträge und direkter Formen der Arbeitnehmermitsprache, wenn auch mit starken Elementen der Standardisierung, die helfen, die Gleichbehandlung nachzuweisen (Boxall, 2008). In den angloamerikanischen Gesellschaften beschränkt sich die klassische Gewerkschaftsbewegung mittlerweile auf bestimmte Wirtschaftszweige (öffentliches Gesundheitswesen, Bildung, industrielle Fertigung, ...). Viele Unternehmen sind von der repräsentativen Kommunikation (d.h. der Kommunikation mit den Arbeitnehmern über ihre Vertreter) auf direkte Kontakte umgestiegen. Den Weg in diese Richtung ebnete die Einführung von Qualitätsmanagementsystemen, die irgendwann in den 1990er Jahren zur Entstehung sogenannter *Qualitätskreise* führte. Tiefere Erkenntnisse im Bereich des Sicherheits- und Qualitätsmanagements zeigten durch die Umstellung von Konformitätsbewertungen und Verfahrensanweisungen auf partizipative Risikoanalyse- und Toolbox-Sitzungen bald auch in anderen Bereichen Wirkung. Diese Ansätze fanden schnell auch ihren Niederschlag in der allgemeinen Personalverwaltung – so zum Beispiel in dem zurzeit sehr verbreiteten Ansatz der wertschätzenden Befragung *(appreciative inquiry)* oder allgemein allen anderen strukturierten Problemlösungstechniken, bei denen die direkte Mitwirkung der Arbeitnehmer erbeten wird. Diese Ansätze werden häufig ohne Unterstützung der Gewerkschaften eingefügt und daher spielen sie in diesem Prozess kaum eine Rolle. Nichols und Walters (2009) haben darauf hingewiesen, dass bei der Frage des Arbeitsschutzmanagements im Vereinigten Königreich Hinweise vorliegen, dass in den Betrieben zunehmend direkte Anhörungsmethoden genutzt werden, während die Arbeitnehmerbeteiligung über ihre Vertreter abzunehmen scheint.

Diese Prozesse der direkten Kommunikation scheinen jedoch in Situationen weniger Erfolg zu versprechen, wo weitreichende Veränderungen erforderlich sind, um wettbewerbsfähig zu bleiben oder zu werden: „Unternehmen (...), deren Führung umstrukturieren oder ein System der Spitzenarbeitsbedingungen aufbauen möchte, haben einen offensichtlichen Anreiz, mit ihren Gewerkschaften kooperativ zu arbeiten, wenn die Gewerkschaftsführer und -aktivisten dazu beitragen können, Veränderungen zu legitimieren und zu vermitteln" (Boxall, 2008). In einem solchen Kontext kann sich eine Partnerschaft jedoch als inhärent fragil erweisen: „Selbst wenn das Management von seiner Einstellung her unterstützend ist, können die Gewerkschaften die allgemeine Politik der Umstrukturierung und Rationalisierung in Großunternehmen nicht einfach ändern" (Boxall, 2008).

4.2.2 Entwicklungen auf EU-Ebene

4.2.2.1 Wirtschafts- und Währungsunion

Während der ersten Phasen der Einführung der Einheitswährung ging man gemeinhin davon aus, dass der Euro und in seiner Folge die Europäische Zentralbank zu makroökonomischer Stabilität führen und Disparitäten verringern würden (zum Beispiel bei der Lohnbildung). Der wirtschaftliche Rückgang der letzten Jahre (siehe Abschnitt 4.3) und die Tatsache, dass die verschiedenen Volkswirtschaften davon in unterschiedlichem Maße betroffen waren, zeigen deutlich, dass diese Erwartungen zumindest bisher nur Wunschdenken waren.

4.2.2.2 Der Erweiterungsprozess

Im Jahre 1957 gründeten sechs Länder die Europäische Wirtschaftsgemeinschaft: Belgien, Deutschland, Frankreich, Italien, Luxemburg und die Niederlande – als Verstärkung der damals bestehenden Europäischen Gemeinschaft für Kohle und Stahl. Am 1. Januar 1973 traten Dänemark, Irland und das Vereinigte Königreich der EWG bei und 1974 folgte Griechenland. Mit dem Beitritt von Spanien und Portugal 1986 stieg die Anzahl der Mitgliedstaaten auf zwölf. Die nächste Erweiterung folgte 1995, als Finnland, Österreich und Schweden beitraten.

Nach Schaffung der Währungsunion (1. Januar 2002) traten eine große Zahl neuer Mitgliedstaaten der inzwischen in Europäische Union umbenannten Gemeinschaft bei: Estland, Lettland, Litauen, Malta, Polen, Slowenien, Slowakei, Tschechische Republik, Ungarn und Zypern. Sie alle traten 2004 bei. Bulgarien und Rumänien folgten 2007, Kroatien schließlich 2015. Norwegen ist mit der EU lose assoziiert und nimmt an verschiedenen ihrer Programme teil, jedoch ohne die Perspektive eines formellen Beitritts, zumindest nicht mittelfristig.

Damit ist die EU im Schnitt seit dem Ende des Kalten Kriegs um ein Land pro Jahr gewachsen – insbesondere seit dem Jahrhundertwechsel um eine beträchtliche Anzahl früherer Ostblockstaaten. Der Prozess der wirtschaftlichen Konvergenz wird langwierig sein und viel Energie erfordern und kann nicht erfolgreich sein, wenn er nicht mit einer allmählichen Konvergenz im sozialen Bereich einhergeht. In Abschnitt 4.5 werden einige weitere Überlegungen zu dieser Frage angestellt.

4.2.2.3 Demografische Trends und ihre Folgen

Die Überalterung der Bevölkerung in den meisten westeuropäischen Ländern, Arbeitslosenzahlen, die dauerhaft auf einem relativ hohen Niveau bleiben, und die Zuwanderung von Migranten stellen neben weiteren Faktoren die bestehenden Praktiken des sozialen Dialogs vor zusätzliche Herausforderungen.

Infolge des demografischen Wandels gehört zu den auffälligsten Merkmalen des Arbeitsmarkts, dass nicht nur unter den Beschäftigten im Betrieb, sondern auch unter den Arbeitssuchenden ältere Arbeitnehmer, Frauen und Migranten sind. Es sollte ein positiver Ansatz für alle Kategorien (potenzieller) Arbeitnehmer entwickelt werden. Gleichbehandlung, nationale und betriebliche Politiken zum Thema Minderheiten, die Beseitigung geschlechtsspezifischer Unterschiede – dies sind aktuell Themen für die demokratischen Strukturen am Arbeitsplatz.

4.2.2.4 Veränderungen im Arbeitsmarkt

Die Unternehmen fordern eine flexiblere, qualifizierte und spezialisierte Arbeitnehmerschaft, die in der Lage ist, sich an Veränderungen anzupassen. In einigen Sektoren mag dies mit einer höheren Befähigung und stärkerem Engagement am Arbeitsplatz einhergehen. Aber in anderen Teilen des Arbeitsmarkts wird es auch weiterhin Bedarf an Geringqualifizierten geben, was häufig zu einem nennenswerten Anteil an prekären Beschäftigungsverhältnissen führt.

Die Segmentierung und Spezialisierung des Arbeitsmarkts bergen das Risiko, die Ungleichheiten und soziale Ausgrenzung zu verschärfen, was durch die schnelle Zunahme der Leiharbeit und allgemein Nichtnormbeschäftigungsverhältnisse deutlich wird. In letzter Zeit wird der Zuzug scheinselbständiger Bauarbeiter, Berufskraftfahrer etc. in die Länder Westeuropas mit zunehmender Sorge beobachtet.

Außerdem werden die Veränderungen im Arbeitsmarkt durch die anscheinend dauerhaften hohen Arbeitslosenquoten beeinflusst. Seit Mitte der 1970er Jahren sind die Arbeitslosenquoten in den meisten EU-Mitgliedstaaten ungeachtet der Ausschläge nach oben und unten durchgängig hoch (bzw. höher). Traditionell wurde bei Tarifverhandlungen denen, die nicht beschäftigt waren, wenig Aufmerksamkeit beigemessen. Das Problem der Arbeitslosigkeit war ein wichtiges Argument bei der Hinterfragung der Funktionsweise des Tarifvertragssystems (Bruun, 2002).

Die Gewerkschaften sind gefragt, auf diesen neuen Trend zu reagieren, indem sie sich nicht nur auf den Schutz von „Insidern" konzentrieren und die Regulierung dieser neuen Beschäftigungsformen den Unternehmensleitungen überlassen – wie man häufig beobachten kann, insbesondere im Dienstleistungssektor (Regini, 2002). Man kann es als positiven und innovativen Trend sehen, wenn Tarifverträge beabsichtigen, auch die Arbeitnehmer mit Nichtnormbeschäftigungsverhältnis zu erfassen und Probleme zu behandeln, die mit den instabilen und prekären Bedingungen auf dem Arbeitsmarkt zusammenhängen. Häufig werden neue Organisationen gegründet, die die Arbeitnehmer und Arbeitgeber (zum Beispiel im Bereich der Arbeitnehmerüberlassung) vertreten. „Bei der Ausweitung von Tarifverträgen oder der Verhandlung neuer Vereinbarungen ist die Frage der Verhandlung über Vertretungsstrukturen wesentlich" (Sciarra, 2005). Es besteht de facto die Gefahr, dass die Durchsetzbarkeit bestimmter Rechte gemindert wird oder bestimmte Kategorien von Arbeitnehmern von Grundrechten ausgeschlossen werden. Es ist höchst unklar, wie das Arbeitsrecht oder Tarifverträge diese grundsätzlich sehr vielen Veränderungen unterliegenden und unterrepräsentierten Kategorien von Arbeitnehmern erfassen können – ganz zu schweigen von der Frage, wie man Gewerbeaufsichten ein ausreichendes Arsenal von Waffen an die Hand geben kann, um die Situation zu verfolgen.

4.3 ... von der aktuellen Wirtschaftskrise beeinflusst

Der Wirtschaftsabschwung, der im September 2008 einsetzte und dessen Ursprünge viel weiter zurückreichen, aber weiterhin einen deutlichen Einfluss auf die Wirtschaft und die Arbeitsmärkte haben, wird von vielen Ökonomen als schlimmste Finanzkrise seit der Weltwirtschaftskrise der 1930er Jahre gesehen. Die Krise führte zum Zusammenbruch mehrerer großer Finanzinstitute, zur Rettung einiger EU-Mitgliedstaaten vor dem Staatsbankrott durch andere Mitgliedstaaten und Einbrüche auf den weltweiten Aktienmärkten. Die Krise spielte eine wesentliche Rolle beim wirtschaftlichen Niedergang großer Unternehmen, dem sinkenden Wohlstand der Verbraucher und dem Rückgang im Wirtschaftsaufkommen. Zusammen mit den nationalen Sparmaßnahmen, die folgten, waren verschiedene Gruppen von Arbeitnehmern in unterschiedlicher Weise betroffen. Zwischen dem ersten Quartal 2008 und dem ersten Quartal 2010 stieg die Gesamtarbeitslosigkeit um mehr als 40% (Leschke & Watt, 2010). Aufgrund der Tatsache, dass es einige Sektoren mit überwiegend männlicher Arbeitnehmerschaft (Fertigung, Bauwesen) besonders hart traf, war der Anstieg der Arbeitslosigkeit bei den Männern höher als bei den Frauen; junge Menschen waren im Allgemeinen stärker betroffen. Seit 2008 hat die Nichtnormbeschäftigung (verschiedene Formen der Teilzeit- und Leiharbeit) zugenommen, was sich negativ auf die Entgelte, Arbeitsplatzsicherheit, Sozialversicherungsleistungen und Karriereaussichten auswirkt.

Die Sozialpartner, sowohl auf EU-Ebene als auch in den einzelnen Mitgliedstaaten, haben versucht, dieser Herausforderung durch die Verabschiedung von Maßnahmen zu begegnen, die die negativen Folgen der Krise für die Arbeitnehmer eindämmen sollen. Man findet eine große Bandbreite von Lösungsansätzen, die im sozialen Dialog vereinbart wurden und von Variablen abhängen, wie dem Land, Wirtschaftszweig, Grad der Unterstützung durch die Regierung, den bestehenden Traditionen des sozialen Dialogs und dem Reifegrad der Arbeitsbeziehungen. Man kann insgesamt feststellen, dass sich der soziale Dialog in der ersten Phase der Krise als recht belastbar erwiesen und dazu beigetragen hat, in einigen Mitgliedstaaten dem Sturm standzuhalten (Eurofound, 2012a). In einigen Ländern haben die Verhandlungen dazu geführt, die „Last" zu verteilen (Baccaro & Heeb, 2011), d.h. es wurden Vereinbarungen geschlossen, in denen die Arbeitnehmer einer Kürzung ihrer Arbeitszeiten zustimmten, mit einer anteiligen Kürzung ihres Entgelts, um so Entlassungen zu verringern und das Humankapital zu erhalten. Im Gegenzug versprachen die Arbeitgeber, erst nach Ausschöpfung aller anderen Möglichkeiten Kündigungen vorzunehmen. In vielen Fällen schritten die Regierungen ein, um die Einkommensverluste der Arbeitnehmer teilweise auszugleichen, sie verlängerten die Dauer der Arbeitslosengeldzahlung und förderten Fortbildungen und Umschulungen (Vandekerckhove S. et al., 2012). Der soziale Dialog – sowohl in seiner bi- wie auch tripartistischen Form – wurde als sinnvoller, flexibler und effizienter Mechanismus gesehen, der positiv zur Stärkung der Krisenfestigkeit und des allgemeinen gesellschaftlichen Konsens beitrug – insbesondere in den ersten Phasen der Wirtschaftskrise (Europäische Kommission, 2012).

Ab 2010, als sich die Krise verschärft und auf andere Wirtschaftszweige ausgeweitet hatte, sind schwindende Tendenzen bei der Gewerkschaftsmacht, die Zunahme einseitiger Entscheidungen der Regierungen und ein deutlicher Trend in Richtung einer (weiteren) Dezentralisierung der Tarifverhandlungen nicht mehr von der Hand zu weisen. Dies lag zum Teil daran, dass sich die Finanzkrise zu einer Staatsschuldenkrise ausgewachsen hatte, wodurch die Konsolidierung der Staatshaushalte zum Kernziel makroökonomischer Justierungspolitiken wurde. „Der soziale Dialog geriet hierdurch in eine schlechtere Ausgangslage und wurde in zahlreichen Ländern und Sektoren konfliktträchtiger. Besonders spürbar war dieser Trend im öffentlichen Sektor" (Europäische Kommission, 2012). Vor dem Hintergrund der Staatsschuldenkrise bestand der Lösungsansatz der nationalen Regierungen für den öffentlichen Sektor darin, die langfristigen Strukturreformen drastisch zu beschleunigen und zu verstärken, oft unter Ausschluss des sozialen Dialogs. Durch „das derzeit konfliktträchtige Umfeld haben sich die Arbeitsbeziehungen im öffentlichen Sektor mit großer Wahrscheinlichkeit grundlegend verändert" (Europäische Kommission, 2012).

Für den privaten Sektor ist jedoch unklar, ob ein unmittelbarer kausaler Zusammenhang zwischen der aktuellen Wirtschaftskrise und einigen Entwicklungen im Bereich des sozialen Dialogs besteht. Einige Verlagerungen, wie die Dezentralisierung der Tarifverhandlungen, sind längerfristige Trends, während andere Veränderungen in Ländern zu beobachten sind, die vom Wirtschaftsabschwung mehr oder weniger verschont geblieben sind. Einige Wissenschaftler vertreten die These, dass der nationale soziale Dialog durch diesen sozioökonomischen Wandel nicht mehr zeitgemäß sei, während andere der Meinung sind, dass die Bereitschaft der Regierungen, mit den Sozialpartnern zu verhandeln, und die Häufigkeit der Vereinbarungen in Westeuropa in den letzten dreißig Jahren leicht zugenommen hätten (Baccaro & Heep, 2011).

4.3.1 Dezentralisierung

Bei den Tarifverhandlungsprozessen ist fast ausnahmslos eine Tendenz zur Dezentralisierung festzustellen, um „größere Flexibilität zu erreichen, die Wettbewerbsfähigkeit zu steigern oder die Lohnerhöhungen mit der Produktivität in Einklang zu bringen" (Eurofound, 2013). Da sie von den politischen und in der Regel nationalen Strukturen abhängen, werden sie durch die zunehmende Autonomie des Unternehmens als Akteur in den Arbeitsbeziehungen überflüssig gemacht (Crouch, 1993).

Dieser Prozess wurde durch die Empfehlungen der EU unterstützt, die sich vorrangig an die Mitgliedstaaten richteten, die Finanzhilfen zur Überwindung der Finanzkrise beantragten (Irland, Griechenland, Spanien, Portugal, Lettland, Rumänien und Zypern). Dezentralisierung bedeutet die Verlagerung der branchenweiten Tarifverhandlungen auf die Unternehmensebene und die Einführung oder Zunahme von Öffnungsklauseln, durch die Unternehmensvereinbarungen von Branchentarifverträgen abweichen dürfen. In anderen Ländern wurden Maßnahmen beobachtet, die darauf abzielen, die Laufzeit von Tarifvereinbarungen zu verkürzen (Eurofound, 2013).

4.3.2 Die Neueröffnung der Debatte über Besitzstände

In vielen Ländern wurde die Debatte über Themen neu aufgenommen, die lange Zeit als quasi unantastbar galten. Länder mit Lohnindexierung (Belgien, Luxemburg, Malta, Spanien und Zypern) wurden von der EU gedrängt, die Möglichkeit zu untersuchen, die bestehenden Indexierungsregeln in die eine oder andere Richtung zu modifizieren (um es diplomatisch auszudrücken). In anderen Ländern, die einen Mindestlohn haben, wurde der Mehrwert eines solchen Systems überprüft.[7] In fast allen Mitgliedstaaten standen Diskussionen über die Größenordnung der Beschäftigung im öffentlichen Sektor auf der Tagesordnung sowie Diskussionen über die Zugangsbedingungen zu den Sozialversicherungssystemen und Auszahlungsstandards (z. B. der Zeitraum, für den Anspruch auf Arbeitslosengeld besteht). Auch auf betrieblicher Ebene geriet bereits lange etablierte Praxis, wie die Höhe von Abfindungen, Einschränkungen bei Einzelkündigungen, automatische Lohn- und Gehaltserhöhungen, Wochenarbeitszeiten etc. zunehmend unter Beschuss.

---

7 Andererseits geht ein Land wie Deutschland, das bis vor kurzem nur branchenspezifische Mindestlöhne hatte, einen entgegengesetzten Weg.

Ein aussagekräftiges Beispiel ist die Debatte über das Streikrecht. Auch wenn es bestimmten Einschränkungen hinsichtlich des Umfangs und der Auswirkungen unterliegt, ist das Streikrecht in den meisten Ländern im Rechtsrahmen vorgesehen. In Schweden wird das Streikrecht zum Beispiel in der Verfassung geschützt. Der Grundsatz an sich wird selten angefochten, selbst bei „politischen" Streikbewegungen, die schnell ein ganzes Land erfassen können, aber die praktischen Modalitäten sind unter Beschuss. Dürfen die Bediensteten des öffentlichen Sektors die Arbeit niederlegen und so einen großen Teil der Bevölkerung in Geiselhaft nehmen und großen wirtschaftlichen Schaden verursachen? Haben Gewerkschaftsaktivisten das Recht, den Zugang zu einem Firmengelände oder gesamten Industriegebiet abzuriegeln, um Nichtstreikende vom Arbeitsplatz fernzuhalten? Dürfen Arbeitnehmer ohne die ordnungsgemäße Beteiligung etablierter Gewerkschaften streiken? Die Arbeitgeber wenden sich immer häufiger an die Gerichte, um ihre Konflikte zu lösen, und ignorieren damit die Rechte auf sozialen Dialog, die einst als unantastbar galten.

Man könnte sogar von einem konzertierten Angriff der Arbeitgeber sprechen. Der Neoliberalismus ist auf dem Vormarsch und führt oft zu der Meinung, dass das Kräftegleichgewicht zwischen Arbeitgebern und Gewerkschaften sich übermäßig zugunsten letzterer verschoben hat. Margaret Thatcher ist wahrscheinlich die Verkörperung par excellence dieser Geisteshaltung. Dies hat die Gewerkschaften weitgehend in die Defensive gedrängt.

Paradoxerweise scheint der Alterungsprozess der Sozialversicherungssysteme in allen europäischen Mitgliedstaaten mit einem Zerfall der Gesellschaft einherzugehen, wo Rechte und Pflichten nur noch Sache des Individuums sind (Cassiers & Denayer, 2009). Dies beflügelt die Tendenz, Arbeitsverträge zu individualisieren und nach dem *Cafeteria-Prinzip* vorzugehen, bei dem die Mitarbeiter vergütet werden, indem sie – im Rahmen der vom Unternehmen vorgegebenen Parameter – aktiv ihr Leistungspaket schnüren, wobei alternative Möglichkeiten angeboten werden. Dies unterwandert unweigerlich das Monopol der Gewerkschaften auf Gestaltung der Kontakte zwischen Arbeitgeber und Arbeitnehmern.

Dieser Trend untergräbt nicht nur branchenspezifische oder regionale Tarifverhandlungspraktiken (ganz zu schweigen von Verhandlungen auf nationaler oder internationaler Ebene), sondern hat auch – wie im letzten Abschnitt ausgeführt – zu einer zunehmenden Fragmentierung der Arbeitsbeziehungen geführt. Wissenschaftler sprechen von einer „gesteuerten Dezentralisierung" im sozialen Dialog (De Prins et al., 2013). Viele Arbeitsbeziehungen werden heute nicht mehr auf Ebene von Gruppen reguliert: Marktgrundsätze spielen in der Gestaltung der Arbeitsbeziehungen eine zunehmende Rolle, was zu mehr Wahlfreiheit führt, aber auch die Tarifverhandlungsstrukturen in den Unternehmen weiter schwächt.

4.3.3 Neuorganisation der Sozialpartner

In vielen Ländern haben sich die Sozialpartner auf beiden Seiten teilweise zusammengeschlossen und neuorganisiert. Auf der Gewerkschaftsseite gibt es die Tendenz des Zusammenschlusses, um angesichts der rückläufigen Mitgliedzahlen Kosten zu sparen und Ressourcen zu bündeln (Eurofound, 2013). Auch hier stellt sich wiederum die Frage, ob diese Verschiebungen der Krise geschuldet sind oder sich bereits vor 2008 abzeichneten: In einigen Mitgliedstaaten und Sektoren ist die Mitgliedschaft von der Wirtschaftskrise unberührt geblieben oder hat sich sogar erhöht. Auf der Arbeitgeberseite ist das Bild ebenso gemischt, auch wenn es keine genauen Zahlen zu geben scheint.

Was die Rolle und das Profil der Sozialpartner in den verschiedenen Mitgliedstaaten betrifft, ergibt sich das gleiche verschwommene Bild. In einigen Ländern scheint die Krise die Sozialpartner enger zusammengebracht zu haben; Beispiele dafür scheinen Deutschland, Polen, die Tschechische Republik und Ungarn zu sein (Eurofound, 2013). Eine interessante Entwicklung in einigen Ländern und insbesondere in denen mit einer besonderen schwierigen Finanzlage ist die Entstehung neuer gesellschaftlicher Bewegungen; die bekannteste unter denen sind vermutlich die *Indignados* (die „Empörten") (siehe Abschnitt 4.4.4).

Der zunehmende Einfluss von Arbeitgehmerorganisationen scheint jedoch in dieser Diskussion wichtiger zu sein. In den herkömmlichen Arbeitsbeziehungen werden Arbeitgeberverbände im Allgemeinen als institutionelle Reaktion auf Gewerkschaften verstanden und haben im Gegensatz zu diesen kaum darüber nachgedacht, Regierungsinstitutionen zu infiltrieren. Heute scheinen die Arbeitgeberorganisationen sich in hohem Maße damit zu befassen, ihre Interessen bei diversen arbeitsmarktpolitischen und allgemeinen Fragen zu fördern, die über die Interessen der Gewerkschaften hinausgehen: „Tatsächlich haben die Arbeitgeberorganisationen wohl eine wichtige Rolle dabei gespielt, den Arbeitgebern zu helfen, die Debatte über die Arbeitsbeziehungen so zu beeinflussen, dass sie die normativen Werte und ordnungspolitischen Interessen der Arbeitgeber fördert" (Barry & Wilkinson, 2011). Ein Beispiel für diese Entwicklung ist die Präsenz zahlreicher professioneller Lobbyorganisationen in Brüssel: Anwaltskanzleien, Denkfabriken oder Vertretungen von Großunternehmen und Sektoren, Berufsverbände und andere Interessensgruppen. Ein weiteres Beispiel ist die Tatsache, dass die Arbeitgeber und ihre Verbände im Falle von Arbeitskämpfen, die zu Blockaden geführt haben, vor Gericht ziehen – eine *Maßnahme*, die in den meisten europäischen Ländern bis vor wenigen Jahrzehnten den Gewerkschaften vorbehalten war (Devos, 2011). All diese Faktoren vermitteln den Eindruck, dass die Gewerkschaften inzwischen in die Defensive gedrängt worden sind, da sie mit dem zunehmenden Einfluss der Arbeitgebersicht zur Staatsplanung und sozioökonomischen Entwicklung konfrontiert sind.

Die schwindenden Gewinnmargen seit Einsetzen des jüngsten Wirtschaftsabschwungs scheinen die Bereitschaft der Arbeitgeber verstärkt zu haben, firmenübergreifenden Verbänden beizutreten. Ihre Begründungen für dieses Verhalten scheinen aus längst vergangenen Zeiten zu stammen, haben aber an Bedeutung gewonnen. Es sind drei an der Zahl:
- Die Koordinierung der Arbeitgeber wird als notwendig erachtet, um das Ausspielen der Unternehmen gegeneinander durch die Gewerkschaften *(„union whipsawing")* zu bekämpfen (Barry & Wilkinson, 2011). Das bedeutet, dass sich Gewerkschaften manchmal einen Arbeitgeber herausgreifen, oft einen erfolgreichen Marktführer, der eine gewisse Verhandlungsmacht hat, um günstigere Arbeitsbedingungen zu erwirken; anschließend werden die besseren Entgelte und Arbeitsbedingungen allgemein im gesamten Wirtschaftszweig oder Sektor angewandt. Es gibt zahlreiche Beispiele für diese Vorgehensweise.
- „Der zweite Grund, warum Arbeitgeber dauerhafte Verbände gründeten, war das Streben nach Einfluss oder die Reaktion auf das Vorrücken des Staats, da die Regierungen begannen, die Beschäftigung umfangreich zu regulieren (...). Das allgemeine Ziel der Arbeitgeberkoordinierung (...) war, mit einer Stimme zu sprechen, um Lobbyarbeit gegenüber den Regierungen zu leisten und diese bei Fragen der Arbeitsbeziehungen und des Handels zu beeinflussen" (Barry & Wilkinson, 2011).
- Drittens versuchten die Arbeitgeber, den Wettbewerb zwischen den Unternehmen durch Koordinierungsstrukturen zu steuern. Großunternehmen mit starken Gewerkschaften nutzen allgemeingültige Tarifvereinbarungen, um so sicherzustellen, dass vor allem für ihre kleineren Konkurrenten die gleichen Arbeitsbedingungen gelten, die versucht sein könnten, niedrigere Löhne zu zahlen oder sich auf Schwarzarbeit einzulassen und so den Wettbewerb zu verzerren.

4.4 Entwicklungen, die wenig Einfluss auf die Qualität des sozialen Dialogs haben

4.4.1 Der Trend zu kleineren Unternehmen

Es wird gemeinhin anerkannt, obwohl genaue Zahlen nur schwer zu erhalten sind, dass sich die durchschnittliche Größe westlicher Unternehmen allmählich reduziert. Neben weiteren Faktoren verzeichnen die EU-Mitgliedstaaten aufgrund der *schlanken Produktion*, des allgemeinen Trends zur Fremdvergabe von Aktivitäten, die nicht zum Kerngeschäft des Unternehmens zählen, und einer ständigen Verlagerung von Aktivitäten, vorwiegend der Fertigung, eine Tendenz zur Fragmentierung und zunehmenden Dezentralisierung von Geschäftseinheiten. Großunternehmen teilen sich in aufgabenbezogene Gruppen oder geografisch dezentralisierte Standorte auf (Engelen, ohne Datumsangabe), wobei sie oft eine eigenständige Rechtseinheit bilden. Dies bedeutet konkret, dass lokale, kleinere Organisationen Aufgaben von vormals zentralisierten, größeren Einheiten übernehmen, wo der durch erfahrene, freigestellte Gewerkschafter besetzte Gesamtbetriebsrat, für den durchschnittlichen Arbeitnehmer oft weit vom Tagesgeschäft des Unternehmens entfernt war. Trotz der geringeren Größe verfügen diese dezentralisierten Instanzen jedoch immer noch überwiegend über die kritische Masse, die genügen sollte, um ein angemessenes Maß an sozialer Demokratie zu ermöglichen. Vermutlich unterstützt dieser Trend sogar die paritätischen Ausschüsse, wo die Arbeitnehmervertreter engeren Kontakt mit ihrer Wählerschaft halten.

4.4.2 Der Trend der rückläufigen Gewerkschaftsmitgliederzahl

In den meisten hochentwickelten westlichen Nationen ist der gewerkschaftliche Organisationsgrad in den letzten Jahrzehnten zurückgegangen. Ein Vergleich von achtzehn Ländern über fast drei Jahrzehnte bis 2009 (das Jahr mit den letzten verfügbaren Zahlen) zeigt, dass er fast überall rückläufig war. Es bestehen jedoch beträchtliche Unterschiede bei der Gewerkschaftsdichte von Land zu Land: In Schweden, Finnland und Dänemark sind es etwa 70%, in Belgien und Norwegen über 50%, gut 30% in Italien, Irland, Kanada, Österreich und Großbritannien; alle anderen in der Studie berücksichtigten Länder liegen unter 20% (Furaker & Bengtsson, 2013).

Einige Autoren meinen, dies sei ein schlechtes Omen für die Zukunft des sozialen Dialogs, aber die Zahlen belegen dies nicht. Im Gegenteil: Analysen, die mehrere Ebenen berücksichtigen, zeigen, dass es weniger die einzelne Mitgliedschaft ist, die zählt, sondern vielmehr die kollektive Macht der Gewerkschaften (Furaker & Bengtsson, 2013). Tatsächlich besteht kaum eine Verbindung zwischen der Gewerkschaftsdichte und der Tarifbindung von Tarifverträgen. In fast allen Ländern ist die Tarifbindung der Vereinbarungen deutlich höher als die Gewerkschaftsdichte. Ein aussagekräftiges Beispiel ist Frankreich, das eines der höchsten Tarifbindungsniveaus (etwa 90%) hat, aber zu den Ländern mit den geringsten gewerkschaftlichen Organisationsgraden in der entwickelten Welt zählt (geschätzt 8%). Ein weiteres Beispiel für eine soziale Demokratie, die nicht auf starken Gewerkschaften basiert, ist Spanien, wenn auch weniger als sein nördlicher Nachbar. Offensichtlich scheint die geringe gewerkschaftliche Mitgliedschaft in den beiden Ländern die Verhandlungsmacht der paritätischen oder tripartistischen Gremien nicht zu schwächen, wobei es interessant ist festzuhalten, dass die beiden betreffenden Regierungen wiederholt versucht haben, einen formellen sozialen Dialog zu fördern (Crouch, 1993).

Das Gleiche scheint für den betrieblichen sozialen Dialog zu gelten. In einigen EU-Mitgliedstaaten (Deutschland, Niederlande) ist die Beteiligung am Betriebsrat oder Arbeitsschutzausschuss nicht an die Mitgliedschaft in einer Gewerkschaft gebunden, aber in der Praxis spielen diese Organisationen eine wichtige Rolle (Scharlowsky, 2014). Um zum französischen Beispiel zurückzukehren: Hier gehen die Betriebsräte nicht mit einem hohen gewerkschaftlichen Organisationsgrad einher und sie sind relativ losgelöst von den Gewerkschaften. Der allgemeine Rückgang der Gewerkschaften legt nahe, dass der französische Fall zunehmend zur Norm wird (Brewster et al., 2007).

So scheint ein Grund, warum Arbeitgeber und Gewerkschaften auch weiterhin regelmäßig Partnerschaften eingehen, darin zu liegen, dass sie sich des Mitgliederschwunds und der Dezentralisierung der Tarifverhandlungen auf die betriebliche Ebene bewusst sind und versuchen, ihre Positionen als wichtige Akteure in der Gesellschaft zu verteidigen. Dies hat unter anderem dazu geführt, dass die Arbeitgeber und Gewerkschaften ihre Aufmerksamkeit von der Regulierung von Löhnen und Arbeitsbedingungen abgewendet und sich anderen Politiken, wie der Sozial- und Arbeitspolitik zugewendet haben – Politikbereiche, aus denen sie in vielen Ländern bis dato ausgeschlossen gewesen waren (Anderson & Mailand, 2001). Allgemein kann man festhalten, dass die Institutionen deutlich stabiler als die Gewerkschaftsmitgliedschaft waren. „Die Gleichzeitigkeit der institutionellen Stabilität der Tarifbindung und der Arbeitgeberorganisationen mit einem kontinuierlichen Rückgang der gewerkschaftlichen Organisationsgrade (...) legt die Vermutung nahe, dass die Koordinierung nicht von den Machtressourcen der Gewerkschaften abhängt, sondern daran liegen könnte, dass die Arbeitgeber die Koordinierung bevorzugen" (Hassel, 2013).

4.4.3 Zunehmende Beachtung des Wohlbefindens am Arbeitsplatz

Das Interesse am Wohlbefinden der Arbeitnehmer und an einer Reihe damit zusammenhängender Konzepte, wie arbeitsbedingter Stress, Arbeitsplatzzufriedenheit und sogar Freude, steigt (Guest, 2008). Dies hängt zweifelsohne mit dem Mangel an Arbeitssuchenden zusammen, die den Kriterien der Arbeitgeber entsprechen (ungeachtet der dauerhaft hohen Arbeitslosenquoten in fast jedem Mitgliedstaat), und dem steigenden Durchschnittsalter der Erwerbstätigen aufgrund der allmählichen Anhebung des Rentenalters. In den meisten westeuropäischen Ländern hat man die harten Fragen der Sicherheit am Arbeitsplatz inzwischen unter Kontrolle und das Augenmerk der Unternehmen verlagert sich auf die Bewältigung von psychosozialen Risiken und Muskel-Skelett-Erkrankungen. Diese Probleme zählen nachweislich zu den häufigsten Ursachen für chronische Krankschreibungen, Berufskrankheiten und Mitarbeiterfluktuation (Van Peteghem et al., 2013) und wirken sich damit unmittelbar auf den Unternehmensgewinn aus. Die alten Präventionsansätze (strenger Rechtsrahmen, der auf Basis firmeninterner Verfahren greift, intensive medizinische Überwachung, starkes Einwirken der Gewerkschaftsvertreter), die als die Standardlösungen für Probleme im Bereich der Gesundheit und Sicherheit am Arbeitsplatz galten, haben ihre Gültigkeit verloren und werden von anderen, individuelleren Ansätzen abgelöst, die sich auf den klassischen sozialen Dialog (über die Arbeitnehmervertreter) auswirken. Diese Verschiebung kann man als „Weiterentwicklung vom Schutz des Arbeitnehmers zur Förderung der guten Arbeit" (Guest, 2008) bezeichnen und sie entspricht der zunehmenden Aufmerksamkeit, die verwandten Bereichen wie der Vereinbarkeit von Beruf und Privatleben, Arbeitsplatzzufriedenheit und der allgemeinen Gesundheitsförderung beigemessen wird.

Andererseits führt eine zunehmende Konzentration auf die „weicheren" Aspekte des Wohlergehens am Arbeitsplatz (Stress, unangemessenes Verhalten, psychische Belastung, Muskel-Skelett-Erkrankungen etc.) oft zu einer stärkeren Beteiligung der Arbeitnehmer – entweder über die hochrangige paritätische Konsultation, z. B. bei Ausarbeitung neuer Rechtsvorschriften oder Aufklärungskampagnen durch die Regierung oder über die Arbeitnehmervertreter in größeren Unternehmen oder direkte Beteiligung in

KMUs, ungeachtet der Frage, ob dies ggf. von Branchenvereinbarungen in die Wege geleitet wird. Wie oben erläutert, sind diese Bereiche schwer zu regulieren, „selbst mit der reflexiven Form der Gesetzgebung zum Arbeitsumfeld, die derzeit angewandt wird" (Hasle & Petersen, 2004), daher hat sich die Initiative zur Festlegung von Zielen allmählich von der Regierung auf die Unternehmen verlagert. Der Umfang dieser Maßnahmen reicht tiefer, als man auf den ersten Blick vermutet. Die Bemühungen um die Verringerung der Probleme mit den oberen Gliedmaßen, der Fälle von Burnout und ähnlicher Probleme erfordern Veränderungen in der Arbeitsorganisation, der Personalverwaltung und der Unternehmenskultur im Allgemeinen. Diese drei Bereiche werden normalerweise von der Geschäftsleitung gesteuert und typischerweise als alleinige Zuständigkeit des Arbeitgebers betrachtet, aber die Förderung des Wohlergehens am Arbeitsplatz, die häufig durch die Notwendigkeit bedingt wird, Fehlzeiten zu verringern, verleiht den Arbeitnehmern und ihren Vertretern eine stärkere Rolle bei der Ausgestaltung von Maßnahmen, die das Arbeitsumfeld und das Veränderungsmanagement im Allgemeinen betreffen. Logischerweise war das letzte Jahrzehnt von der Agenda der ILO für menschenwürdige Arbeit geprägt, die widerspiegelt, wie wichtig es ist, die Frage der guten Arbeit weltweit in alle anderen Politikbereiche zu integrieren (ILO, 2013).

4.4.4 Zunehmende Einmischung von Nichtregierungsorganisationen

Es gibt immer mehr Literatur zur Rolle von zivilgesellschaftlichen oder Nichtregierungsorganisationen als vierte Kategorie von Akteuren im Bereich der Arbeitsbeziehungen. Solche Gremien scheinen auf der internationalen Ebene der Arbeitsbeziehungen besonders wichtig zu sein. Jüngste Veröffentlichungen lege nahe, dass „Nichtregierungsorganisationen entschiedener und effektiver gegen negative Auswirkungen der neoliberalen Globalisierung auf die Arbeit und Beschäftigung vorgehen können" (Gumbrell-McCormick, 2008). In den meisten klassischen Demokratien war ein Rückgang des gewerkschaftlichen Organisationsgrads und Aktivismus zu verzeichnen (siehe oben) sowie eine stärkere Rolle von Einzelthemen oder Interessensgruppen jedweder Art, die sich mit Fragen befassen, die eine direkte und indirekte Beziehung zu den Arbeitsbeziehungen haben (Kinderarbeit, Freisetzung umweltschädlicher Gase, Gleichstellung von Frauen und Männern ...). In dieser Hinsicht argumentiert Waterman (1998), dass die internationalen Gewerkschaftsverbände *institutionalisiert* worden seien und sich von den offiziellen Institutionen hätten „vereinnahmen" lassen, deren Politiken sie zu beeinflussen suchen. Dies ist möglicherweise die allgemeine Haltung gegenüber nationalen oder regionalen Gewerkschaftsinstitutionen.

Des Weiteren war ein dynamischer Faktor, der die zunehmende Bedeutung von NROs erklärt, der Druck, der durch die politischen Diskussionen auf EU- und einzelstaatlicher Ebene entstanden ist. „Diese Diskurse haben zunehmend betont, dass ehrenamtliche Organisationen bei der Gestaltung sozialstaatlicher Politiken eine Rolle spielen müssen, darunter Integrationspolitiken" (Anderson & Mailand, 2001).

Dennoch scheint die zunehmende Einmischung durch die Nichtregierungsorganisationen den Einfluss regulärer Gewerkschaftsverbände nicht zu mindern. Im Gegenteil: Man könnte annehmen, dass sich ihre Aktionen eher gegenseitig verstärken. Um ein Beispiel zu nennen: Solidar, ein europäisches Netzwerk von NROs, die sich für die Förderung der sozialen Gerechtigkeit in Europa und weltweit einsetzen, hat seine erste Empfehlung an die nationalen Regierungen auf eine Weise formuliert, die sich kaum von der klassischen Gewerkschaftsrhetorik unterscheidet: „Stärkung der Rolle der Tarifverhandlungen als Instrument, um: 1) Gleichbehandlung für Arbeitnehmer bei der Karriereentwicklung zu gewährleisten, Entgeltsicherheit; 2) Überwindung der Diskriminierung; 3) Erreichen der Integration und vollumfänglichen Beteiligung aller Bürger an der Gesellschaft; 4) Förderung der interkulturellen Bildung".[8]

4.5 Die spezifische Situation der neuen EU-Mitgliedstaaten

Ungeachtet der starken historischen und institutionellen Besonderheiten befindet sich die große Mehrheit der Sozialpartner in den mittel- und osteuropäischen Mitgliedstaaten in einer eher schwachen Position (Ghellab & Vaughan-Whitehead, 2003). Sie scheinen die sozioökonomischen Entwicklungen in ihren Ländern nicht so recht zu fassen zu bekommen.[9]

Zunächst haben die Gewerkschaften ein erhebliches Legitimitätsdefizit. Sie werden oft als reine Fortsetzung ihrer Vorgängerorganisationen aus nicht allzu ferner Vergangenheit gesehen und haben eine Phase durchlebt, in der sie Mühe hatten, die Verbindung zu ihrer angestammten Zielgruppe zu halten. Es scheint ihnen schwer zu fallen, sich von dem hoch politisierten, einzigartigen Modell

---

8 www.solidar.org
9 Eine häufig zitierte Ausnahme ist Slowenien, wo von allen Sektoren gesagt wird, dass sie Tarifverträge abgeschlossen haben.

der Gewerkschaftsbewegung zu lösen und sie haben folglich in den 1990er Jahren viele ihrer Mitglieder für immer verloren. Es hat auch nicht geholfen, dass sie an den Reformen, die in den Jahren des Wandels durchgeführt wurden, kaum beteiligt waren; als Folge daraus wurden die Interessen der Arbeitnehmer bei der Überarbeitung der verschiedenen Politiken nur unzureichend berücksichtigt.

Die Schwäche der Arbeitnehmerbewegung in vielen mittel- und osteuropäischen Mitgliedstaaten wird häufig dem sogenannten kommunistischen Erbe zugeschrieben. Die Autoren sprechen daher vom „Stillstand der Arbeitnehmer" *(labour quiescence)* oder „sozialer Apathie" *(apathie sociale)* (Wierink, 2006). Das wichtigste Merkmal dieses Phänomens ist vielleicht die Gestalt von Organisationen und Institutionen, die die Interessen der Arbeitnehmer vertreten. Mitte der 1980er und Anfang der 1990er Jahre lag der gewerkschaftliche Organisationsgrad im Osten bei ca. 75% aller Arbeitnehmer: Die Gewerkschaftsmitgliedschaft war damals recht hoch, da sie in einigen Fällen quasi zwingend war (Crowley, 2004). Nach dem Umbruch sank sie schlagartig bis Mitte der 1990er Jahre auf 47% und bis 2000 auf 26%; insgesamt fiel der gewerkschaftliche Organisationsgrad in dieser Zeit drastisch um 51%. Außerdem vertreten die meisten der verbleibenden Gewerkschaften die wenigen, noch nicht vollständig privatisierten Sektoren der Schwerindustrie (z. B. Bergbau) oder die öffentlichen Dienste (Eisenbahn oder Bildungswesen), während der Großteil des verarbeitenden Gewerbes mehr oder weniger gewerkschaftsfrei ist (Bohle & Greskovits, 2004). Es stimmt, dass die Zahl der Gewerkschaftsmitglieder auch in den meisten anderen Mitgliedstaaten abgenommen hat (siehe Abschnitt 4.4.2), aber nicht so dramatisch.

Das Gleiche scheint für die Arbeitgeberseite zu gelten. Tatsächlich haben die Arbeitgeberverbände ein ähnliches Defizit, aber es ist anderer, eher verfahrenstechnischer Natur: „Die Heterogenität des Unternehmertums und das Fehlen einer organisatorischen Tradition erschweren die Schaffung von Arbeitgeberorganisationen, die mit gesellschaftlichen Mandaten ausgestattet wären" (Wierink, 2006).[10] Arbeitgeberorganisationen, die kollektiv ihre ständischen und kaufmännischen Interessen verteidigen und zur Öffnung des Arbeitsmarkts beitragen, waren in diesen Gesellschaften ein neues Phänomen und fanden unter ihren Mitgliedern nur zum Teil Unterstützung.

---

10 Eigene Übersetzung des Autors

Zweitens stellen formelle Tarifverhandlungssysteme schwarze Löcher dar. Es stimmt, dass auf nationaler Ebene Institutionen für die tripartistische Konsultation zu sozial- und arbeitspolitischen Fragen geschaffen wurden, einschließlich Reformen des Arbeitsrechts und der Festlegung von Mindestlöhnen. In den meisten Mitgliedstaaten wurde ein Rechtsrahmen verabschiedet, der die bessere Funktion des sozialen Dialogs regelt, während sich auf betrieblicher Ebene allmählich Praktiken der dezentralisierten Tarifverhandlungen zur Regulierung von Arbeitsbedingungen ausgebildet haben. Aber auf der Ebene dazwischen scheint nicht viel sozialer Dialog stattzufinden. Außerdem scheinen die Branchentarifverträge in einigen osteuropäischen Mitgliedstaaten vorrangig Empfehlungen anstelle verbindlicher Vorschriften zu beinhalten – selbst bei Entgeltfragen (Ghellab & Vaughan-Whitehead, 2003). Oft werden die Tarifverträge nach Ende ihrer Laufzeit nicht erneuert, was Zweifel an ihrer Nachhaltigkeit aufwirft – und wenn sie verlängert werden, ist dies eher „mechanisch" (Ghellab & Vaughan-Whitehead, 2003), d.h. die vorherige Vereinbarung wird lediglich verlängert. Darüber hinaus ist die Umsetzung bei Branchen- und Betriebsvereinbarungen der Sozialpartner in diesen Ländern sehr schwach. Aus diesen Gründen wurde der soziale Dialog als eine der Hauptschwächen im System der Arbeitsbeziehungen in dieser Region ermittelt.

Drittens lässt der rechtliche und institutionelle Rahmen, der die Tarifverhandlungen stützen soll, trotz einiger Bemühungen in diesem Bereich einiges zu wünschen übrig. So sehen die lokalen Rechtsvorschriften häufig nicht die Allgemeinverbindlichkeitserklärung eines Tarifvertrags für alle Unternehmen in einem bestimmten Sektor vor. In einigen Fällen gibt es kaum geeignete Strukturen, d.h. stabile und dauerhafte Institutionen, die über die erforderlichen fachlichen Informationen und Verwaltungsressourcen verfügen – ganz zu schweigen von Gremien, die die Umsetzung von Vereinbarungen überwachen und Streitigkeiten, die sich durch die Umsetzung der Vereinbarung ergeben, beilegen. Dies scheint zum Teil an der rasanten „Internationalisierung" zu liegen, die die „neuen" Mitgliedstaaten bei fast allen sozioökonomischen Dimensionen durchlaufen haben: Handel, Finanzen, Institutionen des offenen Markts und ausländische Direktinvestitionen (Bohle & Greskovits, 2004).

Nach Meinung verschiedener Experten hängt die begrenzte Effektivität der Gewerkschaften und der Arbeitgeberverbände in den osteuropäischen Ländern mit dem politischen System zusammen: Die Regierungen und Parlamente ignorieren häufig die Interessen der Sozialpartner, unter anderem weil die Gewerkschaften (wenn überhaupt) nur schwach im Parteiensystem vertreten sind und die Arbeitgeberverbände gänzlich abwesend sind. Dies steht jedoch im Gegensatz zu förderlichen Rechtsvorschriften über die Anerkennung und Vereinigungsfreiheit. Daher meinen einige Autoren (Armongeon & Careja, 2004; Bohle & Greskovits, 2004), dass diese Schwächen keine Relikte der Vergangenheit seien: Ihrer Ansicht nach machen es sich die Kommentatoren zu leicht, die die Leistungsschwäche der Sozialpartner im Osten zu schnell dem Erbe der kommunistischen Zeit zuschrieben. Armongeon und Careja (2004) fanden wenig Beweise dafür, dass die Gewerkschaften in den osteuropäischen Ländern sehr effektive Interessensvertretungen sind (und das Gleiche gilt a fortiori für die Arbeitgeberorganisationen): „Sie haben eine schwache Basis, insbesondere in den privaten Wirtschaftszweigen, da sie vergleichsweise wenig Machtressourcen haben; sie hängen stark von staatlicher Unterstützung und Anerkennung ab und sind nicht in der Lage, die Mitglieder so zu mobilisieren, dass Regierungsvertreter oder Arbeitgeber einen Anreiz hätten, den Forderungen der Gewerkschaften gegenüber Zugeständnisse zu machen." Man kann den osteuropäischen Gewerkschaften jedoch nicht vorwerfen, sie würden nur „die Vergangenheit verteidigen" (Armongeon & Careja, 2004), obwohl sie unbestritten die Last der Vergangenheit tragen.

Ist es angesichts der inhärenten Schwäche der Arbeitsbeziehungssysteme in diesen „neuen" Mitgliedstaaten vorstellbar, dass Europäische Betriebsräte oder die Ansiedlung westeuropäischer Unternehmen in diesen Mitgliedstaaten zur Konvergenz in der Praxis des sozialen Dialogs führen? Zumindest eine Studie von Artikeln zu diesem Thema wirft Zweifel auf. Im günstigsten Fall scheinen Unternehmen, die Geschäftseinheiten im Osten aufbauen, „bestimmte Elemente des sozialen Dialogs europäischer Prägung zu hybridisieren, während sie gleichzeitig die institutionelle und rechtliche Schwäche des Niederlassungsstaats nutzen und sich ihrer Pflichten so weit wie möglich entledigen" (Wierink, 2006). Der gleiche Autor weist darauf hin, dass die Instrumente des europäischen sozialen Dialogs, wie wir sie kennen – seien es offizielle Gremien, denen die Sozialpartner angehören oder grenzübergreifende Kooperationsstrukturen innerhalb des Arbeitsbereichs der Gewerkschaften – durch den Beitritt neuer europäischer Mitgliedstaaten eher geschwächt als gestärkt zu werden. Dies scheint vorrangig an ihrem inkonsequenten Beitrag zur paritätischen Konsultation auf Branchenebene zu liegen.

Dies ist aber natürlich nur die Folge eines grundlegenden Phänomens. Bohle & Greskovits (2004) stellen fest, dass die niedrigen Arbeitskosten einer der Hauptanreize westlicher Unternehmen waren, die Niederlassungen in osteuropäischen Ländern gegründet haben. Die Folge ist eine umfangreiche Expansion und Verlagerung arbeitsintensiver Aktivitäten aus vielen der älteren EU-

Mitgliedstaaten nach Osteuropa, insbesondere bei der Herstellung von Verbraucherprodukten, wie Kleidung, Schuhen, Autos, Möbel, elektronischen Geräte etc. Dagegen haben sie ihre kapital- und qualifikationsintensiven Prozesse in den Stammländern im Westen erhalten und ausgebaut – was Bohle & Greskovits (2004) nachgewiesen haben, indem sie zeigten, dass die Produktion und Exporte im Laufe der 1990er Jahre in Osteuropa deutlich arbeitsintensiver wurden. Der alte Fordsche Kompromiss funktioniert in einem solchen Umfeld nicht: Die Versuche der Unternehmen, die Arbeitnehmer möglichst gering zu entlohnen, werden nicht dadurch abgefedert, dass man auf die Arbeitnehmer als wichtigen Nachfragefaktor setzt – aus dem einfachen Grund, dass man von den eingesetzten Arbeitnehmern nicht erwartet, dass sie die hergestellten Güter massiv konsumieren. Daher kommen Bohle & Greskovits zu diesem Schluss: „(...) das entstehende transeuropäische Produktionssystem scheint eher die Situationen in den Osten exportiert zu haben, wo die Arbeitnehmer aus Sicht der Unternehmen ein Problem darstellen – als Hauptfaktor der Produktionskosten – als die, in denen sie Teil der Lösung werden, nämlich als Nachfragefaktoren."

Für die beteiligten Länder besteht die Herausforderung darin, den Entwicklungsrückstand zum EU-Durchschnitt oder zumindest den am wenigsten entwickelten derzeitigen Mitgliedstaaten aufzuholen. Die reale Konvergenz der Bruttoinlandsprodukte wird vermutlich noch Jahrzehnte auf sich warten lassen, selbst im günstigsten Szenario mit kontinuierlich höheren Wachstumsquoten als im Rest der EU. Aber wirtschaftliche Konvergenz reicht nicht. Sie sollte mit progressiver Konvergenz im sozialen Bereich einhergehen (Europäische Kommission, 2002). Dieses äußerst ehrgeizige Projekt kann ohne die vollumfängliche Beteiligung und das Engagement der Sozialpartner nicht gelingen. Die Tatsache, dass der Wandel der Arbeitsbeziehungen in der Region zu Flexibilität amerikanischer Prägung anstelle einer Sozialpartnerschaft europäischer Art geführt hat, wie in Abschnitt 2.3 erklärt, könnte schwerwiegende Auswirkungen für die sich erweiternde EU haben (Crowley, 2004).

TEIL 2

DER BETRIEBLICHE SOZIALE DIALOG

5 Der institutionelle Rahmen der Arbeitnehmervertretung

Ein wesentlicher Teil des europäischen Modells des sozialen Dialogs ist die Einbeziehung des Faktors „Arbeit" in den Betrieb durch die Entwicklung kollektiver Beteiligungsstrukturen:
- Anwendung von Rechten auf Unterrichtung und Anhörung durch die Einführung von Betriebsräten oder die rechtliche Anerkennung von Gewerkschaftsvertretern und/oder
- Tarifverhandlungen, die sich stärker auf den Aspekt des wirtschaftlichen Austauschs der Arbeitsbeziehung konzentrieren (Verhandlungen über Entgelte, Arbeitszeiten und Verträge).

Wie in Teil 1 erläutert, wurden in den westeuropäischen Ländern nach dem Zweiten Weltkrieg die Tarifverhandlungen über die betriebliche Ebene hinweg auf die Branche ausgeweitet. Im Hinblick auf die Arbeitnehmerbeteiligung oder Demokratie am Arbeitsplatz entstanden institutionelle Formen der Arbeitnehmervertretung. Arbeitnehmervertretungen bestehen in allen Formen und sind in verschiedene Rechtsrahmen eingebettet. Die Unterschiede in Struktur und Rechtsrahmen führen dazu, dass die Arbeitnehmervertretungen in Europa unterschiedliche Rechte, Pflichten, Befugnisse und Zuständigkeiten haben. Die institutionelle Anerkennung und festgelegte Aufgaben der Gewerkschaft sind jedoch wesentliche Merkmale der europäischen Formen der betrieblichen Arbeitnehmervertretung.

5.1 Nähere Betrachtung der Theorie

Ein guter Ausgangspunkt für eine bessere theoretische Einordnung der Arbeitnehmervertretung ist die Bezugnahme auf das übergeordnete Konzept der Arbeitnehmermitsprache oder -beteiligung „als Mittel und Wege, über die Arbeitnehmer versuchen, Mitsprache auszuüben und potenziell die Geschicke des Unternehmens oder der Organisation bei Fragen, die sich auf ihre Arbeit auswirken, und Interessen der Führungskräfte und Eigner zu beeinflussen" (Wilkinson et al., 2014). Bezieht man sich auf de Leede & Looise (1997), die es einfacher formulieren, kann man die Arbeitnehmerbeteiligung als Gefüge formeller und informeller Dialogstrukturen bezeichnen, über die Untergebene Führungsentscheidungen beeinflussen können. Im nächsten Schritt kann die Arbeitnehmerbeteiligung weiter eingegrenzt werden, indem man (1) den Inhalt der Beteiligung, also das „Was", (2) die Struktur der Beteiligung, das „Wer", und (3) den Umfang der Beteiligung, das „Wie", (De Cuyper & Van Gyes, 2003) näher betrachtet.

Beim Inhalt kann man zwischen der Einbeziehung in operative Entscheidungen des Tagesgeschäfts oder in sozialere oder strategische Entscheidungen der Unternehmensleitung unterscheiden. Die operative Beteiligung beinhaltet die Mitsprache der Arbeitnehmer bei alltäglichen Arbeitsinhalten und der Organisation der Arbeitsaufgaben. Soziale Angelegenheiten beinhalten Personalfragen und Arbeitsbedingungen. Die strategische Führung betrifft den unternehmerischen Kern des Geschäfts.

Neben dem Inhalt kann man auch verschiedene Beteiligungsstrukturen beobachten. Traditionell unterscheidet man zwischen direkten und indirekten Formen der Arbeitnehmerbeteiligung. Die direkte Beteiligung betrifft Methoden, bei denen der einzelne Arbeitnehmer eingebunden wird. Hier geht es um Instrumente wie Projektgruppen, betriebliches Vorschlagswesen etc. Diese direkten und indirekten Formen können auf formellen und informellen Systemen basieren. Die indirekte Beteiligung wurde oben besprochen: Vertreter, die die Rolle der Mitsprache übernehmen, oder an den Entscheidungsprozessen teilhaben.

Eine letzte Dimension, anhand derer man Beteiligungsformen unterscheiden kann, ist das Maß des Einflusses. Geht es nur um die Unterrichtung oder auch um Anhörung oder vielleicht sogar Mit- oder Selbstbestimmung? Die Arbeitnehmerbeteiligung kann mit ihren verschiedenen Formen und Dimensionen in einem „Beteiligungswürfel" dargestellt werden (Abb. 5.1).

Abb. 5.1 Vorherrschende Formen der Arbeitnehmerbeteiligung in den europäischen Traditionen, dargestellt in einem allgemeinen Würfel der Arbeitnehmerbeteiligung

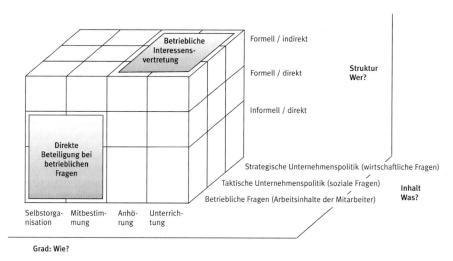

Quelle: Van Gyes, 2006

In der europäischen Tradition haben sich zwei vorherrschende Formen herausgebildet (Van Gyes, 2006):
- Formen der indirekten Beteiligung oder Arbeitnehmervertretung, die vorwiegend rechtliche Anerkennung in vielen europäischen Ländern erreicht haben, auch wenn sie in Ländern wie Deutschland bereits einen Rechtsstatus hatten. Diese indirekten Formen sind Strukturen, über die die Arbeitnehmervertreter taktische und strategische Entscheidungen der oberen Unternehmensleitung beeinflussen möchten.
- Formen der direkten Beteiligung bei operativen Fragen im Betrieb: Diese Formen der Teamarbeit wurden in den Kampagnen der 1960er und 1970er Jahre, die einerseits der Steigerung der Produktivität und andererseits der „Humanisierung des Arbeitslebens" dienten, stark gefördert; in den 1980er Jahren wurden sie unterstützt, indem man auf die japanischen Beispiele des Qualitätsmanagements schaute, und seit den 1990er Jahren werden sie unter dem Schlagwort der „Systeme mit hoher Einbindung" (High-Involvement-Systeme) oder „Spitzenarbeitsbedingungen" erörtert. Beispiele sind das Vorschlagswesen, Feedback durch

Mitarbeiterbefragungen, Projektteams, Taskforces, Qualitätskreise oder sich selbst steuernde Teams.

Die Arbeitgebervertretung kann außerdem wie folgt organisiert sein:
- Vertretung in den Entscheidungsgremien des Unternehmens
- Gewerkschaftsvertretung oder Betriebsräte, in denen die Arbeitnehmervertreter informiert und angehört werden und manchmal Mitbestimmungsrechte bei Führungsfragen haben, die in besonderem Zusammenhang mit Personalpolitiken stehen.

Unter dem politischen Aspekt betreffen die meisten umgesetzten ordnungspolitischen Maßnahmen die indirekten Formen der Arbeitnehmervertretung. In diesem vertretungsbasierten demokratischen System geht es klar um die Korrektur der traditionellen Hierarchie des Beschäftigungsverhältnisses durch ein System, in dem die „Untergegebenen" auch Mitsprache bei der Unternehmensführung haben, das über die Arbeitspraxis des Tagesgeschäfts hinausgeht. Diese Formen der Unterrichtung und Anhörung sind gesetzlich geregelt. Betriebsräte und/oder Gewerkschaftsvertretungen sind konkrete Formen, die meistens durch einen Ausschuss ergänzt werden, der Arbeitsschutzfragen erörtert (innerhalb oder parallel zu den bestehenden Strukturen). Eine Arbeitnehmervertretung nach dem Betriebsratsmodell kann man als institutionalisiertes Gremium auf Betriebs- oder Unternehmensebene definieren, das als Stimme der Arbeitnehmer gegenüber dem Arbeitgeber und dem Management dient. Der Betriebsrat vertritt alle Beschäftigten – unabhängig davon, ob sie gewerkschaftlich organisiert sind oder nicht (diese Definition basiert auf Rogers & Streeck, 1996). Die Europäische Union hat in einer Reihe von Richtlinien ebenfalls die Arbeitnehmervertretung anerkannt und organisiert, wie zum Beispiel in Richtlinie 2002/14/EG des Europäischen Parlaments und des Rats zur Festlegung eines allgemeinen Rahmens für die Unterrichtung und Anhörung der Arbeitnehmer in der Europäischen Union.

5.2 Kartierung des institutionellen Rahmens

Es besteht noch immer eine große Vielfalt unterschiedlicher institutioneller Strukturen unter den Mitgliedstaaten, die man jedoch grundsätzlich in vier Gruppen einordnen kann:
Gewerkschaftsbasiert oder nach dem Modell des Betriebsrats. Die Freiheit, sich gewerkschaftlich zu organisieren, ist natürlich ein international aner-

kanntes, demokratisches Recht am Arbeitsplatz. Die institutionalisierte Arbeitnehmervertretung kann durch eine Gewerkschaft erfolgen, aber auch eine allgemeine Form haben, bei der die Gewerkschaftsmitgliedschaft kein formelles Kriterium ist. Diese allgemeine Form wird für gewöhnlich als Betriebsratstyp eingestuft. Der allgemeine Typus kann manchmal eine gemischte Zusammensetzung haben: Der Arbeitgeber ist in diesem Fall gleichstark vertreten.

Einfacher oder doppelter Kanal. Wie bereits erläutert, kann die betriebliche Arbeitnehmervertretung Tarifverhandlungen über das Vertragsverhältnis (und das dazugehörige Streikrecht) sowie Unterrichtung/Anhörung über unternehmerische Entscheidungen beinhalten. In vielen Ländern wurden die Verhandlungsbefugnisse einerseits und das Recht auf Unterrichtung und Anhörung andererseits unterschiedlichen Kanälen gewährt: Die Verhandlungsbefugnisse hat das Gewerkschaftsgremium, während die Rechte auf Unterrichtung und Anhörung beim Betriebsrat liegen. Andere europäische Länder haben sich entschieden, alle Zuständigkeiten einem einzigen Kanal der Arbeitnehmervertretung zu übertragen.

Ergänzungen oder Alternativen. Länder, deren System über zwei Kanäle verfügt, sehen die beiden Arten von Gremien (Gewerkschaft und Betriebsrat) meist als komplementär. In einigen Ländern werden diese Gremien jedoch als Alternativen gesehen: Ein Gremium (meistens der Betriebsrat oder nicht gewerkschaftlich organisierte Typus) wird als Alternative zum Gewerkschaftsgremium gesehen und aufgelöst, wenn ein Betrieb gewerkschaftlich organisiert wird. Extremformen dieser Alternativen sind die Rechtsvorschriften in Irland und im Vereinigten Königreich, die die Möglichkeit bieten, gesetzliche Mindestanforderungen durch „maßgeschneiderte", vordefinierte Vereinbarungen „außer Kraft zu setzen". Das Vereinigte Königreich und Irland gehören zu den beiden Ländern, in denen es vor Umsetzung der EU-Richtlinie keine rechtlichen Vorgaben zur Unterrichtung und Anhörung gab.

Schwellen. Der letzte, wichtige Unterscheidungsfaktor ist die Mindestanzahl von Arbeitnehmern, die für die Einrichtung einer Arbeitnehmervertretung gesetzlich vorgeschrieben ist. Die Schwelle kann bedeuten, dass die Gründung des Gremiums nur von den Arbeitnehmern ausgehen kann, auch wenn in einigen Ländern der Arbeitgeber zur Gründung des Gremiums Schritte unternehmen muss.

Es ist auch wichtig zu berücksichtigen, dass in zahlreichen Ländern für den öffentlichen Sektor andere Rechtsvorschriften gelten, auch wenn sich diese häufig auf Namensunterschiede reduzieren lassen. Ein letzter Punkt: Über die verschiedenen Strukturen hinweg, bestehen auch institutionelle Unterschiede bei den erteilten Befugnissen, besonders beim allgemeinen Betriebsratstypus. Neben den Verhandlungsrechten hängen diese Unterschiede davon ab, ob der Betriebsrat nicht nur das Recht auf Anhörung, sondern auch auf Mitbestimmung hat, also mitentscheiden darf. Obwohl es keine aktuelle, vergleichende Darstellung dieser institutionalisierten Mitbestimmungsrechte in Europa gibt, wird allgemein anerkannt, dass die Betriebsverfassungsgesetze in Deutschland, Österreich und den Niederlanden gut definierte Mitbestimmungsbefugnisse enthalten.

Anhand dieser Dimensionen kann man die Länder nach ihrem institutionellen Rahmen der Arbeitnehmervertretung wie folgt einteilen:
- Nur Gewerkschaft: Zypern und Schweden sind die Länder, in denen der institutionelle Rahmen nur eine Gewerkschaftsvertretung erwähnt.
- Gewerkschaften und Betriebsräte, aber die Gewerkschaften haben das Monopol über die Betriebsratsmitgliedschaft: Belgien, Dänemark, Italien. In Belgien und Dänemark ist der Betriebsrat ein paritätisches Gremium, das sich aus Arbeitgeber- und Gewerkschaftsvertretern zusammensetzt.
- Gewerkschaft; bei fehlender Vertretung durch eine Gewerkschaft ist der allgemeine Typus möglich: Finnland, Litauen, Malta, Polen, Rumänien, Tschechische Republik.
- Gewerkschaft und Betriebsrat, sie ergänzen sich gegenseitig, aber die Gewerkschaften haben kein Monopol: Frankreich, Griechenland, Kroatien, Luxemburg, Portugal, Slowakei, Spanien.
- Gewerkschaft und Betriebsrat, aber der Betriebsrat hat Vorrang auf betrieblicher Ebene: Deutschland, Niederlande, Österreich, Slowenien, Ungarn.
- Gewerkschaft und/oder nicht gewerkschaftlich organisiertes Gremium zur Unterrichtung und Anhörung: Bulgarien, Estland, Irland, Lettland, Vereinigtes Königreich.

Abb. 1.2 gibt einen Überblick über die unterschiedlichen Strukturen der Arbeitnehmervertretungen in den einzelnen EU-Mitgliedstaaten.

Abb. 5.2 Existenz offizieller Strukturen der Arbeitnehmervertretung auf betrieblicher Ebene

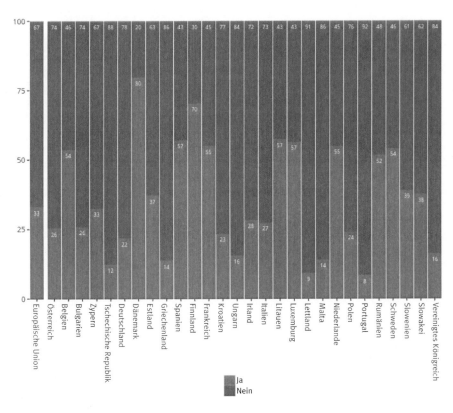

Quelle: Europäische Unternehmenserhebung 2013

Dänemark hat die höchste Quote an Arbeitnehmervertretungen (80% der Betriebe), gefolgt von Finnland (70%). In Belgien, Frankreich, Litauen, Luxemburg, den Niederlanden, Rumänien, Schweden und Spanien gibt es in über 50% der Betriebe Arbeitnehmervertretungsstrukturen. Im Gegensatz dazu gilt dies in Griechenland, Lettland, Malta, Portugal, in der Tschechischen Republik, Ungarn und im Vereinigten Königreich für weniger als 20% der Betriebe. Und in Lettland und Portugal sind es weniger als 10%.

Teil 2: Der betriebliche soziale Dialog

In den nachfolgenden Kapiteln von Teil 2 werden wir versuchen, auf allgemeine Weise die Bedingungen und Kriterien zu beschreiben, die über die Qualität der Arbeit dieser (europäischen) Foren der Arbeitnehmervertretung entscheiden. Die Fachliteratur wurde nach entsprechenden Erkenntnissen analysiert und wie folgt wiedergegeben: Effektive Unterrichtung und Anhörung (Kapitel 6), eine Diskussion über die notwendigen strukturellen Modalitäten (Kapitel 7) und eine Vorstellung der verfahrensbezogenen Herausforderungen und Chancen für die Umsetzung des sozialen Dialogs (Kapitel 8). Besonderes Augenmerk gilt dem Mehrwert der Vertretung im Vorstand bzw. Aufsichtsrat und der besonderen Situation der kleinen und mittleren Unternehmen: Dieses Thema wird in Kapitel 9 behandelt.

6 Grundlagen der effektiven Unterrichtung und Anhörung

Unternehmen weisen deutliche Unterschiede auf. Sie können dem verarbeitenden Gewerbe oder dem Dienstleistungssektor angehören; es können private Unternehmen sowie gemeinnützige oder staatliche Einrichtungen sein. Es können Kleinstbetriebe (die in der Regel weniger als zehn Beschäftigte haben), kleine oder mittlere Unternehmen (in der Regel zehn bis 249 Beschäftigte) oder Großunternehmen (ab 250 Beschäftigten) sein.[11] Es kann sich um zentralisierte Unternehmen oder Netzwerke mit vielen Standorten handeln, sie können ein einziges rechtliches Unternehmensstatut haben oder sich in ein Konglomerat formell eigenständiger Unternehmen aufteilen; sie können in nur einem Land tätig sein oder multinationale Filialen in einem oder mehreren Ländern haben. Ihre Unternehmenskulturen sind sehr unterschiedlich und werden zum Teil stark dadurch beeinflusst, was in ihrem Ursprungsland als gängige Geschäftspraxis gilt. Dennoch gibt es bestimmte Kerneigenschaften, die für alle Formen von Produktions- und Organisationsprozessen gelten und gegeben sein sollten, wenn der betriebliche soziale Dialog den Anspruch haben soll, effektiv und effizient zu sein.

Jeder soziale Dialog ist zum Scheitern verurteilt, wenn bestimmte Grundvoraussetzungen einer „angemessenen" Personalverwaltung nicht erfüllt sind, meint Elen (2010). Man kann zahlreiche Vorbedingungen aufführen. Der gleiche Autor (Elen, 2010) fasst diese wie folgt zusammen und unterstellt, dass es niemals einen angemessenen Dialog und ein Verhandlungssystem zwischen dem Arbeitgeber und den Arbeitnehmern oder ihren Vertretern geben wird, wenn diese Kriterien nicht erfüllt sind:
- Jeder Vorgesetzte fördert ein Klima des angemessenen sozialen Dialogs.
- Die Lohnbuchhaltung wird ordnungsgemäß geführt.
- Die Sicherheit und Gesundheit am Arbeitsplatz sind gewährleistet.
- Es gibt klare Vorschriften über Urlaubsansprüche und Erholung und die Arbeitsorganisation im Falle von Fehlzeiten (Krankheit, Beurlaubung).
- Die Organisation des Unternehmens ist transparent.
- Es werden Bemühungen unternommen, um stabile Beschäftigung zu schaffen.
- Dem Arbeitskomfort wird Beachtung geschenkt.

---

11 Nach der Definition der Europäischen Kommission, siehe:
http://epp.eurostat.ec.europa.eu/statistics_explained/index.php/Small_and_medium-sized_ enterprises

Selbst dann müssen sich die Parteien bewusst sein, dass Führungskräfte und Gewerkschaften oft von unterschiedlichen Konzepten ausgehen. D'Hoogh und Derijcke (2003) nennen diese wie folgt.

Tabelle 6.1 Unterschiedliche Einstellungen bei Arbeitgeber- und Arbeitnehmervertretungen

Ausgangspunkte der Führungskräfte	Ausgangspunkte der Gewerkschaften
Festhalten an der etablierten Ordnung	Unzufriedenheit oder Frust über die etablierte Ordnung
Vertrauen in Effizienzregeln und Regelmäßigkeiten	Kritische Einstellung gegenüber Effizienzregeln und Regelmäßigkeiten
Das Wachstum des Unternehmens ist zum Vorteil aller	Streben nach einer gerechteren Verteilung
Eine Organisation sollte Leistungen Einzelner belohnen	Bedarfsanalysen, Beurteilungsmaßnahmen und die Betriebszugehörigkeit sollten kollektiv über die Höhe der Löhne und Gehälter entscheiden
Rationale Ansätze sind die Basis des Handelns	Das Arbeitsklima und die Arbeitsplatzzufriedenheit sind wichtig
Geistige und überwachende Funktionen sind höherwertig	Chancengleichheit für alle
Hierarchische Beziehungen sind wichtig	Macht erfordert Gegenmacht und Kontrolle
Individualismus	Kollektive Bestimmungen und Solidarität

Quelle: Auf Basis von D'Hoogh & Derijcke (2003)

6.1 Die zentrale Bedeutung des Engagements

Die erfolgreiche Unterrichtung und Anhörung auf betrieblicher Ebene hängt vor allem von einem starken, sichtbaren Engagement der Führungskräfte und der Arbeitnehmervertreter ab, die Arbeitnehmer zu unterrichten und anzuhören. Zahlreiche Autoren und Berater stellen fest, dass das Fundament effektiver Konsultation am Arbeitsplatz darin besteht, dass sich die Führungskräfte deutlich und aufrichtig zu den Zielsetzungen und dem Prozess der Anhörung ihrer Mitarbeiter bekennen. Beide Seiten sollten die Konsultation als wesentliches Element der Unternehmenskultur sehen, d.h. „die Art, wie wir hier die Dinge regeln" und nicht nur ein nettes Extra, das bloß die abschließende Etappe im Entscheidungsprozess darstellt. Dieses Element der Unternehmenskultur spiegelt sich am besten wider, wenn Führungskräfte eindeutig demonstrieren, dass sie sich von Anfang an dem Anhörungsprozess voll verpflichtet sehen. Eines der aussagekräftigsten Symbole einer solchen Haltung ist die regelmäßige Teilnahme der obersten Führungsriege an turnusmäßigen Sitzungen der paritätischen Unternehmensgremien. Sie sollte sich nicht nur bei Krisensitzungen sehen lassen, wenn Dinge im Argen liegen oder ein Arbeitskampf schwelt.

Es wäre jedoch zu vereinfachend, würde man die Last guter paritätischer Beziehungen allein den Arbeitgebern aufladen. Auf Seiten der Arbeitnehmervertreter ist eine partizipative, kooperative Einstellung genauso wichtig. Eine jüngste Studie aus Dänemark kommt zu dem allgemeinen Schluss, dass nicht nur das Maß der Beteiligung wichtig ist, um eine hohe Qualität der Zusammenarbeit zu erreichen, sondern auch, ob beide Seiten die gleichen Erwartungen zum Umfang der Beteiligung teilen oder nicht (Felbo-Kolding & Mailand, 2012). Dieser letzte Parameter erwies sich als viel entscheidender als Umfeldfakten, wie Wirtschaftskrisen, Personalien oder sogar Umstrukturierungen. Dies veranlasste die Autoren zu der Schlussfolgerung, dass „Wirtschaftskrise nicht gleich schlechte Zusammenarbeit" bedeutet (Felbo-Kolding & Mailand, 2012). Es scheint tatsächlich keine direkte Verbindung zwischen der wirtschaftlichen Lage eines Unternehmens und Trends bei der Zusammenarbeit zu geben.

Ein hohes Engagement beider betrieblicher Parteien kann man jedoch nicht verordnen, sondern es muss gefördert werden, damit es allmählich wachsen kann. „In einigen Betrieben entstehen Vertrauen und Engagement dadurch, dass der Arbeitgeber und die Arbeitnehmervertreter gemeinsam Probleme bearbeiten und sehen, welche Vorteile eine solche Herangehensweise bringt. Dann kann Respekt wachsen und die gemeinsame Arbeit zum erstrebenswerten Ziel werden" (Dix & Oxenbridge, 2003). Dieser Vertrauensbildungsprozess erfordert unter anderem ein Umdenken bei den Gewerkschaftsdelegierten: In einigen Fällen haben sie sich an die Idee gewöhnt, dass sich ihre Rolle in paritätischen Ausschüssen vorrangig darauf beschränkt zu kontrollieren und zu überwachen, dass individuelle Rechte gewahrt bleiben, und es fällt ihnen schwer, das reaktive Misstrauen aufzugeben und stattdessen eine proaktive Haltung einzunehmen.

6.2 Die Notwendigkeit klarer Zielsetzungen

Um das aktive Engagement der Geschäftsleitung und der Arbeitnehmer sicherzustellen, ist es sehr wichtig, Einigung über die letztendlichen Ziele der Unterrichtung und Anhörung zu erreichen. Die Perspektive des gemeinsamen Ziels erfordert die Bereitschaft auf Seiten der Geschäftsleitung, die Ansichten der Arbeitnehmer zu berücksichtigen und umgekehrt.

Diese Bereitschaft bedingt zunächst die eindeutige Unterscheidung zwischen den verschiedenen Formen des sozialen Dialogs, wie sie in Abschnitt 1.3.4 Absatz b) in Teil 1 dieses Berichts erläutert werden. In manchen Situationen ist es sinnvoll, das Wesen eines Forums klar festzulegen (oder zu wiederholen). Eine deutliche Unterscheidung kann beispielsweise zwischen der Unterrichtung und Anhörung einerseits und ggf. (Kollektiv-)Verhandlungen getroffen werden. Wird versäumt, eine von allen akzeptierte Einigung über die verschiedenen möglichen Konzepte zu erreichen, oder stehen unausgesprochene Zweifel an den Zielen einer Sitzung im Raum, können leicht unterschiedliche Erwartungen entstehen, was oft in einem Vertrauensverlust oder sogar Zynismus bei den Vertretern beider Seiten endet. Die Festlegung der Zielsetzungen einer Sitzung erfordert Kommunikationsfähigkeiten und kann bereits einem Verhandlungsprozess gleichkommen. In einer solchen Situation ist jeder Vorsitzende gut beraten, die Sitzung mit einem Dialog über die Grenzen zwischen Unterrichtung, Anhörung und Verhandlung einzuleiten. Das Verschwimmen dieser Grenzen kann in Betrieben ein Problem sein, in denen sich die Gespräche zwischen Arbeitgeber und Arbeitnehmern zuvor ausschließlich auf die Lohnverhandlungen beschränkt haben. In solchen Fällen „könnte es sich als schwierig erweisen, einen breiter angelegten, beratenden Aufgabenbereich zu verankern" (Dix & Oxenbridge, 2003).

6.3 Themen für die Anhörung, Unterrichtung und Verhandlung

Die im paritätischen Dialog behandelten Themen müssen für die Anforderungen der Organisation bzw. des Unternehmens von zentraler Bedeutung und/oder für die Bedürfnisse der Arbeitnehmer relevant sein. In den letzten Jahrzehnten haben sich die Gewerkschaften und Geschäftsleitungen zunehmend an Programmen und Aktivitäten beteiligt, die außerhalb des traditionellen Umfangs des sozialen Dialogs liegen. Die neuen Gebiete der Zusammenarbeit umfassen Themen wie die Ausgestaltung der Arbeitsplätze und der Organisation und die Geschäfts- und Gewinnplanung.

Alexander (1999) unterteilt die Ziele der Interaktion in eine Reihe von *Arenen* (wie er sie nennt) – siehe Abb. 2.1. Einige dieser Themen unterliegen der gesetzlich vorgeschriebenen Anhörung, wie (in vielen Ländern) Kündigungen, Betriebsvereinbarungen über Tariftabellen und Arbeitszeiten, der Inhalt von Vertragsklauseln und Arbeitsschutzmaßnahmen. Andere sind freiwillig, wie zum Beispiel Gespräche über die Organisation von Leistungsbeurteilungen oder die Umsetzung eines Programms zur Mitarbeiterberatung. Selbst sehr grundlegende Fragen können im sozialen Dialog gelöst werden. Ein Beispiel: In einem großen Krankenhaus bereitete die Parksituation Probleme, weil die Anzahl der Mitarbeiter im Laufe der Jahre gestiegen war. Früher hätte der Vorstand der Einrichtung allein einen Plan ausgearbeitet, um das Problem zu lösen. „Heutzutage gibt es dafür einen Prozess, an dem alle beteiligt werden, die die Frage betrifft. Wir haben schließlich eine Lösung erreicht, die von allen mitgetragen wird, obwohl sie bedeutet, dass einige Gruppen einen weiteren Fußweg zum Arbeitsplatz in Kauf nehmen oder in der Dunkelheit den leeren Parkplatz überqueren müssen – was in der Regel als unangenehm empfunden wird. Hätten wir die gleichen Regeln nur auf Grundlage einer Vorstandsentscheidung umgesetzt, hätten wir niemals einen solchen Konsens erzielt"[12] (Meyers, 2003).

---

12 Eigene Übersetzung des Autors

Abb. 6.1 Arenen der Interaktion im sozialen Dialog

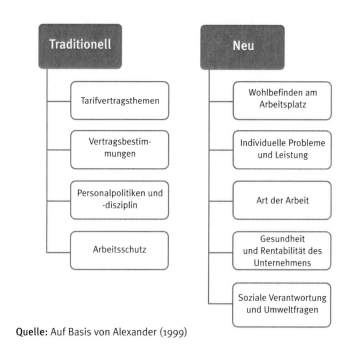

Quelle: Auf Basis von Alexander (1999)

Es ist klar, dass die bei der Unterrichtung und Anhörung der Arbeitnehmer behandelten Themen umfassend und relevant sein sollten. Die Ausweitung des Themenspektrums, das im Rahmen des sozialen Dialogs erörtert werden soll, bleibt dennoch eine sensible Angelegenheit. „Es geht um Befindlichkeiten beim Ausgleich zwischen der Notwendigkeit, ein umfassendes Themenspektrum zu erfassen, und dem Erkennen der Gefahren, die mit einem übermäßig präskriptiven Ansatz verbunden sind" (Dix & Oxenbridge, 2003). So sollten diese Prozesse tatsächlich nicht genutzt werden, um banale Fragen zu bearbeiten (die Diskussion über die Farbe des Toilettenpapiers ist legendär, aber ein Thema, das sich in der Praxis leicht vermeiden lässt). Anliegen einzelner Arbeitnehmer fallen ebenfalls nicht in den Zuständigkeitsbereich. Viele paritätische Gremien verfehlen ihren eigentlichen Zweck, indem sie sich auf die „falschen" Themen konzentrieren und auf Banalitäten beschränken. Daher ist es wichtig, das richtige Gleichgewicht beim Themenspektrum zu finden, das der

Anhörung und Verhandlung unterliegt. Bei Bedarf ist die Einrichtung eigener paritätischer Gremien (z. B. für die Sicherheit, die Gesundheit und das Wohlergehen am Arbeitsplatz) oder zeitlich beschränkter Arbeitsgruppen zur Bearbeitung einzelner Fragenstellungen ratsam. Der Widerstand gegen die Ausweitung des Themenspektrums des sozialen Dialogs geht nicht immer von der Arbeitgeberseite aus: Manchmal behindern oder verlangsamen die Gewerkschaften Neuerungen, wie die Einführung flexibler Entgeltsysteme oder die Flexibilisierung der Arbeitszeiten (Korevaar, 2001).

Besser statt billiger

Die Kampagne „Besser statt billiger" der deutschen IG Metall gehört zu den interessantesten Beispielen für die Erneuerung einer Gewerkschaft. Sie soll die strategische Arbeitnehmerbeteiligung durch Betriebsräte stärken (Haipeter, 2013). Der Grundgedanke ist, dass die Arbeitnehmer die Mitbestimmungsrechte des Betriebsrats nicht nur nutzen, um die negativen sozialen Folgen von Unternehmensstrategien zu behandeln, sondern auch um die Strategien selbst zu bekämpfen. So drängen die Arbeitnehmervertreter als Reaktion auf die „Billigstrategie" der Arbeitgeber, die Lohnwettbewerb betreiben, Beschäftigung abbauen, mit Verlagerung drohen etc. auf eine „Besserstrategie". Es ist für beide Seiten – Arbeitgeber und Arbeitnehmer – förderlich (Win-Win-Situation), sich zum Beispiel auf innovative, hochwertige Produkte zu konzentrieren, die Unternehmensaktivitäten umweltfreundlicher zu gestalten und neue Formen der Arbeitsorganisation zu unterstützen. Das zentrale Element dieser Strategie ist die Stärkung der Kapazitäten und der Legitimität der Arbeitnehmervertretungen und der Betriebsräte, strategischer zu denken und sogar alternative Strategien vorzuschlagen. Dieses Ziel wird durch die Schaffung von Fortbildungsnetzwerken für Delegierte, die Veranstaltung von Workshops und die Einbindung interner und externer Experten erreicht.

Nicht nur der Themenumfang des sozialen Dialogs hat sich erweitert, sondern auch die Art der hier erörterten Themen hat sich gewandelt. Konzepte der direkten Kommunikation haben nach sich gezogen, dass die Stimme der Arbeitnehmer eher von ihren direkten Vorgesetzten gehört wird, was zumindest im Grundsatz dazu führt, dass kleinere Reibereien und Hindernisse in Toolbox-Sitzungen, Qualitätskreisen, Teambesprechungen und ähnlichen Foren oder im direkten Gespräch zwischen dem einzelnen Arbeitnehmer und seinem direkten

Vorgesetzten geklärt werden können. In der Vergangenheit mussten diese Themen häufig in Sitzungen paritätischer Ausschüsse vorgebracht oder von Vertrauensleuten oder Arbeitsschutzbeauftragten gelöst werden. Modernes Management macht es möglich, dass sich paritätische Gremien heute vorrangig auf taktische und strategische Fragestellungen anstelle tagtäglicher Belange konzentrieren können.

Dennoch werden individuelle Beschwerdeverfahren auch künftig immer die Beteiligung der Arbeitnehmervertreter erfordern: Überwachung der Qualität der Verfahren, Übersetzung der Verfahren in sinnvolle Ergebnisse, die bei Bedarf kollektive Fragen lösen, zur Rückendeckung in Einzelfällen (als Feedbackquelle oder zur (moralischen) Unterstützung) oder bei Einsprüchen (siehe Saundry et al., 2008).

6.4 Unterrichtung muss klar, rechtzeitig und regelmäßig sein

Selbst in diesem Zeitalter der direkten Kommunikation ist die Weitergabe von Informationen kein Monopol der Vertreter der hierarchischen Linie. Informationskanäle können nicht monopolisiert werden. Kommunikationsfähigkeiten gehören seit kurzem auch zu den Talenten, die im Rahmen der heute herrschenden direkten Kommunikationsmanie von Vorgesetzten erwartet werden (siehe Abschnitt 4.2.1.3), aber die Gewerkschaftsvertreter haben ebenfalls das Recht, ihre Basis direkt anzusprechen, und brauchen dafür keine Erlaubnis einzuholen. Auch hier können einseitige und parteiische Botschaften wieder mehr Schaden anrichten als Nutzen bringen, daher sind beide Parteien gut beraten, sich nicht gegenseitig vor vollendete Tatsachen zu stellen.

Außerdem ist es mittlerweile gängige Praxis, den Mitarbeitern des Unternehmens die Berichte des Betriebsrats oder der Arbeitsschutzausschüsse im Intranet, über die Mitarbeiterzeitung oder über Aushänge zugänglich zu machen.

6.5 In den firmenübergreifenden sozialen Dialog und vergleichende Rechtsvorschriften eingebettet

Betriebliche Arbeitnehmervertreter sollten sich der möglichen Existenz nationaler, regionaler oder nationaler Tarifvereinbarungen bewusst sein, die für ihr Unternehmen gelten, sowie des Inhalts der Rechtsvorschriften und Bestimmungen unterschiedlicher Art. Dies ist nicht immer der Fall, vor allem in EU-Mitgliedstaaten, in denen die Arbeitnehmervertreter nicht zwangsläufig einer formellen Gewerkschaft angehören müssen und daher nicht in den Genuss angemessener Schulungen und Informationen zu diesem Thema gelangen. Ein profundes Wissen über diese Fragen ist jedoch sehr wichtig und wird sich in hohem Maße auf das Wesen des sozialen Dialogs auswirken.

In den meisten europäischen Ländern stehen die verschiedenen Arten von Tarifvereinbarungen in einem hierarchischen Verhältnis zueinander. Werden betriebsübergreifende Tarifvereinbarungen geschlossen, die für alle betroffenen Arbeitgeber verbindlich sind, dürfen Betriebsvereinbarungen nicht davon abweichen oder nur Maßnahmen enthalten, die sich positiv davon unterscheiden. Dies gilt umso mehr im Falle von Gesetzen, Rechtsvorschriften und anderen Regierungsentscheidungen, wie in diesen praktischen Beispielen. Als in der jüngsten Wirtschaftskrise die portugiesische Regierung einseitig beschloss, die Vergütung der öffentlichen Bediensteten durch Streichung des 13. und 14. Monatsgehalts zu kürzen, durfte kein Tarifvertrag des öffentlichen Sektors dagegen verstoßen. Das bedeutet, dass in Situationen, in denen eine Reihe betriebsübergreifender Tarifvereinbarungen gilt, der Spielraum für Betriebsvereinbarungen recht begrenzt ist. Unter diesen Umständen reduziert sich die Rolle der lokalen Arbeitnehmervertreter häufig darauf sicherzustellen, dass betriebsübergreifende Vereinbarungen voll eingehalten werden: Die Verhandlungsfunktion ist dann eher begrenzt oder sollte sich auf Themen konzentrieren, die von den bestehenden Tarifvereinbarungen unberührt sind.

6.6 Der betriebliche soziale Dialog sollte institutionell angemessen unterstützt werden

Die Regierungspolitik und Gesetzgebung können natürlich eine wichtige fördernde Rolle bei der Entwicklung des betrieblichen sozialen Dialogs spielen. Die staatlichen Maßnahmen zur Schaffung bestmöglicher Bedingungen für den betrieblichen sozialen Dialog lassen sich grob in drei Ansätze unterteilen:

6.6.1 Schaffung eines guten Rechtsrahmens

Das Kollektivarbeitsrecht beinhaltet viele Themen, aber in diesem Kontext ist ein Rechtsrahmen, der die Arbeitnehmervertretung in Betrieben und Unternehmen regelt, von größter Bedeutung. Die gesetzliche Unterstützung des Rechts der Arbeitnehmer auf Vertretung stärkt ihre Position in den Arbeitsbeziehungen und könnte sie ermutigen, in Situationen zu handeln, in denen sie die Angst, zum Opfer zu werden (Viktimisierung), sonst abhalten könnte. Außerdem kann die Legitimität, die ein Rechtsrahmen Arbeitnehmervertretern und ihren Unterstützungsstrukturen verleihen kann, ein starker Einflussfaktor sein, der über ihre Akzeptanz bei anderen Akteuren, wie den Arbeitgebern, behördlichen Inspektoren, Personalleitern und Arbeitsschutzbeauftragten, entscheidet (Walters et al., 2005). Wie bereits zum Thema des sozialen Dialogs auf betrieblicher Ebene ausgeführt, sollten Rechtsvorschriften und Bestimmungen sorgfältig zwischen Gremien der Arbeitnehmervertretung, die oft von allen Mitarbeitern einer Einheit gewählt werden (wie der Betriebsrat oder der Arbeitsschutzausschuss), und Gewerkschaftsmitgliedern unterscheiden, die bestimmte Aufgaben haben (als Vertrauensleute oder andere Gewerkschaftsvertreter – siehe Abschnitt 6.3 dieses Teils 2). Die erste Kategorie wird sich auf den Informationsaustausch konzentrieren und hat überwiegend Anhörungsrechte; der zweite Personenkreis nimmt an Tarifverhandlungen teil, um Tarifverträge abzuschließen und Forderungen jedweder Art zu unterstützen. Maßnahmen zum Schutz der Arbeitnehmervertreter sollten vorrangig für letztgenannte Kategorie gelten.

Es wird ein ähnliches Regelwerk geben, das sich mit der Anzahl der Arbeitnehmervertreter bzw. Gewerkschaftsdelegierten und der Laufzeit und der Art ihres Amts befasst. Es sorgt für ein Gleichgewicht von Rechten (Beschäftigungsschutz, Fortbildungsmöglichkeiten, Privilegien und Freiheiten) und Pflichten. In gleicher Weise werden darin die Rechte und Pflichten der Arbeitgeber behandelt.

6.6.2 Bereitstellung einer effektiven Arbeitsaufsichtsbehörde

Die ordnungsgemäße Anwendung des Arbeitsrechts hängt von einer effektiven Arbeitsaufsicht ab. Die Arbeitsinspekteure untersuchen, wie nationale Arbeitsnormen im Betrieb umgesetzt werden, und beraten Arbeitgeber und Arbeitnehmer, wie sie die Anwendung nationalen Rechts in Fragen wie Arbeitszeiten, Entgelten, Sicherheit und Gesundheit am Arbeitsplatz und Beschäftigung von Kindern verbessern können. Außerdem verständigen

Arbeitsinspekteure die nationalen Behörden über Schlupflöcher und Defizite in der nationalen Gesetzgebung. Sie spielen eine wichtige Rolle bei der Gewährleistung, dass das Arbeitsrecht für alle Arbeitgeber und Arbeitnehmer gleich angewandt wird. Vieles deutet darauf hin, dass die Rolle der Arbeitsaufsicht in kleinen Firmen der wichtigste Faktor ist, der zu Veränderungen führt, aber sie hat auch in großen und multinationalen Konzernen bedeutende Wirkung.

Das ILO-Übereinkommen 81 über die Arbeitsaufsicht in Gewerbe und Handel ist ein wichtiges Referenzinstrument, das einen universellen Standard festlegt, wie eine gute Arbeitsaufsicht aussehen sollte. Die Hauptstandards im Übereinkommen sind wie folgt:

- Die Arbeitsaufsicht sollte als System organisiert werden, das alle Betriebe erfasst, in denen die Aufsichtsbeamten die gesetzlichen Vorschriften über die Arbeitsbedingungen und den Schutz der Arbeitnehmer sicherzustellen haben.
- Soweit es mit den Verwaltungsgepflogenheiten des Lands vereinbar ist, sollte die Arbeitsaufsicht der Überwachung und Kontrolle durch eine Zentralbehörde unterstehen.
- Der Arbeitsaufsicht obliegen sowohl Funktionen der Belehrung als auch der Durchführung im Zusammenhang mit Arbeitsbedingungen (wie Arbeitszeiten, Löhnen, Unfallverhütung, Gesundheitsschutz und Wohlfahrt, Beschäftigung von Kindern und Jugendlichen und anderer damit verwandter Angelegenheiten) und sie verständigt die zuständigen Stellen über Mängel oder Missbräuche, die von den bestehenden gesetzlichen Vorschriften nicht erfasst werden.
- Das Aufsichtspersonal muss aus öffentlichen Beamten bestehen, deren Stellung ihnen Stetigkeit der Beschäftigung und Unabhängigkeit von Veränderungen in der Regierung und von unzulässigen äußeren Einflüssen verbürgt.
- Die Anstellung der Aufsichtsbeamten hat ausschließlich auf Grund der Befähigung für die Erfüllung ihrer Aufgaben zu erfolgen und sie haben für die Erfüllung ihrer Aufgaben eine geeignete Ausbildung zu erhalten.
- Die Zahl der Aufsichtsbeamten muss ausreichen, um die wirksame Ausführung der Aufgaben der Arbeitsaufsicht zu gewährleisten, und ist unter anderem zu bestimmen unter Berücksichtigung der Zahl, Natur, Größe und des Standorts der unterstellten Betriebe, der Zahl der in diesen Betrieben beschäftigten Arbeitnehmer und des Umfangs sowie der Komplexität der gesetzlichen Vorschriften, deren Durchführung sicherzustellen ist.

- Sie müssen mit örtlichen Amtsräumen, Verkehrsmitteln und Messinstrumenten ausgestattet werden.
- Sie müssen mit den erforderlichen Ausweisen und rechtlichen Befugnissen verstehen sein.
- Die Betriebe sind so oft und so gründlich zu prüfen, wie zur Sicherung einer wirksamen Durchführung der einschlägigen gesetzlichen Vorschriften notwendig ist.
- Die Arbeitsaufsicht sollte die Arbeitgeber und Arbeitnehmer durch technische Aufklärung und Ratschläge über die wirksamsten Mittel zur Einhaltung der gesetzlichen Vorschriften belehren.
- In der nationalen Gesetzgebung sind angemessene Strafen für Verletzungen gesetzlicher Vorschriften, deren Durchführung den Arbeitsaufsichten obliegt, und für die Behinderung des Arbeitsaufsichtspersonals bei der Ausführung seiner Aufgaben vorzusehen und diese müssen wirksam durchgesetzt werden.
- Die operative Leistung des Arbeitsaufsichtssystems kann durch die wirksame Kooperation mit anderen, auf ähnlichen Gebieten tätigen Behörden und privaten Einrichtungen sowie mit den Arbeitgebern und Arbeitnehmern gewährleistet werden.

Eine weitere wichtige Aufgabe der öffentlichen Behörde besteht darin, alle Tarifvereinbarungen auf betrieblicher Ebene zu erfassen, zu archivieren und zu überprüfen, ob sie den gesetzlichen Vorschriften und ggf. Tarifverträgen auf höherer (d.h. sektoraler oder nationaler) Ebene entsprechen.

6.6.3 Beilegung von Streitigkeiten

Einige Länder sehen Vermittlungs- und Schlichtungsverfahren für den Fall vor, dass es zu einer Auseinandersetzung über den Abschluss eines Tarifvertrags oder dessen Änderung kommt oder ein tiefes Zerwürfnis zwischen Arbeitgeber und Arbeitnehmervertretern vorliegt, z. B. eine große organisatorische Umstrukturierung, die zu Massenentlassungen oder einem Streik geführt hat oder führen könnte. Diese professionellen Schlichter haben in der Regel einen Sonderstatus; sie müssen vor ihrer Ernennung normalerweise eine Fortbildung absolvieren und eine Prüfung bestehen (Standaert, 2005). In vielen Fällen ist der Schlichter ein Beamter, aber nicht immer; in manchen Ländern wird die Schlichtungsfunktion einem Richter übertragen, der meistens an einem Arbeitsgericht tätig ist. Solche Sachverständigen werden aufgrund ihrer Fähigkeit ausgewählt oder ernannt, Parteien mit gegenläufigen Standpunkten zu einem gemeinsamen Verständnis zu führen. Gelingt es ihnen nicht, eine Lösung zu finden, rüsten die Gewerkschaften meistens zum Streik.

Normalerweise gibt es keine gesetzlich vorgeschriebene Schlichtung, die zu einem verbindlichen Spruch gegen den Willen einer der Parteien führt. Einen solchen bindenden Schlichterspruch, was betriebliche Tarifvereinbarungen betrifft, gibt es nur in Griechenland; ein funktionales Äquivalent wäre das Einschreiten der Regierung, wie es manchmal in Dänemark geschieht. In diesen Fällen ist der Verhandlungsanreiz größer, da die Arbeitgeber sich dem Spruch eines Dritten beugen müssen, wenn sie keine Einigung erzielen (Rebhahn, 2003).

6.6.4 Anerkennung von Fähigkeiten und Kompetenzen

Die Anerkennung der Bedeutung und Relevanz von Kenntnissen, die außerhalb formeller schulischer und beruflicher Bildungseinrichtungen erworben werden, hat sich in den letzten Jahren zu einer immer wichtigeren Säule der Berufsbildungspolitiken in Europa entwickelt. Systeme zur Anerkennung erworbener Kompetenzen sind ein wichtiges Merkmal dieser neuen Politiken. Es ist empfehlenswert, dass die Regierungen und Sozialpartner in die Bestätigung der von Betriebsräten und Gewerkschaftsvertretern erworbenen Kompetenzen und Fähigkeiten investieren. Eine erste Diskussion zu diesem Thema findet sich bei Solidar (2012).

7 Strukturelle Modalitäten der effektiven paritätischen Konsultation

Alle EU-Mitgliedstaaten haben gesetzliche Bestimmungen zur Einbettung des betrieblichen sozialen Dialogs in eine institutionelle Struktur formuliert. Es bestehen jedoch große Unterschiede zwischen den konkreten Rahmen und Verfahren. Ein Ausgangspunkt ist allen EU-Mitgliedstaaten gemein: Damit betriebliche Ausschüsse effektive Instrumente zur Anhörung sein können, müssen Vertreter der Geschäftsleitung und der Arbeitnehmer daran beteiligt sein. Es ist gängige Praxis, dass die beiden Fraktionen in etwa gleich groß sein sollten, auch wenn es keine 50/50-Aufteilung sein muss. Die Länder wenden unterschiedliche Verfahren zur Bestimmung der Zusammensetzung formeller betrieblicher Gremien für den sozialen Dialog und ihrer Arbeitsweise an.

7.1 Zusammensetzung paritätischer Ausschüsse: Verschiedene Formeln

Ein erster Diskussionspunkt ist, ob Arbeitnehmervertreter einer Gewerkschaft angehören müssen. Es gibt einige Argumente, die dafür sprechen: Wenn es darum geht, die Arbeitnehmerrechte zu verteidigen, ist und bleibt es ein hohes Gut, einer formellen Organisation anzugehören, die über zahlreiche Ressourcen und spezialisierte Mitarbeiter verfügt, um betriebliche Arbeitnehmervertreter zu schulen und zu beraten. Sie können bei Bedarf deren Rechte verteidigen und zu Hilfe geholt werden, wenn die Situation schwierig wird und Verhandlungen auf eine höhere Ebene getragen werden, wo sich die oberste Unternehmensleitung oder Fachberater einschalten. Aber der Freiheit, einer Gewerkschaft beizutreten (manchmal als *positive* Vereinigungsfreiheit bezeichnet) sollte die Freiheit gegenüberstehen, keiner Gewerkschaft anzugehören und dennoch gehört zu werden und seine Meinung äußern zu können. Dies wird gemeinhin als *negative* Vereinigungsfreiheit bezeichnet (Vanachter, ohne Datumsangabe). Deshalb halten wahrscheinlich einige Mitgliedstaaten wie Deutschland oder die Niederlande an einer gemischten Zusammensetzung der Arbeitnehmerbank in formellen paritätischen Ausschüssen fest. In mancher Hinsicht ist es ein problematisches Konzept für die Gewerkschaften: In niederländischen Unternehmen, wo in den 1990er Jahren gut ein Drittel der Arbeitnehmervertreter in Betriebsräten nicht gewerkschaftlich organisiert war, hat sich dieser Anteil inzwischen verdoppelt und liegt bei ungefähr zwei Dritteln – selbst in staatlichen Einrichtungen.[13]

Betriebsrat oder Gewerkschaftspräsenz?

Walters et al. (2007) haben die Wirkung von Arbeitsschutzausschüssen untersucht und herausgefunden, dass es eindeutig besser ist, wenn diese zumindest einige Mitglieder haben, die von Gewerkschaften ausgewählt werden, was nahelegt, dass die Gewerkschaft eine vermittelnde Wirkung auf die Sicherheit hat und sich die Präsenz von Arbeitsschutzbeauftragten förderlich auswirkt. Unsere eigene Untersuchung des Einflusses der Arbeitnehmervertretung anhand der Daten der Europäischen Unternehmenserhebung 2009 hat gezeigt, dass diese Frage unter dem Aspekt der Ressourcen betrachtet werden sollte. Die Beteiligung an und Beeinflussung von Führungsentscheidungen gehen Hand in Hand mit den Mitteln, die Arbeitnehmervertreter bezüglich der Bereitstellung hochwertiger Informationen, regelmäßiger Fortbildung und Freistellung haben. Die Verfügbarkeit eines Betriebsrats und die Gewerkschaftsstärke wirken sich positiv auf den Umfang dieser Ressourcen aus (Van Gyes, 2010).

In einigen Ländern (wie dem Vereinigten Königreich) haben Unternehmen das Recht, die Arbeitnehmervertreter auszuwählen. Sie können frei über die Größe der Arbeitnehmerbank und deren Verteilung über die verschiedenen Sparten des Unternehmens hinweg entscheiden und dabei die Gleichbehandlung von Männern und Frauen und die ethnische Zugehörigkeit berücksichtigen oder außer Acht lassen. In anderen Ländern werden Wahlen bzw. Abstimmungen durchgeführt (die oft als Sozialwahlen bezeichnet werden). Dabei schlagen die Branchen- oder Betriebsgewerkschaften Kandidaten für eine Liste vor, die durch nicht gewerkschaftlich organisierte Bewerber ergänzt werden kann oder nicht. Letztendlich ist es unabhängig von einengenden Regelwerken „die günstigste Option, ein transparentes Wahlverfahren unter den nicht gewerkschaftlich organisierten Arbeitnehmern und ggf. unter gemischten, gewerkschaftlich organisierten und nichtorganisierten Mitarbeitern durchzuführen, um zu vermeiden, dass die Betriebsratsmitglieder nur als Handlager der Geschäftsleitung gesehen werden" (Dix & Oxenbridge, 2003).

---

13 http://www.zeggenschap.info/actueel/nieuwsdetail/107

Ein konkretes Beispiel: Das Verfahren zur Wahl der Arbeitnehmervertreter in französischen Betriebsräten
(Laulom, 2012)

In Frankreich ist vorgeschrieben, dass alle Firmen ab 50 Beschäftigten einen Betriebsrat gründen müssen. Der französische Betriebsrat ist ein paritätisches Gremium, in dem die Anzahl der für die gewählten Arbeitnehmer verfügbaren Sitze von der Gesamtbelegschaft des Unternehmens abhängt – sie kann von drei bis fünfzehn reichen. Damit diese Vertreter bestimmt werden können, muss jede Firma mit mindestens 50 Mitarbeitern Betriebsratswahlen abhalten. Es obliegt dem Arbeitgeber, die Organisation dieser Wahlen einzuleiten, indem er alle repräsentativen Gewerkschaften aufruft, eine Liste von Kandidaten vorzulegen.

Das Wahlverfahren ist gesetzlich geregelt. Auch wenn die Bestimmungen seit 2008 gelockert wurden, haben die Gewerkschaften (die nicht mehr zwangsläufig „repräsentative" Gewerkschaften sind) weiterhin ein Monopol bei den Bewerbungen für den ersten Wahlgang. Falls keine ausreichende Anzahl von Gewerkschaftsvertretern gewählt wird oder weniger als 50% der Stimmberechtigten wählen, muss es einen zweiten Wahlgang geben. Beim zweiten Wahlgang darf jeder kandidieren, also kann sich jeder Mitarbeiter, der die Bedingungen erfüllt, zur Wahl aufstellen lassen. In der Praxis entfallen etwa 20-25% der abgegebenen Stimmen auf die nicht gewerkschaftlich organisierten Bewerber.

Die Wahlen finden während der Arbeitszeit und im Unternehmen statt. Der Arbeitgeber muss Wahlurnen und Wahlkabinen stellen, um eine geheime Abstimmung zu gewährleisten. Im Allgemeinen werden die Betriebsräte für eine Amtszeit von vier Jahren gewählt.

Manche Autoren halten eine Abkehr vom Grundsatz, dass die Zusammensetzung eines Betriebsrats möglichst hohe Kontinuität aufweisen sollte, für ratsam. Vreeken & Van Rijn (2001) meinen, dass ein Gleichgewicht zwischen neuen und erfahrenen Mitgliedern ein wichtiges Merkmal sei, damit paritätische Plattformen funktionieren. Ein Gewerkschaftsvertreter, der mehrere Amtszeiten nacheinander absolviert, läuft Gefahr, nur noch als Anhang des Managements gesehen zu werden und den Kontakt mit den Arbeitnehmern zu verlieren, die er vertritt.

Andererseits kann ein einzelner Arbeitgeber sich bisweilen einer beeindruckenden Anzahl von Gewerkschaften gegenübersehen. In Unternehmen in Ländern wie Frankreich oder Belgien können leicht sechs oder mehr verschiedene Gewerkschaften am Tisch sitzen. Im schlimmsten Fall können mehrere Sprecher unterschiedliche Forderungen vertreten, was es einem paritätischen Ausschuss extrem erschwert, Kompromisse zu finden (Bury, 2003). Ein Weg ist, den einzelnen Fraktionen die Möglichkeit zu geben, Vorbereitungssitzungen abzuhalten, um ihre Standpunkte abzustimmen und eine gemeinsame Sichtweise zu erreichen.

Was die Vertretung der Unternehmensleitung in paritätischen Ausschüssen betrifft, ist es sehr wichtig, dass sich die höchste Führungsebene dem paritätischen Gremium verpflichtet. Dies kann am besten erreicht werden, indem die Sitzungen von einer Führungskraft mit beträchtlichen Entscheidungsbefugnissen geleitet wird, deren Vorsitz andererseits jedoch nicht als einschüchternd oder übermäßig autoritär empfunden wird. In vielen Ländern sehen die gesetzlichen Vorschriften (theoretisch) diese hochrangige Beteiligung der Unternehmensleitung vor. Die Teilnahme von hochkarätigen Experten (Leiter des Personalwesens, Sicherheitsbeauftragter, Arbeitsmediziner ...) erweist sich oft als förderlich und gewährleistet, dass die Beratung und Beschlüsse fundiert sind.

Eine wichtige Frage: Fachwissen oder Repräsentativität?

In jedem vertretungsbasierten Dialog-/Verhandlungssystem stellt sich folgende Kernfrage: Entscheidet man sich für die Fachkenntnis oder ist die Repräsentativität das entscheidende Kriterium? Bewertet man den ersten Grundsatz höher, würde dies bedeuten, dass beide Parteien kompetente, kreative und kundige Vertreter in den paritätischen Ausschuss entsenden, die unterschiedlichste Vorschläge und Kompromisse einbringen können. Entscheidet man sich für die zweite Formel, bedeutet dies, dass man der Legitimität Vorrang gibt, um unternehmensweite Unterstützung für die Ergebnisse des Verhandlungsprozesses zu sichern. Die spärliche Datenlage in der Literatur scheint nahezulegen, dass man kaum beides haben kann: Die Kreativität leidet bei der Suche nach Lösungen, die eine dauerhafte Akzeptanz sichern (Berveling, 1998). Wenn es als wahrscheinlich gilt, dass der Verhandlungsprozess zu einem Ergebnis führt, das von vielen Mitarbeitern abgelehnt werden könnte, zum Beispiel wenn eine große Umstrukturierung ansteht, ist es klug, eine Abordnung von Vertretern zu bilden, die die Unterstützung eines Großteils der Arbeitnehmer hat, weil sie zum Beispiel durch eine Art von Wahlverfahren bestimmt wurde. Andere Studien (z. B. Vreeken & Van Rijn, 2001) stellen außerdem fest, dass die Repräsentativität für die effiziente Arbeit eines Betriebsrats wichtig ist.

7.2 Arbeitsmodalitäten

7.2.1 Ständige Gremien

Regelmäßige Sitzungen sind für die effektive Arbeit jedes Gremiums des sozialen Dialogs wichtig, damit dessen dauerhafte Relevanz und Nachhaltigkeit gewährleistet sind. Eine Geschäftsordnung, die vorzugweise schriftlich festgehalten wird, ist für effektive Diskussionen unerlässlich. Ein solches Dokument kann ggf. die folgenden Vereinbarungen enthalten:
- Wahl/Ernennung der Vorsitzenden auf Arbeitgeber- und Arbeitnehmerseite (wenn dies nicht gesetzlich geregelt wird)
- Festlegung der Tagesordnung und Genehmigung des Protokolls
- Ob ein Quorum verlangt wird, damit die Beschlüsse oder Empfehlungen der Sitzung gültig sind (und ggf. die Anzahl der Mitglieder, die dazu auf beiden Seiten erforderlich sind)
- Vereinbarungen über die Häufigkeit, die Dauer und den Ort der Sitzungen
- Umgang der Mitglieder mit finanziellen und vertraulichen Informationen
- Bildung von Unterausschüssen oder Arbeitsgruppen innerhalb des Gremiums, deren Themen und ihre Berichterstattung gegenüber dem Plenum
- Bei Bedarf Abstimmungsverfahren (unter anderem: Definition einer Mehrheit, sowohl für die Arbeitnehmer- wie die Arbeitgebervertreter)
- Bei Bedarf Festlegung, wie das Protokoll veröffentlicht wird, und Umgang mit Themen, die persönliche Fragen berühren
- Vorgehensweise für die Information aller Ebenen im Unternehmen über die Inhalte der Sitzung und Eigenständigkeit der Arbeitnehmervertreter in dieser Hinsicht (D'Hoogh & Derijcke, 2003)
- Verfahren für die Festlegung der Tagesordnung, den Entwurf und die Änderung des Protokolls (und ggf. der zu verwendenden Sprache) und Einigung darüber, ob es zulässig ist, Themen zu diskutieren, die nicht auf der Tagesordnung stehen. Es muss besondere Sorgfalt aufgewandt werden, um klarzustellen, ob es sich bei einer Aussage um eine Empfehlung, eine persönli-

che Meinung (eines Einzelnen oder einer Gruppe) oder eine Entscheidung handelt (des Vorsitzenden oder mit einer (qualifizierten oder einfachen) Mehrheit oder einstimmig getroffen)
- Ob die Arbeitnehmervertreter berechtigt sind, eine vorbereitende Sitzung abzuhalten, die es ihnen ermöglicht, einen gemeinsamen Standpunkt zu erreichen
- Ein Verfahren zur Einberufung außerordentlicher Sitzungen, wenn unerwartete, wichtige und dringliche Themen auftreten
- Inwiefern Mitglieder, die verhindert sind, durch Stellvertreter ersetzt werden können
- Inwiefern es gestattet ist, Sachverständige aus dem Unternehmen oder von extern zu Sitzungen einzuladen, sowohl auf der Gewerkschafts- wie auf der Arbeitgeberseite.

7.2.2 Ad-hoc-Gremien

Viele der oben genannten Grundsätze gelten auch für *Ad-hoc*-Gremien, die meistens nur für einen bestimmten Zeitraum tagen und gebildet werden, um ein spezifisches Thema zu behandeln. Dieses konkrete Thema sollte für alle Teilnehmer deutlich umrissen werden. Gleiches gilt für die Art der Ergebnisse, die von den Diskussionen erwartet werden, und deren Status.

Eine traditionelle Aufgabenverteilung zwischen einem ständigen Gremium und einer Arbeitsgruppe oder einem *Ad-hoc*-Gremium ist, dass Entscheidungen der Geschäftsleitung und strategische Optionen im paritätischen Ausschuss besprochen werden, während sich der Unterausschuss oder die Kommission mit der Festlegung der konkreten Verfahren, der Umsetzung der operativen Pläne und der Bewertung der durchgeführten Maßnahmen befasst. Oder die Mitglieder beschäftigen sich ausschließlich mit einem Teilaspekt: Einige Unternehmen richten beispielsweise Arbeitsgruppen für Ergonomie oder für psychosoziale Risiken ein, die in diesem Bereich geplante Aktivitäten begleiten. Die Sitzungen dieser Gruppe sollen die Arbeit des gesamten Arbeitsschutzausschusses oder des Betriebsrats ergänzen.

Es ist wichtig, die Arbeit dieser zeitlich befristeten Gremien irgendwann formell abzuschließen. Dies sollte sich nicht nur auf den Abschluss und die Übergabe des gewünschten Ergebnisses beschränken. Wertschätzung für die Beiträge aller Beteiligten kann dadurch zum Ausdruck gebracht werden, dass man etwas zusammen trinkt, oder auch durch ein informelles Mittagessen.

7.3 Notwendige Ressourcen der Arbeitnehmervertreter

7.3.1 Schutz vor unfairer Behandlung

Es birgt potenzielle Risiken für den Einzelnen, sich zu Wort zu melden. Daher ist eines der Rechte, für das sich Gewerkschaften besonders einsetzen, der Schutz ihrer Mitglieder vor diskriminierender Behandlung durch den Arbeitgeber aufgrund ihrer Tätigkeit als Arbeitnehmervertreter. Dies wird dadurch begründet, dass man bei der Verteidigung von Arbeitnehmerechten die Möglichkeit haben sollte, frei und offen zu sprechen, und daher wird ein gewisses Maß an Schutz vor Einschüchterung oder gar unfairer Kündigung als vertretbar erachtet. Ein solches Phänomen ist das Erstellen einer „schwarzen Liste", auf der das Unternehmen Informationen über Gewerkschaftsmitglieder sammelt, um sich und andere Firmen in die Lage zu versetzen, Beschäftigte oder Jobbewerber aufgrund ihrer Gewerkschaftsmitgliedschaft oder Tätigkeiten zu benachteiligen.

Ein Beispiel: Bei einer jüngsten Umfrage unter 148 deutschen hauptamtlichen Gewerkschaftern nannten 59% Fälle, in denen der Arbeitgeber versuchte, die Wahl eines Betriebsrats zu be- oder verhindern. Sie beschrieben insgesamt 241 Fälle. In 73% dieser Fälle bestand die vorrangige Strategie darin, mögliche Bewerber einzuschüchtern, während in 24% der Fälle die Bewerber ihren Arbeitsplatz verloren (Behrens & Dribbusch, 2014).

Die meisten EU-Mitgliedstaaten haben gesetzliche Bestimmungen, die die Rechte der Arbeitnehmervertreter schützen. Auch hier gibt es große Unterschiede zwischen den Ländern. In Portugal ist die Anzahl der Gewerkschaftsdelegierten in Betriebsräten und Ausschüssen für die Gesundheit und Sicherheit am Arbeitsplatz nicht beschränkt (die Entscheidung obliegt den Gewerkschaften selbst), aber es gibt eine gesetzliche Obergrenze für die Anzahl der Vertreter, die Sonderrechte und Schutz genießen. Sie hängt von der Anzahl der Gewerkschaftsmitglieder im Unternehmen ab und reicht von einem Delegierten (in Unternehmen mit weniger als 50 Mitgliedern) bis zu sechs (in Unternehmen mit bis zu 499 Gewerkschaftsmitgliedern); in größeren Unternehmen erhält je 200 zusätzlichen Mitgliedern je ein weiterer Vertreter Schutz (Jevtic, 2012).

Ein anderes stringenteres und absolutes Beispiel sind die Niederlande. Um die Position der Betriebs- und Ausschussmitglieder zu schützen, ihre Unabhängigkeit zu wahren und mögliche Vergeltungsmaßnahmen durch den Arbeitgeber zu verhindern, sieht das Betriebsverfassungsgesetz den Schutz vor Benachteiligung vor. Dies kann Benachteiligung bei Arbeitsplatzmöglichkeiten, Beschäftigungsbedingungen, unfreiwillige Versetzungen in andere Unternehmensteile, Aussetzen oder Nichtverlängerung eines befristeten Arbeitsvertrags, der ansonsten verlängert worden wäre, bedeuten. Außerdem bietet das niederländische Zivilrecht gesetzlichen Kündigungsschutz. Bei Betriebsratsbewerbern oder früheren Betriebsrats- oder Ausschussmitgliedern können Arbeitgeber den Arbeitsvertrag nur schriftlich nach vorheriger gerichtlicher Genehmigung kündigen. Das Gericht wird einer solchen Kündigung nur dann stattgeben, wenn es davon überzeugt ist, dass der Kündigungsgrund nicht mit der Kandidatur oder früheren Mitgliedschaft zusammenhängt.

7.3.2 Informationsrechte

Die Unterrichtung wird von den Wissenschaftlern als Vorbedingung für die effektive Vertretung der Arbeitnehmer betrachtet. Knudsen (1995) argumentiert, dass es nicht ausreicht, über eine Entscheidung unterrichtet zu werden, um davon sprechen zu können, dass man sie beeinflussen kann, aber dass es notwendig ist, die Informationen zu erhalten, um Einfluss auszuüben. Ist man über die Pläne der Geschäftsleitung schlecht informiert, kann man diese nicht beeinflussen. Das Informationsrecht ist daher ein Kernaspekt der EU-Richtlinie über Unterrichtung und Anhörung.

7.3.2.1 Wesentliche strukturelle Merkmale

In der Europäischen Unternehmenserhebung – Arbeitnehmervertretung auf Betriebsebene in Europa – wurde eine Reihe von Fragen aufgenommen, die den Inhalt und qualitativen Umfang der Informationen erfassen sollen, die Arbeitnehmervertreter erhalten. Werden Arbeitnehmervertreter regelmäßig über 1) die wirtschaftliche und finanzielle Situation des Unternehmens und 2) die Beschäftigungslage unterrichtet? Werden diese Informationen rechtzeitig, unaufgefordert und ausreichend detailliert bereitgestellt und wie häufig werden sie als vertraulich eingestuft?

Tabelle 7.1 Häufigkeit der Bereitstellung wesentlicher Informationen an die Arbeitnehmervertreter (%)

Informationsthema	Mindestens monatlich*	Mehrmals pro Jahr *	Einmal im Jahr *	Seltener als einmal im Jahr *	Nie*
Wirtschafts- und Finanzlage des Unternehmens	28%	38%	18%	3%	11%
Beschäftigungssituation	35%	37%	14%	3%	11%

* % der Arbeitnehmervertretungen
Quelle: Europäische Unternehmenserhebung, 2009, Arbeitnehmervertretung, gewichtete Daten, alle Länder

Generell kann die grundlegende Qualität der Informationsweitergabe in Europa positiv bewertet werden. 85% der Arbeitnehmervertreter erhalten zumindest einmal im Jahr Informationen zur Wirtschafts-, Finanz- und Beschäftigungssituation des Unternehmens, 11% nie. Jeder dritte Arbeitnehmervertreter wird monatlich zur Beschäftigungslage unterrichtet. 66% erhalten zumindest mehrmals pro Jahr Einblick in die Wirtschafts- und Finanzlage des Unternehmens. Nur 17% der Arbeitnehmervertreter sehen sich häufig mit Vertraulichkeitsklauseln konfrontiert. Zwei von drei sagen, dass die Informationen in der Regel rechtzeitig und unaufgefordert bereitgestellt werden, fast Dreiviertel meinen, dass die Informationen für gewöhnlich ausreichend detailliert sind.

Tabelle 7.2 Qualität der den Arbeitnehmervertretern bereitgestellten Informationen (%)

	Häufig*	Manchmal*	Praktisch nie*
Als vertraulich eingestufte Informationen	17%	41%	42%
Rechtzeitige, unaufgeforderte Information	67%	33%	
Ausreichend detaillierte Informationen	74%	26%	

* % der Arbeitnehmervertreter
Quelle: Europäische Unternehmenserhebung, 2009, Arbeitnehmervertretung, gewichtete Daten, alle Länder

7.3.2.2 Bedeutung von Wirtschafts- und Finanzdaten

Bei den bereitgestellten Informationen spielen Wirtschafts- und Geschäftsdaten eine zentrale Rolle. Wir zitieren das Beispiel Frankreichs.

> **Fallbeispiel: Die Unterrichtungsrechte der französischen Arbeitnehmervertreter in französischen Betriebsräten (Laulom, 2012)**
>
> Nach dem französischen Arbeitsgesetzbuch besteht der Zweck des Betriebsrats darin, „die Ansichten der Arbeitnehmer kollektiv zu äußern, damit ihre Interessen bei Entscheidungen, die die Führung des Unternehmens und dessen wirtschaftliche und finanzielle Entwicklung, die Arbeitsorganisation, Berufsbildung und Herstellungsverfahren betreffen, stets berücksichtigt werden können." Bei allen diesen Fragen verleiht das französische Recht den Betriebsräten umfangreiche Rechte auf Unterrichtung und Anhörung.

Die Rechtsvorschriften zu diesen Fragen sind sehr detailliert: Das Arbeitsgesetzbuch nennt die Unterlagen, die Unternehmen den Betriebsräten zur Verfügung stellen müssen, und zu welchen Zeitpunkten/mit welcher Frequenz. Erstens schreibt das Gesetz vor, dass die Arbeitgeber neu gewählten Betriebsräten kurz nach ihrer Wahl eine Reihe von Informationen übermitteln müssen. Der Inhalt dieser einführenden Informationen wird detailliert beschrieben: Organisation des Unternehmens, die Geschäftsaussichten in näherer Zukunft, die Verteilung des Kapitals unter den Anteilseignern, die mehr als 10% der Anteile halten... Danach sollte der Arbeitgeber in regelmäßigen Abständen detaillierte Informationen liefern, die von der Unternehmensgröße abhängen. Die wichtigsten Informationen umfassen:
- Einen allgemeinen Jahresbericht über die Unternehmenstätigkeit und Finanzlage
- Einen Jahresbericht über die Entgeltentwicklung
- Informationen über Verbesserungen, Veränderungen oder den Ersatz von Anlagen
- Analyse der Beschäftigungssituation
- Jährlicher Sozialbericht mit Informationen zur Beschäftigung, den Arbeitsbedingungen, Gesundheit und Sicherheit, Fortbildung, Arbeitsbeziehungen und sogar zu den Lebensbedingungen der Arbeitnehmer
- Informationen zur Berufsausbildung
- Information zu üblichen Arbeitsbedingungen (z. B. Überstunden, Änderungen bei Bezahlungsmethoden, Einführung neuer Technologien...)

Darüber hinaus können auch Informationen über jedwede andere Art von Ereignissen erteilt werden, die sich auf das Unternehmen auswirken können. Dazu sagt das französische Arbeitsgesetzbuch: „Der Betriebsrat ist zu Fragen zu unterrichten und anzuhören, die sich auf die Organisation, Leitung und allgemeine Entwicklung des Unternehmens auswirken, und insbesondere zu Maßnahmen, die den Umfang oder die Struktur der Arbeitnehmerschaft oder die Arbeitszeiten der Mitarbeiter, die Beschäftigung, Arbeits- und Berufsausbildungsbedingungen betreffen."

7.3.2.3 Förderung durch Einbindung von Sachverständigen

Wie die gesetzlichen Vorschriften vieler EU-Mitgliedstaaten zeigen, scheint die Einbindung von Sachverständigen eine wesentliche Vorbedingung zu sein, um den Informationsprozess über Geschäftsfragen für die Arbeitnehmervertretungen zu erleichtern. Bei der Europäischen Unternehmenserhebung 2013 wurden die Arbeitnehmervertreter gefragt, ob sie Zugang zu Finanzmitteln für externe Beratung haben. Solche Finanzmittel können aus unterschiedlichen Quellen stammen, wie der Gewerkschaft, staatlichen Zuschüssen oder direkt vom Arbeitgeber. 37% der Arbeitnehmervertreter berichteten, dass sie Zugang zu solchen Finanzmitteln haben. Die Verfügbarkeit solcher Mittel scheint jedoch stark vom jeweiligen Land abzuhängen. Über 85% der Arbeitnehmervertreter in Deutschland, Ungarn und Zypern haben Finanzmittel für externe Beratung, verglichen mit weniger als 15% in Finnland, Italien, Malta, Portugal und Rumänien (Eurofound, 2015).

Ein Beispiel: In Frankreich hat der Betriebsrat das Recht, einen externen Sachverständigen zu beauftragen, der vom Arbeitgeber bezahlt wird, um den Betriebsrat zur Finanz- und Wirtschaftslage des Unternehmens zu beraten. In Belgien wird die Einbindung eines Sachverständigen *(„appel à un expert")* teilweise dadurch gewährleistet, dass dem Betriebsrat im Hinblick auf den externen Wirtschaftsprüfer eine besondere Rolle zukommt. In Belgien kann der gesetzlich vorgeschriebene Prüfer nicht ohne vorherige Zustimmung des Betriebsrats (wieder-)bestellt werden. Der Betriebsrat stimmt mit einfacher Mehrheit ab, aber die Mehrheit muss auf beiden Seiten (d.h. Arbeitgeber- und Arbeitnehmerbank) erzielt werden.

Der externe Wirtschaftsprüfer hat dem belgischen Betriebsrat gegenüber drei Aufgaben:
- *Bericht zum Jahresbericht.* Der Wirtschaftsprüfer ist verpflichtet, einen Bericht zum gesetzlich vorgeschriebenen Jahresbericht des Unternehmens und zum Lagebericht des Vorstands zu erstellen, der dem gesetzlichen Prüfbericht ähnelt.
- *Prüfung der von der Geschäftsleitung bereitgestellten Informationen.* Der gesetzliche Prüfer muss einen spezifischen schriftlichen Bericht erstellen, um die Vollständigkeit und Genauigkeit der Wirtschafts- und Finanzdaten zu bestätigen, die die Geschäftsleitung dem Betriebsrat gibt, sofern diese Informationen aus den Büchern und Jahresberichten des Unternehmens oder anderen überprüfbaren Quellen stammen.
- *Pädagogische Rolle.* Erläuterung und Analyse der Bedeutung von Wirtschafts- und Finanzdaten für die Finanzstruktur und Entwicklung der Finanzlage der Einheit, vor allem gegenüber den von den Arbeitnehmern bestimmten Vertretern. Dies kann mündlich oder durch entsprechende Erläuterungen erfolgen.

Außerdem: Kommt der gesetzlich vorgeschriebene Prüfer zu dem Schluss, dass er die Bestätigung der Vollständigkeit und Richtigkeit der Finanzinformationen nicht aussprechen kann, muss er den Vorstand darüber in Kenntnis setzen. Reagiert der Vorstand nicht innerhalb von Monatsfrist nach dieser Mitteilung, muss der Wirtschaftsprüfer den Betriebsrat in Eigeninitiative informieren. Es ist jedoch Aufgabe der Geschäftsleitung, dem Betriebsrat die Finanzinformationen zu geben. Der Prüfer muss das Berufsgeheimnis wahren und kann bei der Unterrichtung über die Wirtschafts- und Finanzdaten nicht an die Stelle der Geschäftsleitung treten. Die Rolle des Prüfers besteht nur darin, den Betriebsratsmitgliedern zu helfen, die von der Geschäftsleitung erteilten Informationen zu verstehen und zu interpretieren. Wird er dazu eingeladen, muss der Prüfer an den Sitzungen des Betriebsrats teilnehmen. Er kann auch zu vorbereitenden internen Sitzungen der Arbeitnehmerseite im Betriebsrat eingeladen werden und daran teilnehmen. Der gesetzliche Prüfer kann die Einladung annehmen und unterrichtet ggf. den arbeitgeberseitigen und den arbeitnehmerseitigen Vorsitzenden des Betriebsrats über seine Absicht.

Tabelle 7.3   Bedeutung des externen Wirtschaftsprüfers bei der Unterrichtung des Betriebsrats über Finanz- und Wirtschaftsdaten in Belgien

	% Nicht wichtig	% Neutral	% Relativ wichtig	% Sehr wichtig	% Extrem wichtig
Arbeitnehmervertreter	2	2	16	46	36
Arbeitgebervertreter	8	8	38	41	5

Quelle: Erhebung von HIVA über externe Wirtschaftsprüfer und Betriebsräte, 2009 (Gallez et al., 2010)

Untersuchungen von HIVA zur Rolle der externen Wirtschaftsprüfer zeigen, dass diese Arbeit von der Arbeitnehmer- und Arbeitgeberseite des Betriebsrats als wichtig und sinnvoll angesehen wird.

7.3.2.4 Vertraulichkeit

Erhält ein Betriebsrat Geschäftsinformationen, bedeutet dies auch, dass man darüber nachdenken muss, welche Arten oder Teile von Informationen als vertraulich einzustufen sind. Auch hier haben die meisten EU-Mitgliedstaaten Rechtsvorschriften zur Vertraulichkeit und den dazugehörigen Verfahren. In der Europäischen Unternehmenserhebung von 2009 sagten nur 17% der Arbeitnehmervertreter, dass sie häufig mit der vertraulichen Einstufung von Unterlagen konfrontiert seien. Es ist dennoch ein wichtiges Thema im betrieblichen sozialen Dialog, das angemessene Regeln und Absprachen erfordert. Das niederländische Betriebsverfassungsgesetz ist in dieser Hinsicht sehr aufschlussreich.

Die niederländischen Betriebsräte und Ausschussmitglieder sowie hinzugezogene Sachverständige sind gesetzlich verpflichtet, alle Geschäftsinformationen und -geheimnisse vertraulich zu behandeln, von denen sie in ihrer Funktion als Betriebsrats- oder Ausschussmitglieder Kenntnis erlangen. Darüber hinaus kann das Unternehmen die Geheimhaltung in allen Fragen vorschreiben, deren vertraulicher Charakter offensichtlich ist. In diesem Fall muss das Unternehmen die ausdrückliche und erweiterte Geheimhaltungspflicht im Vorfeld ankündigen und den Umfang der Geheimhaltungspflicht begründen. Da die Geheimhaltung den Betriebsrat bei der Anhörung der Belegschaft behindern kann, sollte jede Geheimhaltungsverpflichtung sorgsam abgewogen werden. Andererseits sollte darauf hingewiesen werden, dass Betriebsrats- oder Ausschussmitglieder und Sachverständige nach dem Gesetz eine Geheimhaltungsverpflichtung nicht zurückweisen können. Damit lässt das niederländische Gesetz der Geschäftsleitung Spielraum, die Geheimhaltungsklausel unilateral zu nutzen, ist andererseits aber sehr offen in der Frage der (restriktiven) Anwendung dieser Regel.

7.3.3 Freistellung

Arbeitnehmervertreter brauchen ausreichend Zeit, um sich mit allen Beschäftigten zu besprechen, über ihre Beobachtungen nachdenken und darüber berichten zu können. In einigen EU-Mitgliedstaaten schreibt die Gesetzgebung in der einen oder anderen Form vor, dass den Gewerkschaftsvertretern alle Mittel zur Verfügung zu stellen sind, die sie benötigen, um ihre Arbeit angemessen ausführen zu können. Einige Länder haben dies in Form strenger Vorschriften geregelt. In Frankreich haben Gewerkschafts- und Betriebsratsvertreter in Unternehmen ab 50 Beschäftigten zum Beispiel Anspruch auf 15 Stunden Freistellung pro Monat, in denen sie ihre Pflichten als Arbeitnehmervertreter erfüllen können. In Portugal darf ein Gewerkschaftsausschuss alle Beschäftigten in der Arbeitszeit zu einer Versammlung einladen, sofern die Benachrichtigung mit 48 Stunden Vorlauf erfolgt und die Versammlung keinen Eingriff in wesentliche betriebliche Abläufe darstellt; die Gesamtzeit für solche Versammlungen darf fünf Stunden pro Jahr nicht überschreiten (Jevtic, 2012).

Andererseits sollte vermieden werden, dass sich die Arbeitnehmervertreter zu sehr vom Alltag im Betrieb entfernen, was in Großunternehmen allzu häufig passiert oder auch dort, wo hauptamtliche Gewerkschaftsvertreter ein Büro in einem anderen Teil des Unternehmens und umfangreiche administrative Unterstützung erhalten. Eine Methode besteht darin, den Gewerkschaftsvertretern die Möglichkeit zu geben, regelmäßig Fokusgruppen im Betrieb abzuhalten. Eine Fokusgruppe ist ursprünglich eine Form der Marktforschung, bei der sich eine kleine Gruppe zu geführten Gesprächen und Interviews trifft, um Meinungen zu bestimmten Produkten oder Dienstleistungen abzufragen; diese Formel kann in einen Ansatz für die Gewerkschaftsarbeit umgewandelt werden, wobei in diesem Fall eine Fokusgruppe eine gemischte Gruppe von Mitarbeitern wäre, deren Zusammensetzung die Belegschaft des Unternehmens widerspiegelt und die sich freiwillig trifft, um die Themen hervorzuheben, die „sie am meisten beschäftigen" (De Kreij, 2003). Tatsächlich können Gewerkschaftsdelegierte nur dann effektiv verhandeln, wenn sie sich der Probleme und Einstellungen ihrer Kollegen bewusst sind. Nur dann können die Arbeitnehmervertreter klare Standpunkte vertreten, die sie auch hinterher den von ihnen vertretenen Arbeitnehmern gegenüber verteidigen können. Eine Situation, in der die Gewerkschaftsseite nach Erzielen einer Einigung unter allen Beteiligten, das Ergebnis ihren Mitgliedern gegenüber nicht vertreten kann, ist tunlichst zu vermeiden (Burie, 2003).

Man könnte es als gute Praxis ansehen, die Ernennung hauptamtlicher Arbeitnehmervertreter zu vermeiden. Eine mögliche Faustregel wäre, einige Arbeitnehmervertreter einen Tag pro Woche von ihren normalen Aufgaben zu entbinden (Bruinsma, 2002). Außerdem kann es möglichen Karrierechancen abträglich sein kann, wenn man zu lange hauptamtlicher Arbeitnehmervertreter ist (Broekman et al., 2003). Es könnte das Potenzial der Arbeitnehmervertreter auf dem Arbeitsmarkt mindern, da sie vielleicht nicht mehr auf dem letzten Stand der Entwicklungen in ihrem jeweiligen Gebiet sind oder schlicht und ergreifend ihre Fertigkeiten verloren haben.

Um Missbrauch auf beiden Seiten zu vermeiden, ist es sinnvoll, Vereinbarungen darüber zu treffen, wie die Arbeitnehmervertreter ihre Rolle ausüben und das untere Management über diese Leitlinien zu unterrichten. Eine aktive Rolle als Arbeitnehmervertreter erfordert häufig, dass man sich von den Alltagsaufgaben befreit, d. h. sie müssen von anderen Mitarbeitern übernommen werden, manchmal zum Missfallen der Vorgesetzten und Kollegen.

7.4 Ein spezifisches Format: Europäische Betriebsräte

In dem Maße, wie (Groß-)Unternehmen zunehmend internationaler werden und sich immer mehr vernetzen, sind andere Strukturen der Arbeitnehmervertretung erforderlich.

7.4.1 Konzernbetriebsräte

In dieser Hinsicht ist es wichtig festzuhalten, dass einige europäische Länder Rechtsvorschriften verabschiedet haben, um auf unterschiedlichen Ebenen der Unternehmensstruktur Gremien der Arbeitnehmervertretung einzurichten.

Ein Beispiel für solche Rechtsvorschriften findet sich in den Niederlanden. Besteht ein Konzern aus verschiedenen Gesellschaften, muss ein Konzernbetriebsrat (COR) gegründet werden, wenn dies dem Prozess der Unterrichtung und Anhörung der Arbeitnehmervertreter förderlich ist. Es ist außerdem möglich, einen Betriebsrat auf der Zwischenebene (GOR) zu gründen, wenn mehrere Einzelgesellschaften in einer Holding zusammengefasst werden.

Finnland hat in dieser Frage 2007 ein neues, strengeres Gesetz verabschiedet. Es schreibt eine Arbeitnehmervertretung auf Konzernebene in Unternehmen ab 500 Beschäftigten vor. Das Gesetz legt fest, dass jede Einheit des Konzerns ab 20 Beschäftigten einen Arbeitnehmervertreter wählen kann, der an dem Kooperationsverfahren auf Konzernebene teilnimmt. Es sollte dabei mindestens ein Vertreter jeder Beschäftigtengruppe im Konzern teilnehmen (gewerbliche Arbeitnehmer, Angestellte und Führungskräfte). Das Kooperationsverfahren auf Konzernebene bietet jedoch nur beschränkte Rechte, die sich im Wesentlichen auf die Unterrichtung reduzieren. Der Arbeitgeber auf Konzernebene sollte folgende Informationen liefern: einen umfassenden Bericht zur Finanzlage des Konzerns; Angaben zu den Aussichten des Unternehmens für die Produktion, Beschäftigung, Rentabilität und Kostenstruktur sowie voraussichtliche Veränderungen bei der Beschäftigung und beim Bedarf an bestimmten Fähigkeiten; Pläne zur Erweiterung, Verkleinerung oder Schließung von Firmenstandorten; Informationen zu geplanten Veränderungen des Produkt- oder Dienstleistungsangebots, die sich auf die Mitarbeiter auswirken könnten. Die Informationen werden vorrangig als Hilfe für die Kooperationsausschüsse und Verhandlungen auf unterer Ebene gesehen, damit diese effektiv sein können. Die Sozialpartner im Unternehmen können jedoch auf Wunsch andere, ehrgeizigere Ziele für die Zusammenarbeit auf Konzernebene vereinbaren.

7.4.2 Der Rechtsrahmen

Die Europäischen Betriebsräte (EBR) waren ursprünglich als pragmatische Reaktion auf die Globalisierung oder Europäisierung gedacht. In den 1980er Jahren durch informelle Kontakte zwischen Arbeitnehmervertretern aus verschiedenen europäischen Ländern entstanden, erwiesen sich diese Gremien bald als fähig, den Bedarf an Unterrichtung und Anhörung der Arbeitnehmer wie auch der Unternehmensleitung zu decken. Kurz darauf – im Jahr 1994 – wurde die Richtlinie über die Einrichtung Europäischer Betriebsräte (94/45/EG) verabschiedet, die am 22.09.1996 in Kraft trat und das Konzept der grenzübergreifenden Arbeitnehmervertretung institutionalisierte.

Der Hauptzweck der Richtlinie 94/45/EG war sicherzustellen, dass „die Arbeitnehmer gemeinschaftsweit operierender Unternehmen oder Unternehmensgruppen angemessen informiert und angehört werden, wenn Entscheidungen, die sich auf sie auswirken, außerhalb des Mitgliedstaats getroffen werden, in dem sie beschäftigt sind". Als Form des betrieblichen sozialen Dialogs wurde eine vertragsrechtliche Herangehensweise an die EBR begünstigt. Um die Sozialpartner zu ermutigen, freiwillige Lösungen zu verhandeln, war ein Übergangszeitraum (vom 22.09.1994 bis 22.09.1996) vorgesehen, innerhalb dessen die Unternehmensleitung und die Arbeitnehmervertreter Vereinbarungen erreichen konnten, die von den Mindestanforderungen der Richtlinie ausgenommen waren.

Die EBR-Gesetzgebung betrifft multinationale Unternehmen, die mindestens 1.000 Beschäftigte in der EU[14] und davon mindestens je 150 Mitarbeiter in mindestens zwei Mitgliedstaaten haben. Seit Verabschiedung des Rechtsrahmens steigt die Anzahl der EBR stetig, wenn auch nicht gleichmäßig. Die Verabschiedung der Richtlinie 94/45/EG hat auch zur Annahme weiterer EU-Richtlinien in diesem Bereich geführt: Richtlinie 2001/86/EG und Rahmenrichtlinie 2002/14/EG.

Die Richtlinie 94/45/EG über die Einrichtung von EBR hatte von Anfang an schwere Defizite. Vor allem fehlte der Richtlinie eine eindeutige Begriffsbestimmung der *Unterrichtung*, während die Beschreibung der *Anhörung* ebenfalls „äußerst vage" war[15]. Die Qualität der Unterrichtung und Anhörung ist oft

---

14 Die Bestimmungen zum EBR gelten auch in Norwegen, Island und Liechtenstein.
15 http://www.etui.org/Topics/Worker-Participation/European-Works-Councils

schlecht, was zu einer Reihe von Gerichtsverfahren geführt hat. Dies führte zur lange erwarteten Überarbeitung der Richtlinie (zehn Jahre später, siehe Artikel 15 von 94/45/EG), die von der Europäischen Kommission 2008 eingeleitet wurde. Die Neufassung der Richtlinie unter der Nummer 2009/38/EG behebt einige der schwersten Mängel und bietet Verbesserungen in einigen Arbeitsbereichen der EBR. Sie trat am 06.06.2011 in Kraft.

7.4.3 Sachstand

Im Jahr 2012 hatten 935 multinationale Unternehmen einen EBR. Dies entsprach nur gut einem Drittel der 2.400 multinationalen Firmen, die zu diesem Zeitpunkt potenziell unter die EBR-Richtlinie fielen.[16]

Auch wenn es in vielen Mitgliedstaaten schon seit einigen Jahren EBR gibt, handelt es sich immer noch um „in der Entwicklung begriffene Institutionen" (Gold & Rees, 2013). Der Umfang und die Praxis der EBR unterscheiden sich von Fall zu Fall und ist bei einigen Kriterien erfolgreich, scheitert aber bei anderen. Das Format bietet zweifelsohne Gewerkschaftsvertretern das Potenzial der Fortbildung und Vernetzung. Ein EBR kann den sozialen Dialog in Ländern stärken, in denen die Gewerkschaften im Verhandlungsprozess relativ wenig Einfluss haben; in dieser Hinsicht erwähnen Gold & Rees (2013) Bulgarien, das Vereinigte Königreich und Zypern als Beispiele. In Ländern, die eine große Anzahl gewerkschaftsfreier Unternehmen haben, bietet ein EBR den Gewerkschaften die Möglichkeit, Fuß zu fassen (Warren et al., ohne Datumsangabe). Sie können als konzernweites Instrument für einen regelmäßigen, transparenten und zeitnahen Informationsfluss betrachtet werden, das unter anderem das Verständnis der Arbeitnehmer für die Gründe verbessert, die Entscheidungen der Konzernleitung zugrunde liegen. Der EBR kann auf den obersten Führungsebenen eine Kultur des sozialen Dialogs fördern und zur Entstehung einer echten europäischen Unternehmenskultur führen. Außereuropäischen Führungskräften, die nicht mit den Betriebsräten in Europa vertraut sind, kann ein EBR ein Umdenken abverlangen: „(...) es bedeutet, früher zu handeln, um zu informieren und Vorschläge zu beraten, anstatt Entscheidungen, die Veränderungen im Betrieb bedeuten, einfach zu verkünden" (Warren et al., ohne Datumsangabe).

---

16 http://www.ewcdb.eu/statistics_graphs.php

Es bleibt noch ein langer Weg: „(...) obwohl die Rechte auf und Verfahren zur Unterrichtung und Anhörung im Allgemeinen als recht sinnvolle Instrumente eingestuft wurden, werden sie weder als Werkzeuge für produktive Gespräche zwischen Management und Arbeitnehmervertretern gesehen, die die Suche nach neuen Lösungen in Bereichen wie der Produktivität und Wettbewerbsfähigkeit ermöglichen (...), noch als Tools, um stärkere Rechte für die Arbeitnehmer zu gewährleisten, die über die geltenden gesetzlichen Mindestanforderungen hinausgehen" (Gold & Rees, 2013).

8 Arbeitnehmerbeteiligung in den Entscheidungsgremien – eine Idealform?

„So wie die Bürger eines Lands ein demokratisches Recht haben, Einfluss darauf zu nehmen, wie ihr Land geführt wird, indem sie einen Vertreter wählen, der an dessen Führung beteiligt ist, haben die Arbeitnehmer eines Lands das demokratische Recht, Vertreter auszuwählen, um an der Führung des Unternehmens teilzuhaben" (Williamson, 2013).

Möchte man eine emotionale Debatte zwischen Gewerkschaftern auslösen, muss man nur die Frage stellen, wie wünschenswert die Mitbestimmung ist. Die Vorstellung, dass Arbeitnehmervertreter auf der höchsten Entscheidungsebene eines Unternehmens eingebunden werden, hat glühende Verfechter und Gegner. Gewerkschafter aus Deutschland verteidigen ihr System der Beteiligung im Aufsichtsrat, schwedische Gewerkschafter befürworten die Beteiligung im Vorstand; die Niederländer schwören, dass es besser sei, ein unabhängiges Vorstandsmitglied zu haben, während viele belgische Gewerkschafter die Idee der Mitbestimmung rundweg ablehnen.

Wie ist die Mitbestimmung zu sehen? Dieses Kapitel beleuchtet die Frage der Mitbestimmung in Europa, die Studien, die sich mit ihrer Wirkung beschäftigen, und ermittelt einige Probleme und Fallstricke bei der Umsetzung eines Mitbestimmungssystems.

8.1 Mitbestimmung in Europa

Bei der Mitbestimmung geht es um die formelle Einbeziehung der Arbeitnehmer in strategische Entscheidungsprozesse auf Firmenebene. In den meisten Fällen wird einem Arbeitnehmervertreter ein Sitz im Vorstand des Unternehmens zugeteilt. Der Arbeitnehmervertreter diskutiert und entscheidet zusammen mit den anderen Vorstandsmitgliedern über die strategische Ausrichtung des Unternehmens. Daher geht die Mitbestimmung über die Anhörung der Arbeitnehmer hinaus. Im Mitbestimmungssystem hat der Arbeitnehmervertreter einen unmittelbaren, zeitnahen Einfluss auf Entscheidungen. Die Stimme des Arbeitnehmervertreters hat genauso viel Gewicht wie die der anderen Vorstandsmitglieder. Mitbestimmung ist nicht gleichbedeutend mit

Kontrolle durch die Arbeitnehmer, da die Arbeitnehmervertreter nicht allein entscheiden. Entscheidungen werden mit den anderen Vorständen getroffen und die Arbeitnehmervertreter sind in der Minderheit.

Die meisten europäischen Länder haben eine Art von Mitbestimmungssystem. Es gibt jedoch große Unterschiede zwischen den Ländern. Einer der Unterschiede betrifft das Entscheidungsgremium, in dem die Arbeitnehmervertreter aktiv sind. Die Unternehmensleitung kann aus einem Vorstand bestehen (monistisches System) oder eine dualistische Struktur haben, in der der Vorstand alle wichtigen strategischen Entscheidungen trifft und der Aufsichtsrat den Vorstand kontrolliert.

Das wohl bekannteste Mitbestimmungssystem ist das deutsche. Je nach Branche und Firmengröße können die Arbeitnehmer Vertreter für bis zu 50% der Aufsichtsratssitze benennen. Im Jahr 2012 hatten 654 Unternehmen ein solches paritätisches Aufsichtsorgan (50% Arbeitnehmervertreter, 50% Vertreter der Anteilseigner) und etwa 1.500 Unternehmen hatten einen Aufsichtsrat mit einer Drittelbeteiligung von Arbeitnehmervertretern. Die Arbeitnehmervertreter scheinen in solchen Systemen einen starken Einfluss zu haben, aber in der Praxis hängt dies in hohem Maße von der Rolle und Arbeit des Aufsichtsrats ab. Wenn sich der Aufsichtsrat kaum am Entscheidungsprozess beteiligt und es ihm an ausreichenden Informationen fehlt, haben die Rechte auf Mitbestimmung nur eine begrenzte Wirkung.

In Schweden arbeitet man nach dem monistischen Modell, d. h. es gibt keinen Aufsichtsrat neben dem Vorstand. Daher sind die Arbeitnehmervertreter näher an den echten Entscheidungsträgern. Außerdem kann die Mitbestimmung bereits in Unternehmen ab 25 Beschäftigten umgesetzt werden, sofern die örtliche Gewerkschaft die Initiative ergreift. Die Arbeitnehmervertreter können jedoch nur bis zu einem Drittel der Vorstandsposten beanspruchen.

Im schwedischen System haben die Gewerkschaften das Monopol über die Auswahl der Bewerber. In Deutschland kommt dem gewählten Betriebsrat die Aufgabe zu, die Bewerber auszuwählen. In Unternehmen ab 2.000 Beschäftigten kann außerdem die Gewerkschaft einen Vertreter benennen, der nicht für das Unternehmen arbeitet.

Die beiden Systeme verfolgen einen ganz anderen Ansatz als das niederländische System. Auch hier hat der Betriebsrat die Möglichkeit, einen Kandidaten für den Aufsichtsrat zu bestimmen. In den Niederlanden dürfen die Bewerber des Betriebsrats jedoch nicht auf der Gehaltsliste des Unternehmens stehen und auch nicht in einer Gewerkschaft aktiv sein. Die Aufsichtsmitglieder sollen vollkommen unabhängig sein und als solches im Aufsichtsrat agieren. Der Vertreter wird von den Arbeitnehmern benannt, muss aber das Amt des Aufsichtsratsmitglied vollkommen unabhängig ausüben.

Offensichtlich unterscheiden sich die Mitbestimmungssysteme beträchtlich und die Diskussion, ob die Mitbestimmung wünschenswert ist oder nicht, hängt teilweise vom umzusetzenden System ab.

8.2 Warum ist die Mitbestimmung wünschenswert oder nicht?

Die Kernfrage ist, ob Mitbestimmung wünschenswert ist oder nicht. In dieser Diskussion basiert die erste Argumentation auf der Frage, wie wünschenswert Mitbestimmung aus ideologischer Sicht ist. In einer Gesellschaft, die für sich beansprucht, demokratisch zu sein, sollten die Arbeitnehmer nicht nur politische Rechte, sondern auch Rechte auf wirtschaftliche Selbstbestimmung genießen. Da die Erwerbsarbeit für die meisten keine Frage der Wahlfreiheit ist, sollten die demokratischen Rechte aus der Politik in die Wirtschaft ausgedehnt werden. Die Mitbestimmung kann als Instrument zur Demokratisierung der Politik und damit zur Ermächtigung und Emanzipation der Arbeitnehmer beitragen.

Aus ideologischer Sicht kann man auch Argumente gegen die Mitbestimmung entwickeln. Warum sollten die rechtmäßigen Eigner eines Unternehmens, sprich die Aktionäre, die Kontrolle über ihr Eigentum aus der Hand geben? Ist es nicht alleiniges Vorrecht der Eigner eines Vermögens, dieses nach eigenem Gutdünken zu nutzen? So betrachtet, verletzt die Mitbestimmung das Recht, über Eigentum frei zu verfügen. Diese Betrachtung aus Sicht der Anteilseigner steht im Widerspruch zur Sicht der Stakeholder, nach der ein Unternehmen nicht nur seinen Eigentümern nutzen, sondern auch die Interessen aller anderen Akteure berücksichtigen sollte, einschließlich der Arbeitnehmer, Gläubiger, der Gesellschaft, Kunden oder Zulieferer. Ein Arbeitnehmervertreter im Vorstand kann gewährleisten, dass die Interessen der Arbeitnehmer zumindest vertreten und bei Entscheidungen berücksichtigt werden.

Neben der ideologischen Diskussion beschäftigt sich eine lebhafte Debatte mit der Nutzung der Mitbestimmung als Instrument. Führt die Mitbestimmung zu einem besseren oder schlechteren Unternehmensergebnis und wie steht es mit den Folgen für die Arbeitnehmer dieser Unternehmen? Eine ganze Reihe von Studien hat sich mit der Wirkung der Mitbestimmung befasst. Die meisten konzentrieren sich auf nur ein Land: Deutschland. Dies hat zwar den Vorteil der Vergleichbarkeit der verschiedenen Studien, birgt aber den Nachteil, dass die Vielfalt der Mitbestimmungssysteme in dieser empirischen Forschung kaum widergespiegelt wird.

Den meisten Studien zufolge bietet die Mitbestimmung einige deutliche Vorteile für Unternehmen. Die Teilnahme einer anderen Stimme mit anderem – praktischem Wissen – an den Sitzungen des Vorstands führt dazu, dass Vorstandsentscheidungen von höherer Qualität sind. Das Risiko von Gruppendenken, bei dem homogenen Gruppen von Entscheidungsträgern die kritische Sicht fehlt, ist geringer. Außerdem sichert die Beteiligung eines Arbeitnehmervertreters breitere Unterstützung für die Entscheidung und damit eine effektivere Umsetzung in der Praxis. Es stimmt zwar, dass der Entscheidungsprozess länger dauern kann und mit der Mitbestimmung direkte und indirekte Kosten verbunden sind, aber diese sind im Gegenzug für fachkundige Aufsichtsratsmitglieder, die im Betrieb eingebunden sind, zu vernachlässigen.

Die Mitbestimmung kann aber zu konservativeren Unternehmenspolitiken führen. Im Gegensatz zu den Aktionären können die Mitarbeiter ihr finanzielles Risiko nicht über mehrere Unternehmen streuen. Ihre Zukunft (und damit ihr Entgelt) hängen vom Erfolg des Unternehmens ab, in dem sie arbeiten. Unternehmen, bei denen Arbeitnehmervertreter in den Entscheidungsgremien sitzen, gehen daher weniger Risiken ein. Dies kann langfristig zu Einnahmenverlusten führen, aber in Krisenzeiten sind solche Unternehmen deutlich besser aufgestellt.

Studien zur Ermittlung der letztendlichen Wirkung der Mitbestimmung in Deutschland ergeben ein etwas gemischtes Bild. Viele Studien legen nahe, dass Unternehmen mit einem hohen Maß an Mitbestimmung etwas schlechtere Finanzergebnisse vorzuweisen haben. Ihre Aktien werden an den internationalen Börsen schlechter gehandelt als die von Unternehmen, in denen weniger Mitbestimmung praktiziert wird (Gorton und Schmid, 2004). Eine aktuellere Studie von Fauver und Fuerst (2006) kommt zu einem leicht anderen Ergebnis. Ihre Daten zeigen, dass die Wirkung der Mitbestimmung auf den Aktienkurs eines Unternehmens von der Branche abhängt, in der es tätig ist. In Sektoren, in denen man sich mit vielen Spezialisten mit bestimmten Fachkenntnissen abstimmen muss, hat die Mitbestimmung eindeutig positive Wirkung. Damit sind Sektoren wie der Handel, die Industrie oder das Verkehrswesen gemeint. In diesen Branchen führt den Autoren zufolge die Mitbestimmung zu einem höheren Aktienkurs der jeweiligen Unternehmen.

Aber womöglich ist es nicht die beste Strategie, den (relativen) Aktienkurs zu betrachten, um die Wirkung der Mitbestimmung zu bewerten. Der Zweck von Mitbestimmung ist, dass Unternehmen andere Interessen neben den kurzfristigen Zielen der Anteilseigner berücksichtigen. Konkret sollen die Interessen der Arbeitnehmer bei Entscheidungen mit einfließen. So betrachtet, kann man einen niedrigeren Aktienkurs als Beleg dafür werten, dass Mitbestimmung funktioniert, da sich das Unternehmen nicht mehr ausschließlich um die Interessen der Aktionäre kümmert (was sich im Aktienkurs niederschlägt) (De Spiegelaere & Van Gyes, 2015). Daher hat sich Renaud (2007) mit den erzielten Gewinnen und der Mehrwertschöpfung als Indikator für den Unternehmenserfolg befasst. Er stellte eine leicht positive Wirkung der Mitbestimmung fest.

Die Mitbestimmung ist also definitiv nicht schädlich für Unternehmen. Aber wie wirkt sie sich auf die Arbeitnehmer aus? In der Studie von Gorton und Schmid (2004) haben sich die Autoren auch mit den Folgen der Mitbestimmung für die Entgelte und Beschäftigung befasst. Ihre Daten zeigen, dass die Mitbestimmung sich nicht auf die Löhne und Gehälter auswirkt, aber in den Unternehmen eine positive Beschäftigungswirkung festzustellen ist.

Anhand dieser Studien kann man schließen, dass die Mitbestimmung eine leicht positive Wirkung auf das Unternehmensergebnis hat. Die Mehrwertschöpfung wird jedoch überwiegend in mehr Beschäftigung umgewandelt, nicht in eine höhere Vergütung der Aktionäre oder Mitarbeiter. Aus gesellschaftlicher Sicht kann man also festhalten, dass sich die Mitbestimmung positiv äußert.

Aber warum führen Unternehmen dann nicht freiwillig Mitbestimmungssysteme ein, wenn diese ihr Gesamtergebnis verbessern könnten? Die Antwort ist ganz einfach: Es ist nicht im Interesse der Anteilseigner. Die Mitbestimmung steigert ggf. die Effizienz des Unternehmens, aber die dank der besseren Leistung erzielten Zugewinne gehen nicht an die Aktionäre, sondern werden vielmehr im Sinne der anderen Stakeholder verwendet. Somit profitiert der einzelne Aktionär wahrscheinlich weniger von einem leistungsstärkeren Unternehmen mit Mitbestimmung als von einem Unternehmen ohne Mitbestimmung.

8.3 Fallstricke und Probleme

Aus gesellschaftlicher Sicht führt die Mitbestimmung wahrscheinlich zu positiven Ergebnissen. Leider darf man sich nicht darauf verlassen, dass die Unternehmen freiwillig Mitbestimmung praktizieren, da sie den Interessen der Aktionäre zuwiderläuft. Daher sollte sie durch einen Rechtsrahmen verankert werden. Bei der Ausarbeitung eines solchen Rahmens müssen Entscheidungen über die Funktionsweise getroffen und dabei einige Fallstricke vermieden werden.

8.3.1 Wer sollten die Vertreter sein?

Eine erste Entscheidung, die zu treffen ist, betrifft die Frage, wer der/die Vertreter im Vorstand oder Aufsichtsrat sein und wie er/sie ausgewählt werden sollte(n). In den meisten Ländern hat man sich für Arbeitnehmer entschieden, die von der Gewerkschaft oder dem Betriebsrat gewählt werden oder nicht. Der Vorteil von Arbeitnehmern des Unternehmens ist, dass sie eine andere Art von Wissen in das Entscheidungsgremium einbringen. Ihre Erfahrung und Kontakte im Betrieb geben ihnen eine wertvolle Sicht der Dinge, die die Arbeit des Vorstands bereichern kann. Andererseits haben diese Vertreter oft wenig bis keine Erfahrung in der Vorstandsarbeit und brauchen starke Unterstützung, um ihre Kompetenzen zu entwickeln. Vertreter, die von der Gewerkschaft ausgewählt werden, haben den Vorteil, dass sie auf ein Netzwerk von Unterstützung und Fachwissen zurückgreifen können.

8.3.2 Welche Aufgaben haben die Arbeitnehmervertreter?

Der Grundsatz der Mitbestimmung ist, dass Arbeitnehmervertreter die gleichen Befugnisse und das gleiche Gewicht wie die anderen Vorstands- oder Aufsichtsratsmitglieder haben. Sie können Fragen zu allen Themen stellen, Vorschläge unterbreiten und abstimmen. In Schweden gibt es Ausnahmen bei Fragen, die Tarifverhandlungen im Unternehmen betreffen. Hier werden Interessenkonflikte vermieden, indem der Arbeitnehmervertreter vorübergehend den Saal verlässt. In der Praxis kann man jedoch feststellen, dass sich die Arbeitnehmervertreter vorrangig mit Themen beschäftigen, die die Mitarbeiter direkt betreffen und ihr Einfluss auf strategische Fragen eher begrenzt ist.

8.3.3 Welche Interessen sollten sie vertreten?

Neben der Frage, wer Vorstands- oder Aufsichtsratsmitglied werden kann und welche Aufgaben der Arbeitnehmervertreter dabei hat, muss man auch die Interessen beleuchten, die er dabei im Gremium verteidigen soll. Die Tatsache, dass er zur strategischen Führung des Unternehmens beiträgt, legt nahe, dass er vor allem im Interesse des Unternehmens handeln soll. Es gibt aber unterschiedliche Meinungen dazu, was genau die Interessen des Unternehmens sind. In Belgien müssen die Vorstandsmitglieder die *„Konzerninteressen"* vertreten. Nach belgischem Recht sind die Konzerninteressen gleich den Interessen der Aktionäre. Nur wenn sich das Unternehmen in einer Krise befindet oder vor Massenentlassungen steht, ist der Vorstand verpflichtet, auch die Interessen der Mitarbeiter zu berücksichtigen. In österreichischen Unternehmen ist es Aufgabe des Vorstands, die Interessen des Unternehmens zu verteidigen und dabei die Interessen der Aktionäre, der Beschäftigten und der Gesellschaft zu berücksichtigen. In Deutschland wird sogar ausdrücklich auf die Interessen aller Stakeholder hingewiesen. Dort muss ein Vorstand Entscheidungen treffen, die den Interessen aller Arbeitnehmer und Gläubiger sowie den Interessen der Aktionäre Rechnung tragen (Gerner-Beuerle et al., 2013).

8.3.4 Vertraulichkeit?

Eine weitere Frage ist die vom Arbeitnehmervertreter zu wahrende Vertraulichkeit der im Vorstand oder Aufsichtsrat erhaltenen Informationen. Eine Erhebung hat gezeigt, dass dies der Punkt ist, der schwedischen Führungskräften im Zusammenhang mit der Mitbestimmung die größte Sorge bereitet (Levinson, 2000). Es gelten jedoch die gleichen Regeln für die Arbeitnehmervertreter und die anderen Vorstands- oder Aufsichtsratsmitglieder. Diese betreffen vorrangig die Weitergabe von Informationen an Wettbewerber und das Verbot von Insiderhandel. Trotz der Befürchtungen vieler Führungskräfte, dass die Arbeitnehmervertreter wichtige Informationen weitergeben, gibt es wenige bis keine Fälle, in denen Informationslecks ein echtes Problem waren. In manchen Ländern, wie Frankreich, sollen Arbeitnehmervertreter von allen anderen Vertretungsfunktionen (einschließlich des Betriebsrats) zurücktreten, wenn sie einen Vorstands- oder Aufsichtsratsposten übernehmen. So vermeiden sie es, als Arbeitnehmervertreter im Vorstand unter Druck gesetzt zu werden, sensible Informationen weiterzugeben (Gold, Kluge & Conchon, 2010).

8.3.5 Wie steht es mit der Vergütung?

Da die Arbeitnehmervertreter die gleichen Rechte und Befugnisse wie andere Vorstands- oder Aufsichtsratsmitglieder haben, erhalten sie in der Regel für diese Arbeit die gleiche Vergütung wie die anderen Mitglieder. In den meisten Fällen sind die Vergütungen relativ gering, aber in großen multinationalen Unternehmen können sie deutlich höher ausfallen. Es ist nicht das Ziel, dass sich Arbeitnehmervertreter durch die Vertretungsfunktion bereichern können. Um derartige Probleme zu vermeiden, hat Deutschland klare Regelungen getroffen. Für Vergütungen bis zu 3.500 Euro pro Jahr werden 10% abgezogen und an die Gewerkschaft abgeführt. Bei Beiträgen zwischen 3.500 und 32.500 Euro jährlich werden 90% abgezogen und alle Beträge ab 32.500 Euro gehen in voller Höhe an die Gewerkschaft. Diese Beträge werden dann an die Hans-Böckler-Stiftung abgeführt, die damit Fortbildungen und Unterstützung für Arbeitnehmervertreter organisiert. Eine ähnliche Regelung gilt für Arbeitnehmervertreter in europäischen Gesellschaften, den SE (Societas Europaea).

8.4 Halten wir die Mitbestimmung für wünschenswert?

Die Mitbestimmung wird nicht die Himmelspforten für die Arbeitgeber, Gewerkschaften oder Arbeitnehmer öffnen. Sie führt aber auch nicht auf direktem Weg in die Hölle. Ihre Wirkung scheint begrenzt, aber aus gesellschaftlicher Sicht positiv zu sein. Die Mitbestimmung sichert den Arbeitnehmern eine Beteiligung auf der höchsten Entscheidungsebene des Unternehmens und wirkt sich positiv auf die Qualität der getroffenen Entscheidungen aus. Die Arbeitnehmervertreter sind eine Quelle wertvollen Wissens für den Vorstand oder Aufsichtsrat und tragen zu einer besseren Umsetzung der getroffenen Entscheidungen bei. Nicht alle Effizienzzugewinne gehen an die Aktionäre, da die Arbeitnehmer ebenfalls die Früchte der Mitbestimmung ernten. Im Gegensatz zur landläufigen Erwartung besteht der Nutzen für die Arbeitnehmer nicht in höheren Entgelten, sondern in mehr Beschäftigung.

Die meisten europäischen Länder haben eine Form der Mitbestimmung. Dennoch gibt es noch einige Länder, die keinerlei Mitbestimmung oder ein System haben, das sich auf die großen Unternehmungen im öffentlichen Sektor beschränkt. Bei der Ausgestaltung breiterer Systeme der Mitbestimmung sind bestimmte Entscheidungen zu treffen und Fallstricke zu vermeiden. Die

Entscheidungen betreffen die Frage, wer Vorstands- oder Aufsichtsratsmitglied werden sollte, wie diese Arbeitnehmervertreter benannt werden, welche Interessen sie vertreten sollten und wie sie mit vertraulichen Informationen oder der finanziellen Vergütung ihrer Arbeit umgehen.

9 Verfahrensbezogene Herausforderungen für einen effektiven sozialen Dialog

Der betriebliche soziale Dialog ist ein leistungsstarkes, aber oft auch teures Instrument: In vielen Fällen kann er zahlreiche Personalstunden pro Jahr beanspruchen. Aus Sicht des Arbeitgebers ist es daher wichtig, eine strenge Kontrolle zu behalten und alle notwendigen Vorkehrungen zu treffen, damit die verschiedenen in diesem Rahmen abgehaltenen Besprechungen erfolgreich sind. Aus Arbeitnehmersicht sollten die Gewerkschaften folgende Verbesserungen für die Arbeit und das Arbeitsumfeld bewirken (Bryson, 2003):
- Entgelterhöhungen
- Schutz vor unfairer Behandlung
- Förderung der Chancengleichheit
- Interessante und angenehme Gestaltung der Arbeit
- Zusammenarbeit mit der Unternehmensleitung zur Ergebnisverbesserung
- Höhere Reaktionsfreudigkeit der Führungsebene den Arbeitnehmern gegenüber
- Verbesserung des betrieblichen Umfelds und der Arbeitsplätze.

Dieses Kapitel enthält verschiedene Anregungen, die eine angemessene Kommunikation im Betrieb über die Arbeitnehmervertreter fördern können.

9.1 Wunsch und Fähigkeit zur echten Anhörung

Eine Binsenweisheit ist, dass „Unternehmen die Gewerkschaften bekommen, die sie verdienen". Die Einstellung und das Verhalten der Führungsebene (und zwar nicht nur der obersten) in der Gegenwart, aber auch in der Vergangenheit, bestimmen in hohem Maße, wie gut die Kontakte zwischen den Arbeitgeber- und Arbeitnehmervertretern verlaufen. Das Konzept einer „echten" Anhörung wurde in zahlreichen Veröffentlichungen zu diesem Thema analysiert. Es folgt eine exemplarische Liste von Merkmalen, die für den Erfolg entscheidend sein können.

a) Offenlegung von Informationen durch die Geschäftsleitung

Effektive paritätische Kommunikation erfordert eine positive Einstellung zur Anhörung, vor allem auf Seiten der Führungskräfte des Unternehmens. Inwiefern Informationen rechtzeitig bereitgestellt werden, um es den Mitarbeitern zu ermöglichen, in voller Kenntnis der Lage ihren Beitrag zu leisten, ist ein Lackmustest für die Unternehmensleitung. Es ist ein Beweis dafür, dass das Unternehmen den sozialen Dialog ernst nimmt, und eine Grundvoraussetzung für gegenseitiges Vertrauen.

Es ist gute Praxis, bei turnusmäßigen Sitzungen paritätischer Gremien mit einem offiziellen Bericht über alle wichtigen Themen oder Ereignisse der letzten Zeit anzufangen, der zu Beginn der Sitzung besprochen wird. Bei den vierteljährlichen Sitzungen eines paritätischen Arbeitschutzausschusses ist es beispielsweise sinnvoll, immer mit einer kommentierten Übersicht aller wichtigen Vorfälle zu beginnen, die sich seit der letzten Sitzung ereignet haben: die Liste der Arbeitsunfälle und Vergiftungen, Veränderungen beim Krankenstand, Berichte über Vorfälle, Liste der Überprüfungen kritischer technischer Komponenten, bei denen möglicherweise gefährliche Unregelmäßigkeiten festgestellt wurden, Besuche der Gewerbeaufsicht etc. Eine Formatvorlage für solche Berichte erweist sich dabei als nützlich.

b) Offenheit auf beiden Seiten

Der britische Gewerkschaftsbund (TUC), der als Dachverband 54 Mitgliedsgewerkschaften hat, die 6,2 Millionen Arbeitnehmer vertreten, formuliert seine „Sechs Grundsätze der Partnerschaft" wie folgt (in der vom TUC vorgestellten Reihenfolge)[17]:

---

17 www.tuc.org.uk/pi/partnership.htm

Sechs Grundsätze der Partnerschaft aus Sicht des TUC

1. Gemeinsamer Einsatz für den Erfolg des Unternehmens
2. Verpflichtung des Arbeitgebers zur Beschäftigungssicherung – im Gegenzug akzeptieren die Gewerkschaften eine höhere funktionale Flexibilität im Betrieb
3. Neuausrichtung auf die Qualität des Arbeitslebens und die Möglichkeit der Arbeitnehmer, ihre Fähigkeiten zu verbessern, Verbesserung der Arbeitsinhalte und Bereicherung der Arbeitsqualität
4. Offenheit und Bereitschaft, Informationen auszutauschen; die Arbeitgeber tauschen sich mit den Gewerkschaften und Arbeitnehmern über die Zukunft aus, wenn sie in der „heißen Phase" sind
5. Mehrwert – die Gewerkschaften, Arbeitnehmer und Arbeitgeber müssen sehen, dass die Partnerschaft messbare Verbesserungen bringt
6. Anerkennung durch die Gewerkschaft und den Arbeitgeber, dass sie unterschiedliche und dennoch legitime Interessen haben

Eine echte Konsultation erfordert, dass alle anwesenden Parteien angehört werden. Es sollten nicht nur die Beobachtungen und Anregungen der Arbeitnehmer Gehör finden, sondern auch ihre Ansichten und Wahrnehmungen. Gefühle sind de facto auch Fakten und subjektive Eindrücke, was die Arbeitnehmer denken und fühlen, sind wichtige Beiträge zum sozialen Dialog. Umgekehrt sollten die Daten und Ansichten der Unternehmensleitung ernst genommen werden. Es ist daher wichtig, die Standpunkte beider Parteien und der beteiligten Einzelpersonen zu berücksichtigen, bevor eine endgültige Entscheidung getroffen wird.

Offenheit seitens der Führungskräfte bedeutet, dass die Beiträge der Arbeitnehmervertreter berücksichtigt werden, beschneidet aber nicht die Entscheidungsfreiheit und -verantwortung der Unternehmensleitung. Entspricht das Ergebnis von Managemententscheidungen nicht dem Beitrag der Arbeitnehmer, gehört es zum guten sozialen Dialog, dass die Führungskräfte erklären, welche Beweggründe sie zu ihrer Entscheidung veranlasst haben: „Echte Anhörung stützt sich auf die Überzeugung, dass die Arbeitnehmer wertvolle Informationen beitragen können (...), und Anhörungsmechanismen sind dann am effektivsten, wenn diese Überzeugung deutlich wird" (Dix & Oxenbridge, 2003).

c) Der richtige Zeitpunkt

Im Allgemeinen mindert Zeitdruck bei Verhandlungen die Erfolgsaussichten.

Es gibt keinen festgelegten Zeitpunkt, zu dem Arbeitnehmervertreter angehört werden sollten, aber es leuchtet ein, dass sie so früh wie möglich eingebunden werden sollten. Dies ist jedoch nicht immer möglich. Bei großen Umstrukturierungen werden die Entscheidungen häufig einseitig getroffen. Bei Unternehmen mit mehreren Standorten werden diese oft von Gremien getroffen, die weit vom betroffenen Betrieb entfernt sind. Manchmal wird auch die lokale Geschäftsleitung erst in letzter Minute einbezogen und es wird von ihr erwartet, dass sie keine Informationen weitergibt. Die Arbeitnehmervertreter erhalten erst kurz vor Bekanntgabe der Maßnahme in den Medien, oder bevor die Informationen über irgendwelche Lecks öffentlich werden, einen aktuellen Sachstand zur Lage. Dies ist nicht nur ein Rezept für ein mögliches Scheitern der Umstrukturierung (Van Peteghem & Ramioul, 2014), sondern könnte auch das Verhältnis zwischen den Sozialpartnern auf lange Zeit trüben. Erfolgt die Anhörung nicht rechtzeitig, führt dies zu einer selbsterfüllenden Prophezeiung: Der soziale Dialog verlangsamt den Entscheidungsprozess (Addison et al., 2004).

Andererseits kann es auch zu Problemen führen, wenn die Führungskräfte die Arbeitnehmer zu früh konsultieren, bevor alle Fakten bekannt sind. Verfrühte Diskussionen bergen das Risiko, bei den Arbeitnehmern unnötig Ängste zu schüren, und gefährden ein gutes Verständnis, wenn letztlich tatsächlich Verhandlungen erforderlich sind.

d) Gegenseitiges Vertrauen beginnt mit gegenseitigem Respekt

Eine beträchtliche kulturelle Hürde für einen sinnvollen und effektiven sozialen Dialog kann eine lange Tradition der konfrontationsbehafteten Beziehungen zwischen der Gewerkschaft und Geschäftsleitung sein. Dies kann sich auf verschiedenen Ebenen auswirken. Sitzungen können in zwei gegnerische Lager zerfallen, die an ihren voreingenommen, vehement verteidigten Positionen festhalten, bei denen Einzelüberzeugungen gegenüber vorher abgestimmten Standpunkten nachrangig sind. Bei Entscheidungen oder Beratungen geht es mehr um eine Demonstration der eigenen Stärke als darum, einen Kompromiss zu erzielen, der die Sache voranbringt. Die Protokolle von Sitzungen erinnern an die *Pravda*, wo viel zwischen den Zeilen gelesen werden muss. Einzelne

Teilnehmer bevorzugen starke, stramme Erklärungen, um ihren Mitgliedern an der Basis zu demonstrieren, wie entschlossen sie ihren Standpunkt verteidigen. Die Gewerkschaftsvertreter sehen die Bemühungen der Unternehmensleitung als Versuch, ihre Beziehung zu ihren Mitgliedern zu unterwandern.

Im Gegensatz zu den Unternehmen, die auf schlechte Arbeitsbeziehungen zurückschauen, gibt es auch einige Arbeitgeber, die eine positive Beziehung zu den Arbeitnehmervertretern aufgebaut haben. Diese kann man als *Unternehmen mit gutem Vertrauensverhältnis* einstufen (siehe Einführung zu Teil 2). Systeme der Spitzenarbeitsbedingungen („High-Performance Work Systems") basieren auf gegenseitigem Vertrauen zwischen dem Arbeitgeber und den Arbeitnehmern. „Vertrauen kann man nicht durch Anordnungen, Drohungen und Befehle von oben erreichen, die das Markenzeichen der traditionellen Befehls- und Steuerungsorganisation sind" (Ashton & Sung, 2011). Die Verankerung dieser Praxis innerhalb des Unternehmens erfordert daher einen dauerhaften Einsatz der Geschäftsleitung und Arbeitnehmer, und dies ist naturgemäß ein langsamer Prozess, der nur in einer Atmosphäre des gegenseitigen Respekts und Vertrauens erfolgreich sein kann.

Der anderen Partei Vertrauen entgegenzubringen, ist jedoch in vielen Fällen zu viel verlangt. Unternehmen haben oft mit einer Vorgeschichte gebrochener Versprechungen und Absprachen zu kämpfen, wo beide Parteien gelernt haben, einander zu misstrauen. Selbst wenn die früheren Kontrahenten nicht mehr im Unternehmen sind, bleibt die Kommunikation zwischen den Arbeitgeber- und Arbeitnehmervertretern belastet. Fehlendes Vertrauen ist es jedoch nicht, das den sozialen Dialog unmöglich macht, sondern mangelnder gegenseitiger Respekt. Dabei ist Respekt als „bewusste Anerkennung des Rechts des anderen Partners, zu existieren und zu gedeihen" zu verstehen.[18] Wenn die Arbeitnehmer und die Geschäftsleitung den Einsatz und die Unterstützung aller Beteiligten erzielen wollen, gemeinsam an der Deckung der jeweiligen Bedürfnisse zu arbeiten, müssen sie die Legitimität ihrer Partner respektieren.

---

18 http://www.acas.org.uk/pubs/occp52.html

9.2 Bewährte Fähigkeiten und Fortbildung

Die betrieblichen Sozialpartner auf beiden Seiten müssen einige wesentliche, erfahrungsbasierte Fähigkeiten haben, wenn sie ihre Beziehung verbessern möchten – das Gleiche gilt natürlich auch für jede andere Form des sozialen Dialogs. Alexander (1999) sieht die folgenden fünf Fähigkeiten als die wichtigsten, damit paritätische Kommunikation funktionieren kann.

- Teamarbeit: Die Fähigkeit der Beteiligten auf beiden Seiten anzuerkennen, dass viele ihrer Ziele vereinbar sind und sie bereit sein müssen, ihre gemeinsamen Ressourcen zu nutzen, um ihre Ziele zu erreichen, indem sie im besten gegenseitigen Interesse zusammenarbeiten.
- Gemeinsame Problemlösung: Die Parteien verständigen sich darauf, bei Entscheidungen und der Suche nach Problemlösungen einen gemeinsamen Ansatz zu verfolgen, und verpflichten sich, diesen Ansatz bei Problemen stets anzuwenden und sich nicht auf Strategien zu verlegen, bei der eine Partei gewinnt und die andere verliert.
- Zwischenmenschliche Beziehungen und Verhältnis zwischen den Gruppen: Eingeständnis, dass einzelne Personen und Gruppen legitime Unterschiede aufweisen, es aber Wege gibt, diese zu überwinden, damit beide Parteien mit dem Ergebnis leben können.
- Konfliktbewältigung/-lösung: Die Fähigkeit zu erkennen, dass in der leicht belasteten Welt der Arbeitsbeziehungen Konflikte unausweichlich sind, es aber für beiden Seiten förderliche Wege zu deren Bewältigung und Lösung gibt, genauso wie es typische Wege für konfliktbehaftete Beziehungen gibt, und dass die lösungsorientierten letzteren vorzuziehen sind.
- Bewältigung von Veränderungen: Bewusstmachen beider Parteien, dass Veränderungen geplant werden sollten; geplante Veränderungen sind ungeplanten vorzuziehen und die von beiden Parteien angestrebten Ziele können in einem geplanten Veränderungsprozess erzielt werden, in dem die oben genannten Fähigkeiten durchgehend angewendet werden.

Diese Fähigkeiten hängen in erster Linie von der richtigen Einstellung ab, die in eine angemessene Unternehmenskultur eingebettet ist, wo echte Kommunikation und gegenseitiger Respekt bereits verinnerlicht worden sind. Hinzukommen zwei weitere, praktischere Fähigkeiten, die die obigen, idealtypisch beschriebenen Prädispositionen ergänzen müssen:
- Profundes Wissen des Rechtsrahmens, der der Art des Gremiums zugrunde liegt: Welche formellen Befugnisse hat der Ausschuss, welche Informationen müssen offengelegt werden, welchen Status haben die Beiträge der Arbeitnehmervertreter etc.

- In den meisten Fällen: Profundes Wissen über eine Reihe von Themen, die diskutiert werden; die Grundsätze, die den Tariftabellen des Unternehmens zugrunde liegen, Versicherungen für Arbeitsunfälle und berufsbedingte Erkrankungen, die Art von zwischenmenschlichen Problemen, die in einer bestimmten Arbeitseinheit auftreten etc.

9.3 Techniken für gute Sitzungen

Der soziale Dialog kann nur dann effektiv sein, wenn Techniken für gute Sitzungen angewendet werden. Das bedeutet, dass alle Treffen der betrieblichen Sozialpartner sorgfältig vorbereitet werden sollten. Dazu gehören folgende Elemente:

a) Ein gutes Verfahren zur Einführung

Formelle Gremien, die einige Jahre lang Bestand haben sollen (wie Betriebsräte oder Ausschüsse für die betriebliche Gesundheit und Sicherheit) sollten nach Zusammensetzung des Gremiums einen angemessen Arbeitsstart haben. Die Anwesenheit einer leitenden Führungskraft, die die erste Sitzung eröffnet, ist wichtig, und sei es nur, um zu zeigen, welche Bedeutung das Unternehmen dem Gremium beimisst. Bei der ersten Sitzung sollte der aktuelle Sachstand erläutert werden und alle Mitglieder einen Ordner mit allen relevanten Unterlagen erhalten. Darin sollten noch einmal die Ziele des Gremiums in Erinnerung gerufen und die aktuell geltende Geschäftsordnung (sofern vorhanden) beigelegt werden. Wird die erste Sitzung mit einem kleinen, informellen Event abgeschlossen, unterstreicht dies zusätzlich die Überzeugung der Geschäftsleitung, dass dieses Zusammentreffen als Anfang einer fruchtbaren Zusammenarbeit betrachtet wird.

Man sollte vom ersten Treffen an darauf achten, eine Sitzordnung zu vermeiden, bei der alle Arbeitnehmervertreter links des Vorsitzenden und die Arbeitgebervertreter auf der rechten Seite des Tischs Platz nehmen. Eine flexible Sitzordnung ist vorzuziehen. Um zu verhindern, dass alle Mitglieder des Gremiums immer wieder auf dem gleichen Platz sitzen, ist es ratsam, regelmäßig den Besprechungsraum zu wechseln.

b) Die Bedeutung guter Sitzungsbedingungen

Gute Sitzungen können nur in einem angemessenen Umfeld stattfinden. Die Verfügbarkeit eines gut ausgestatteten und angenehmen Sitzungsraums unterstreicht, dass das Unternehmen an den Mehrwert des sozialen Dialogs glaubt, und trägt zweifelsohne zu einer guten Atmosphäre bei.

c) Gute administrative Unterstützung von Sitzungen

Jede Sitzung sollte eine offizielle Tagesordnung haben, und sei es nur um zu vermeiden, dass einzelne Teilnehmer sehr spezifische Probleme anschneiden. Es gilt in jedem Fall zu vermeiden, dass der Tagesordnungspunkt „Verschiedenes" zu einem Sammelsurium persönlicher Forderungen oder Nachbetrachtungen in letzter Minute wird. Natürlich sollte es jeder Zeit möglich sein, dringliche Punkte anzusprechen, aber nur mit Zustimmung des Vorsitzenden. Es ist daher wichtig, dass alle Parteien Themen auf die Tagesordnung setzen können und die zur Diskussion stehenden Themen auf der Tagesordnung erscheinen.

Bei jeder Sitzung sollte eingangs das Protokoll der letzten Sitzung besprochen und dessen Inhalt formell genehmigt werden, sodass mögliche offene Punkte nachbehandelt werden können.

Es ist außerdem wichtig, dass die Gesprächsinhalte klar und objektiv wiedergegeben werden und festgehalten wird, ob ein Punkt als Stellungnahme, Vorschlag oder Entscheidung einzustufen ist. Falls Maßnahmen beschlossen wurden, muss das Protokoll festhalten, wer die Entscheidungen getroffen hat, wer die Maßnahmen umzusetzen hat und bis wann. Im Sitzungsprotokoll sollten Meinungen und Standpunkte deutlich gekennzeichnet werden, um zwischen Ansichten einzelner Teilnehmer und Stellungnahmen unterscheiden zu können, die von einer oder mehreren Parteien abgegeben wurden. Dies erfordert oft die Anwesenheit eines guten, unparteiischen Schriftführers.

d) Vertrauensaufbau und gegenseitiges Verständnis

Gelegentliche Aktivitäten, durch die die Sitzungsteilnehmer Zeit außerhalb des formellen Rahmens eines paritätischen Ausschusses miteinander verbringen können, z. B. der Besuch einer Messe zum Arbeitsschutz oder eines Seminars, tragen dazu bei, gegenseitiges Vertrauen aufzubauen. Lädt man einen Referenten ein, der über neue Rechtsvorschriften spricht, oder einen Sachverständigen, der die wirtschaftlichen Aussichten oder technologischen

Entwicklungen im Sektor erläutert, schafft das eine Atmosphäre der Offenheit für alle Mitglieder paritätischer Ausschüsse.

9.4 Die Verwendung angemessener Verhandlungstechniken

Die Literatur zu den Verhandlungstechniken ist beeindruckend und eine Zusammenfassung würde den Rahmen dieses Berichts sprengen. Die landläufige Meinung war lange Zeit, dass manche Menschen gute Verhandlungsführer sind und andere nicht und erfolgreiche Verhandlungen vor allem einer angeborenen Fähigkeit oder Talent zuzuschreiben sind. Aber pragmatische Forschungen haben bewiesen, dass jeder lernen kann, besser zu verhandeln, und die vielfältigen Wege aufgezeigt, wie sich die Verhandlungsfähigkeiten mit entsprechender Schulung verbessern lassen (Tsay & Bazerman, 2009). Die Teilnahme an solchen Kursen würde den Arbeitgeber- und Gewerkschaftsvertretern nützen. Es kann auch den Mitgliedern einer Arbeitsgruppe oder eines paritätischen Ausschusses zugutekommen, über Erfahrung in diesem Bereich zu verfügen, damit ein oder mehrere „alte Hasen" an der Sitzung teilnehmen (siehe Abschnitt 9.5).

Während die Kommunikation/Unterrichtung kaum Verhandlungsfähigkeiten erfordert, ist die Situation eine andere, wenn beispielsweise eine Tarifvereinbarung zwischen der Geschäftsleitung und den Arbeitnehmervertretern ausgehandelt werden muss. Der Abschluss eines Tarifvertrags, oder generell der Prozess zum Erreichen neuer Arbeitsbedingungen, durchläuft mehrere Etappen (nach Huiskamp, 2003).

9.4.1 Die Vorbereitungsphase

In dieser Phase denken die beiden Parteien über die Forderungen nach und berücksichtigen dabei die Lage und das Umfeld des Unternehmens. Die Gewerkschaftsdelegierten sollten ihre Mitglieder konsultieren, Prioritäten festlegen und Forderungspakete schnüren; die Arbeitgebervertreter sondieren ihrerseits, ob es finanzielle Möglichkeiten und personelle Unterstützung für zusätzliche Budgets gibt. Beide Parteien werden sich beraten lassen und dabei sind Gewerkschaften oft im Vorteil, da sie auf nationaler, regionaler oder sektoraler Ebene hauptamtliche Experten haben.

Bevor die beiden Parteien in Verhandlungen treten, tauschen sie oft Informationen aus und es wird ein erster Entwurf der zu verhandelnden Themen erarbeitet. Erfahrene Verhandlungsführer wissen, dass der schnellste Weg zu gescheiterten Verhandlungen darin besteht, Informationen durchsickern zu lassen, daher ist es in dieser Phase von kritischer Bedeutung, dass sich alle Parteien darüber einigen, wie mit vertraulichen Daten umzugehen und mit den von ihnen Vertretenen zu kommunizieren ist. Der Geschäftsleitung sollten folgende drei Stolpersteine bewusst sein:

- Ein Arbeitgeber muss wissen, dass sich Gewerkschaften durch die Kommunikationsstrategie der Geschäftsleitung nur selten gebunden fühlen.
- In dem Bemühen, die oberste Führungsebene auf dem Laufenden zu halten, sollte das untere und mittlere Management nicht vernachlässigt werden, und es sei nur um zu vermeiden, dass sie sich gezwungen sehen, sich an die Gewerkschaftsdelegierten zu wenden, um informiert zu sein.
- Die Kommunikation mit den Arbeitnehmern auf der Führungsebene sollte man nicht vollständig den Gewerkschaften überlassen. „Die Vertreter der Geschäftsleitung sollten sich auch in den Betrieb wagen, um dort in Gruppen mit den Beschäftigten an ihrem Arbeitsplatz zu sprechen und ihnen die Chance zu geben, ihre Meinung zu äußern. Aus dem Zuhören wird dann Sprechen" (Elen, 2010).

9.4.2 Die Verhandlungen selbst

Während des Verhandlungsprozesses handeln beide Parteien auf Grundlage des Mandats, das sie von ihrer jeweiligen Seite erhalten haben. In den meisten Fällen sind einige Verhandlungsrunden erforderlich, bevor die Parteien zu einer Einigung gelangen. Bei einer ersten Sitzung sollten die verschiedenen Standpunkte geklärt und die Daten und Positionen dargestellt werden. Es ist ein Zeichen von Respekt, eine Erläuterung zu erbitten, und eine eigene Form der Kommunikation: Es verhindert, dass man voreilige Schlüsse zieht, sich verfrüht positioniert oder Parteien sehr viel Zeit brauchen, um ihren ursprünglichen Standpunkt zu überdenken.

Faustregeln für eine reibungslose Abfolge dieser Schritte sind (nach Stuart, 1993):
- Die Unterschiede der beteiligten Personen und ihre Erfahrung sollten respektiert werden.

- Konfrontationen oder Streit sind zu vermeiden (es ist besser, offen und ohne Hintergedanken zu kommunizieren – man sollte nicht versuchen, die andere Partei zu *überrumpeln*).
- Chancen fördern, damit alle ihre Ideen beitragen und Fragen stellen können.
- Anerkennen, dass in der Gruppe Antworten auf die meisten Fragen gefunden werden können.
- Keine Angst davor, Unwissenheit einzugestehen. Der Lösungssuche zustimmen.
- Auf Gefühle – negative und positive – achten. Um emotionalen Ausbrüchen vorzubeugen, immer präzise und überprüfbare Daten, Zahlen und Statistiken verwenden. Auch hier gilt, dass Gefühle Fakten sind.
- Auf nichtverbale Zeichen achten.
- Flexibel sein.
- Darauf achten, Dinge nicht persönlich zu nehmen.

Dinge, die Gewerkschafts- und Arbeitgebervertreter gleichermaßen vermeiden sollten, sind (nach Vreeken & Van Rijn, 2001):
- Immer wieder die eigenen Steckenpferde ins Gespräch bringen.
- Sich für Einzelinteressen einsetzen, insbesondere wenn einer oder mehrere der Teilnehmer persönlich involviert sind.
- Themen bis ins kleinste Detail besprechen zu wollen.
- Vertrauliche Informationen nicht als solche behandeln (dies kann vermieden werden, indem man sich von Anfang an darauf verständigt und sich daran hält, welche Informationen *inoffiziell* ausgetauscht werden und welche nicht; wenn Gerüchte die Runde machen, sollte man sich auf eine sofortige Reaktion verständigen).
- Sich übermäßig auf die kurzfristigen Interessen der Arbeitnehmer konzentrieren.
- Die langfristigen Interessen des Unternehmens nicht ausreichend beachten.
- Wiederholt Informationen einfordern, die die oberste Unternehmensleitung nicht hat.
- Starr nach Vorschriften verfahren, wenn die Entscheidungskultur eher informell ist.
- Sich nicht gut vorbereiten, wenn wichtige Fragen anstehen, aber trotzdem punkten wollen.

An der Sinnhaftigkeit von *Vereinbarungspaketen* (Verbindung unterschiedlicher Themen in einem Paket, um einen Kompromiss bei einer Reihe von Fragen zu erzielen) bestehen Zweifel. Es kann bisweilen sinnvoll sein, den Umfang der Verhandlungen auszuweiten, insbesondere wenn die zur Debatte stehenden

Fragen vielschichtig sind und verschiedene Delegationen am Tisch abweichende Meinungen haben. Dies ist oft der Fall, wenn mehrere Gewerkschaften vertreten sind. Verhandlungen über ein ganzes Themenspektrum ermöglichen es paritätischen Gruppen, einen Kompromiss zu finden, wenn Spielraum besteht, sodass jede Delegation ihrer Basis gegenüber bei wenigstens einer Frage ein positives Ergebnis vorzuweisen hat.

Es ist äußerst wichtig, Emotionen unter Kontrolle zu halten. Erste persönliche Kontakte, ganz egal wie beschränkt sie sein mögen, erleichtern einen positiven Ausgang möglicher Konflikte. Als Minimum müssen sich zu Beginn und am Ende jeder Sitzung die Teilnehmer die Hand geben, und es ist ein Muss, in den Kaffeepausen zu Smalltalk zu wechseln.

9.4.3 Abschluss der Verhandlungen

Die Verhandlungen sollen sich nicht darauf beschränken, einen Kompromiss zu finden. Sie sollten zu Vereinbarungen führen, die schriftlich festgehalten werden. Der Prozess endet daher erst mit der Formalisierung und Hinterlegung der Vereinbarung. Es erweist sich oft als sinnvoll, die Vereinbarung auf ihre Gültigkeit hin prüfen zu lassen: Dabei sollte bewertet werden, ob sie den Rechtsvorschriften und bestehenden Tarifverträgen auf höherer Ebene entspricht.

Die unmittelbare, persönliche Kommunikation zwischen den Verhandlungsbeteiligten verstärkt die Botschaft und schafft Raum für Fragen und Anmerkungen: Arbeitnehmer möchten Informationen aus erster Hand erhalten. In dieser Phase ist es nicht notwendig, den Verlauf der Verhandlungen zu schildern: Wie die Vereinbarung erzielt wurde, muss nicht angesprochen werden (Elen, 2010).

In dieser Phase und der Zeit danach gilt nur eine Grundregel: *pacta sunt servanda*. Vereinbarungen müssen eingehalten werden. Ein Bruch dieser einfachen Grundregel erschwert positive Kontakte zwischen Arbeitgeber und Arbeitnehmern. Besteht ein Grund (der erläutert werden muss) für die Nichteinhaltung einer Vereinbarung, kann dies nicht einseitig beschlossen werden: Zunächst muss die Situation erläutert und mit allen Parteien besprochen werden. Wenn Vereinbarungen nicht erfüllt werden, sollten keine Neuverhandlungen aufgenommen werden: An dieser Stelle sollte sich die Kommunikation darauf beschränken herauszufinden, warum sie nicht eingehalten wurden.

9.5 Konfliktlösung[19]

Bei den Arbeitsbeziehungen drehen sich solche Interessenskonflikte um die Arbeits- und Beschäftigungsbedingungen, ihre Kosten, Regeln und Grenzen sowie Arbeitnehmerrechte. In der Praxis betrifft dies Entgelte, Arbeitsverträge und -stabilität, Arbeitszeiten und -bedingungen, Gesundheit und Sicherheit, sozialen Schutz, Kollektivrechte und Gewerkschaftsmitgliedschaft, aber auch Themen wie die Qualität der Arbeit, Anerkennung und Einbindung in den Arbeitsprozess. Konflikte können positive und negative Aspekte haben. Sie bedeuten auch, dass man sich für die eigenen Rechte und Interessen einsetzt, und können eine Chance für Veränderungen und Weiterentwicklung bieten. Sie können Kreativität fördern und zu einem Umdenken über althergebrachte Handlungsansätze beitragen. Manchmal sind Konflikte nötig, um bestehende Unterschiede zu bewältigen und Probleme effektiv zu lösen. Aber sie können auch unproduktiv sein. Abgesehen davon, dass sie Energie, Ressourcen und Zeit erfordern, kann man bei Konflikten auch verlieren, sie können Schaden anrichten oder ungelöst bleiben.

Man kann verschiedene Strategien anwenden, um Konflikte beizulegen, und eine formelle Ebene der Konfliktlösung ist der soziale Dialog. Im Allgemeinen versucht bei einem Konflikt jede der beteiligten Parteien, ihre eigenen Interessen zu verteidigen. Was die Fähigkeit betrifft, den Konflikt für sich zu entscheiden, sind Machtposition und Ressourcen entscheidend. Dies gilt umso mehr für die Arbeitsbeziehungen, wo solche Ressourcen oft ungleich verteilt sind. Es gibt vielfältige Mittel, die man bei einem Konflikt einsetzen kann. Neben materieller und/oder wirtschaftlicher Macht oder direkter Nötigung kommen auch soziale und kulturelle Aspekte zum Tragen, wie die Fähigkeit zum analytischen Denken, das der Wahl einer effektiven Konfliktstrategie zugrunde liegt, oder die Fähigkeit zur Zusammenarbeit, Bündelung von Interessen und Bildung kollektiver Bündnisse. Da Konflikte interaktiv sind, spielen Beziehungs- und Kommunikationsfähigkeiten eine wichtige Rolle, um die gewählte Strategie effektiv umsetzen zu können. So ist es zum Beispiel äußerst wichtig, die richtige Sprache zu treffen und die Fähigkeit zu haben, die Ansichten und Beweggründe des Gegners (in diesem Fall die Interessen des Arbeitgebers) verstehen zu können.

---

[19] Nach Carls & Bridgford (2012)

Es gibt unterschiedliche Modelle für Konfliktlösungsstrategien. Das Internationale Zentrum für berufliche und fachliche Fortbildung (ITC) der ILO (Carls & Bridgford, 2012) unterscheidet zwischen verschiedenen Stufen des Durchsetzungsvermögens einerseits und Stufen der Kooperationsbereitschaft anderseits und diesbezüglich zwischen fünf Konfliktlösungsstrategien. Die offensichtlichsten Strategien, die sich für Auseinandersetzungen in der Arbeitswelt eignen, sind Wettbewerb und Zusammenarbeit oder eine Kombination aus beiden. So kommt die ILO zu fünf gegensätzlichen Strategien: Konkurrenz, Entgegenkommen, Vermeidung, Kompromiss und Kooperation. Die *Konkurrenzstrategie* ist sehr durchsetzungsfähig und unkooperativ. In einer Konkurrenzstrategie ist die Hauptfrage, wie man die eigenen Interessen durchsetzen kann, indem man die eigenen Machtpositionen nutzt und die andere Partei direkt angreift. In diesem Fall ist das zu erreichende Ziel viel wichtiger als die Beziehung zur anderen Partei. Ein solcher Ansatz kann effektiv sein, um für die Rechte und Interessen der Arbeitnehmer einzustehen und sich Anerkennung zu verschaffen. Eine Konkurrenzstrategie kann auch die Machtpositionen der Gewerkschaften stärken. Aber eine solche Strategie erfordert eine gründliche Analyse der Schwachstellen der Arbeitgeberseite, um zu entscheiden, wo man am besten angreift. Aus Gewerkschaftssicht bleibt vermutlich oft nur die Entscheidung für die Konkurrenzstrategie als Reaktion darauf, dass die Arbeitgeber diese Strategie anwenden.

Bei einer *Kooperationsstrategie* liegt der Schwerpunkt hingegen darauf, mit der anderen Partei zusammenzuarbeiten, um Ziele zu erreichen und Lösungen zu finden, mit denen beide Seiten zufrieden sind. Diese Strategie ist gleichzeitig äußerst durchsetzungsfähig und hoch kooperativ. Hier ist die Beziehung zwischen den beiden Akteuren – Gewerkschaften und Arbeitgeber – von größter Bedeutung, nicht zuletzt weil die Kooperation zwangsläufig gegenseitiges Engagement erfordert. Sie ist attraktiv, weil sie die Möglichkeit bietet, eine für beide Parteien förderliche Lösung („Win-Win-Situation") zu erreichen und das Potenzial hat, eine nicht hierarchisch geprägte Beziehung zwischen den beiden Parteien entstehen zu lassen. Eine solche Kooperation setzt jedoch voraus, dass es einen möglichen gemeinsamen Nenner gibt und damit auch die Bereitschaft aller Parteien, von ihren eigenen Interessen und Machtpositionen abzulassen. Die Entscheidung, besser zu kooperieren als zu konkurrieren, wird selten Ergebnis einer humanistischen Herangehensweise sein, positive Beziehungen als Selbstzweck fördern zu wollen. Stattdessen kann es eine taktische Entscheidung sein, die eher durch Eigeninteressen motiviert ist, zum Beispiel um die mit der Konkurrenz verbundenen Kosten und Risiken zu vermeiden. Es kann sich auch um eine Strategie handeln, um die Konkurrenzstrategie der anderen Partei zu unterwandern, falls die eigenen Ressourcen nicht ausreichen, um im Wettbewerb zu gewinnen. Die Zusammenarbeit erfordert hochentwickelte Konfliktlösungsfähigkeiten, die auf gegenseitigem Respekt und der Bereitschaft basieren, anderen zuzuhören, und Kreativität bei der Lösungssuche.

Zwei weitere, aber weniger zielorientierte Strategien sind, Konflikte zu vermeiden oder sie in einer Strategie des Entgegenkommens zu verhüllen. Dies bedeutet, dass man Zugeständnisse machen und die eigenen Interessen aufgeben muss, um die Harmonie zu wahren und die Beziehung zur anderen Partei nicht zu gefährden. Die *Vermeidungsstrategie* beinhaltet, bei einem Konflikt einen ausweichenden und unkooperativen Ansatz zu wählen, indem man sich von Orten und Menschen, mit denen man im Konflikt steht, fernhält. Vermeidung kann so aussehen, dass man ein Thema diplomatisch umgeht, die Debatte über eine Frage auf einen günstigeren Zeitpunkt verschiebt oder sich einfach aus einer bedrohlichen Situation zurückzieht. Diese *Strategie des Entgegenkommens* ist kooperativ und wenig durchsetzungsfähig und die Beziehungen sind von großer Bedeutung, während die eigenen Ziele in den Hintergrund treten. Bei dieser Strategie haben die Beteiligten Angst davor, dass der Konflikt anhält und dies der Beziehung schaden könnte. Daher sind sie bereit, Zugeständnisse zu machen und ihre eigenen Interessen aufzugeben, um die Harmonie zu wahren und die Beziehung zur anderen Partei nicht zu beeinträchtigen.

Die fünfte Strategie besteht schließlich in der *Kompromissbereitschaft*. Sie ist der Mittelweg zwischen Kooperation und Entgegenkommen. Sie ist durchsetzungsfähig und kooperativ, aber nur bis zu einem gewissen Grad. Das bedeutet, dass Menschen, die eine Kompromissstrategie verfolgen, sich moderat um ihre eigenen Ziele und ihre Beziehung zu ihrem Gegenüber sorgen. Sie sind bereit, einen Teil ihrer Ziele und ihrer Beziehung zu opfern, um eine Einigung im Sinne des gemeinsamen Wohls zu finden. Bei einer Kompromissstrategie liegt der Fokus darauf, einen Ausgleich zwischen den eigenen Zielen und denen des Gegenübers auf Basis gegenseitiger Zugeständnisse zu erreichen, anstatt eine wirklich gemeinsame Lösung für das Problem zu finden. Im Gegensatz zur Strategie des Entgegenkommens sind in diesem Fall Zugeständnisse immer an Bedingungen geknüpft.

Die Auswahl zwischen den verschiedenen Strategien hängt von der Verteilung der Fähigkeiten, der Ressourcen und des Machtverhältnisses zwischen den beteiligten Parteien, der Art des Konflikts, den zur Debatte stehenden Themen und ihrer Relevanz für die verschiedenen Seiten ab. Es ist eine strategische Entscheidung, die am besten geeigneten Instrumente zu wählen, um die eigenen Ziele zu erreichen, und zu versuchen, die Interaktion entsprechend zu strukturieren. Eine wichtige Frage bei der Entscheidung für eine wettbewerbs- oder kooperationsorientierte Konfliktstrategie ist, wie wichtig es ist, die Beziehung zu wahren und eine Einigung mit den anderen Akteuren zu erzielen, oder ob die eigenen Interessen direkt durchgesetzt werden können, ohne auf irgendeine Form der Kooperation zurückgreifen und sich um die künftige Interaktion sorgen zu müssen. Eine solche Analyse ist bei Arbeitskonflikten besonders wichtig, wo die Beziehung zum Arbeitgeber kein Selbstzweck ist, sondern von strategischer oder taktischer Bedeutung sein kann, um das Gewerkschaftsziel zu erreichen, die Rechte der Arbeitnehmer zu verteidigen.

9.6 Einbindung von Sachverständigen

Die Literatur kommt bei der Frage, wie sinnvoll die Einbindung von Schlichtern oder Beratern in den Verhandlungsprozess ist, zu unterschiedlichen Ergebnissen. Während der Beitrag externer Sachverständiger in der Vorbereitungsphase sinnvoll sein kann (Erstellung eines Dossiers mit Daten, die als Grundlage für die künftigen Diskussionen dient), ist weniger klar, ob ihr Beitrag einen Mehrwert darstellt, wenn sich Arbeitgeber- und Arbeitnehmervertreter einigen müssen.

In einigen Ländern ist es recht üblich – und wird oft sogar durch Rechtsvorschriften gefördert – dass Gewerkschaftsvertreter von externen Sachverständigen unterstützt werden. In den meisten Fällen sind dies branchenspezifische oder regionale hauptamtliche Gewerkschaftsmitarbeiter. In diesen Fällen lädt die Unternehmensleitung manchmal den eigenen Berater als Gegengewicht zum Einfluss des (oft erfahrenen) Experten ein. Es wird jedoch im Allgemeinen nicht geraten, teure Berater in die Tarifverhandlungen eingreifen zu lassen. Auf einige Verhandlungspartner wirkt dies wie ein rotes Tuch. Branchenspezifische Berufsverbände haben oft Experten, die besser wissen, wie man es vermeidet, Befindlichkeiten zu verletzen. Bei Tarifverhandlungen geht es überwiegend nicht um gesetzlich verbriefte Rechte, sondern um die Abwägung der Für- und Gegenargumente und der Verteidigung von Interessen, wobei der Rechtsrahmen wichtig, aber nicht ausschlaggebend ist.

10 Was ist mit Kleinst- und Kleinunternehmen?

10.1 Kleinst- und Kleinfirmen erfordern einen eigenen Ansatz

Das typische Unternehmen in der EU ist entweder eine Kleinstfirma (mit zehn oder weniger Mitarbeitern) oder ein Kleinunternehmen (zwischen elf und 50 Beschäftigten)[20]. Dieses Kapitel befasst sich mit Unternehmen, die maximal 50 Mitarbeiter haben. Sie sind in vielen europäischen Ländern nicht verpflichtet, paritätische Gremien oder Betriebsräte einzurichten. Es ist unerlässlich, sich mit dieser Kategorie von Arbeitgebern zu beschäftigen, da sie nicht nur eine wichtige Rolle für die Wirtschaft der EU spielen, sondern auch den größten Beitrag zur Schaffung von Arbeitsplätzen leisten und sich besser von der Krise 2008 erholt zu haben scheinen als die größeren Firmen. De facto nimmt die durchschnittliche Firmengröße in der Industrie im Westen langsam, aber stetig ab.

Zahlreiche Studien zeigen jedoch, dass in dieser Kategorie von Unternehmen nicht nur die Zugangsraten sehr hoch sind, sondern auch die Ausstiegsraten. Dies zeigt ein besonderes Merkmal dieser Firmen: Auch wenn kleine und mittlere Unternehmen (KMU) generell als flexibler und anpassungsfähiger gelten und man annimmt, dass Entlassungen weniger wahrscheinlich sind als in größeren Unternehmen, stehen sie in Krisen und bei Umstrukturierungen vor größeren Problemen, vermutlich durch gewisse Einschränkungen, die mit ihrer Größe zusammenhängen, da es ihnen an interner Flexibilität und allgemein an Ressourcen fehlt, um die unmittelbaren Auswirkungen von Krisensituationen abzufedern (Eurofound, 2014).

Außerdem haben kleine Firmen allgemein einen geringen gewerkschaftlichen Organisationsgrad. Dies gilt umso mehr für die kleineren Unternehmen, die oft familiengeführt sind und seltener eine Arbeitnehmervertretung haben. Andererseits sind die Kommunikationswege in Kleinst- und Kleinfirmen deutlich kürzer, sodass man in vielen Fällen davon ausgehen darf, dass direkte Kontakte zwischen der Belegschaft und dem/den Entscheidungsträger(n) ohne Probleme

---

20 Einige EU-Mitgliedstaaten verwenden andere Kriterien für die Definition von Kleinst- oder Kleinunternehmen. In dieser Veröffentlichung wird die Definition der EU-Kommission herangezogen.

ablaufen. Insbesondere in Kleinstunternehmen werden die Arbeitsbeziehungen zwischen dem Inhaber und den Mitarbeitern häufig von beiden Seiten als persönliche und direkte Beziehung gesehen. „Die Tatsache, dass die Arbeits- und persönlichen Beziehungen sich in vielen Fällen überschneiden und von sozialen Aktivitäten verstärkt werden, gilt als Hürde, nicht nur für eine langfristige und systematischere Personalverwaltung, sondern auch für eine formalisierte oder gar institutionalisierte Praxis und Organisation" (Eurofound, 2014). Wie anhand von Daten aus Fallstudien argumentiert wurde, bedeuten solche informellen Arbeitsbeziehungen nicht, dass es keine Konflikte gibt, aber Unzufriedenheit seitens der Arbeitnehmer führt tendenziell eher zu Einzelaktionen (wie einem persönlichen Konflikt mit dem Firmeninhaber oder einem Arbeitsplatzwechsel) als dazu, dass die Probleme einem paritätischen Gremium vorgelegt werden. Generell sollte der soziale Dialog in KMU die für Firmen dieser Größe typischen Besonderheiten berücksichtigen. Diese lassen sich wie folgt zusammenfassen (Roorda & Hooi, 2000):

Können nicht mehr als eine oder zwei Veränderungen gleichzeitig bewältigen

Kurzfristige Sicht

Kultur des Handelns

Kultur der Angepasstheit

Begrenzte Fähigkeit zur Informationsbeschaffung

Herr im eigenen Hause

Begrenzte Fähigkeiten für Forschung außerhalb der Kernkompetenzen

Ablehnend gegenüber Ansätzen, die von der Außenwelt entwickelt wurden

Eng mit der Identität des Sektors verbunden.

10.2 Der EU-Ansatz und die diversen nationalen Rechtsrahmen

Die EU-Richtlinie zur Festlegung eines allgemeinen Rahmens für die Unterrichtung und Anhörung der Arbeitnehmer (2002/14/EG[21]) betrifft nur Unternehmen ab 50 Beschäftigten.

Während vor allem die Gewerkschaften eine Tradition haben, die Anpassung des Rechtsrahmens zu fordern (zum Beispiel der rechtlichen Verpflichtung oder

---

21 Siehe Kapitel 2.3.2 in Teil I dieses Berichts

zumindest Genehmigung zur Gründung eines Betriebsrats), argumentieren die Arbeitgeberorganisationen traditionell, dass die formellen Verfahren zur Unterrichtung und Anhörung in kleineren Unternehmen nicht notwendig seien, da die Beziehung zwischen der Geschäftsleitung und den Mitarbeitern direkter sei und auf persönlichen Kontakten basiere. Die letzte Aussage wird teilweise durch die Ergebnisse EU-weiter Erhebungen bestätigt, wie der Europäischen Unternehmenserhebung (ECS) von Eurofound. Diese stellt eine kurvilineare Beziehung zwischen der Qualität des betrieblichen sozialen Dialogs und der Firmengröße fest. In der Stichprobe der Arbeitgeber ist die Qualität des betrieblichen sozialen Dialogs in den kleinsten Firmen (mit 10-19 Beschäftigten) und den größten (ab 500 Beschäftigten) am höchsten. Außerdem kam die Unternehmenserhebung bei der Frage nach der Wahrnehmung der Arbeitnehmer in den kleineren Unternehmen im Vergleich zu den Großunternehmen zu dem Schluss, dass die Arbeitnehmer in kleineren Firmen ihren Einfluss auf strukturelle Veränderungen im Unternehmen ähnlich hoch einschätzen wie die Arbeitnehmer in größeren Unternehmen. In vielen Ländern halten die Arbeitnehmer in Firmen mit weniger als 50 Beschäftigen ihren Einfluss sogar für stärker als in größeren Firmen (Eurofound, 2014).

10.2.1 Betriebsräte und Arbeitsschutzausschüsse

Die EU-Mitgliedstaaten verfolgen im Hinblick auf den strukturierten sozialen Dialog in kleineren Firmen unterschiedliche Ansätze. In einigen Ländern gibt es keine solchen Rechtsvorschriften (Estland, Irland, Mazedonien, Montenegro). In anderen Ländern müssen ab einer bestimmten Anzahl von Beschäftigten Betriebsräte gegründet werden, meistens auf Antrag eines vorgegeben Prozentsatzes der Mitarbeiter (Jevtic, 2012):
- Dänemark, Deutschland, Lettland, Österreich: 5
- Spanien, Zypern: 10
- Bosnien/Herzegowina, Italien, Luxemburg: 15
- Kroatien, Litauen, Rumänien, Slowenien: 20
- Tschechische Republik: 25
- Finnland: 30

In anderen Ländern (Belgien, Frankreich, Griechenland, Malta, Niederlande, Polen, Serbien, Slowakei, Ungarn und Vereinigtes Königreich) sind Betriebsräte oder Arbeitsschutzausschüsse erst ab einer Belegschaft von mindestens 50 Mitarbeitern vorgeschrieben, auch wenn in kleinen Firmen einzelne Gewerkschaftsvertreter ernannt oder gewählt werden können, die in der Praxis die gleichen Aufgaben und Zuständigkeiten wie formelle Gremien in größeren

Unternehmen ausüben. In Schweden wurden die Betriebsräte 1976 mit Verabschiedung des Mitbestimmungsgesetzes abgeschafft. Hier wird die Anhörung und Einbindung der Mitarbeiter durch die Einrichtung von Gewerkschafts- und Arbeitnehmervertretungen in den Entscheidungsgremien des Unternehmens gewährleistet. Es gibt keine vorgeschriebene Mitarbeiterzahl, die über die Anwendung dieser Rechtsvorschriften entscheidet. Deshalb ist die Gewerkschaft in fast allen Unternehmen vertreten. Gibt es keine örtliche Gewerkschaft im Betrieb, dürfen die Gewerkschaften auf regionaler oder nationaler Ebene für alle Gewerkschaftsmitglieder in dieser Firma verhandeln und Informationen erhalten (Jevtic, 2012).

Niedrige Schwellen bei der Mitarbeiterzahl, die für die Einrichtung einer Arbeitnehmervertretung erforderlich ist, scheinen kaum Einfluss auf die Häufigkeit von Betriebsräten oder anderen institutionellen Formen der Interessensvertretung auf betrieblicher Ebene zu haben. „Unterscheidet man die Unternehmen nach *niedrigen, mittleren oder hohen* Schwellenwerten für die verschiedenen Formen der Arbeitnehmervertretung und vergleicht man diese Gruppen mit der Abdeckung kleiner Firmen (...), zeichnet sich keine eindeutige Korrelation ab. Während man Länder mit höheren Schwellenwerten (z. B. Polen, Ungarn oder das Vereinigte Königreich) findet, die eine relativ geringe Häufigkeit und Abdeckung haben, gibt es auch Länder mit sehr niedrigen Schwellen, deren Abdeckungsraten noch geringer sind" (Eurofound, 2014).

10.2.2 Gewerkschaftsvertreter

Andererseits haben einige Länder Ausgleichssysteme, bei denen eine Arbeitnehmervertretung (Betriebsrat, Arbeitsschutzausschuss) durch die Ernennung einer einzelnen Person oder kleinen Gruppe gewerkschaftlich organisierter Sprecher abgelöst wird, die die Tarifverhandlungen von paritätischen Gremien übernehmen. In den meisten Fällen ist diese Praxis unabhängig von der Firmengröße. Der Sicherheitsbeauftragte oder die Vertrauensperson der Gewerkschaft fallen unter dieses System (siehe Kapitel 2.3), es gibt aber in verschiedenen Ländern auch andere Formeln, wo zum Beispiel eine Gewerkschaftsabordnung, deren Mitglieder nicht gewählt, sondern von lokalen oder sektoralen Gewerkschaften ernannt werden, die Aufgaben des Betriebsrats übernimmt.

Auch hier unterscheiden sich die EU-Mitgliedstaaten wieder stark voneinander. In vielen Ländern gibt es keine Schwelle für die Gewerkschaften für (gewählte oder ernannte/abgeordnete) Vertreter auf der Arbeitnehmerseite. Das gilt für

Bulgarien, Deutschland, Frankreich, Irland, Italien, Niederlande, Norwegen, Österreich, Portugal, Schweden, Slowakei, Slowenien und Spanien. In Belgien können die Gewerkschaften in Betrieben mit fünf bis 20 Beschäftigten einen Vertreter wählen oder vorschlagen – je nach dem Tarifvertrag, der für die Branche des Unternehmens gilt. In anderen Ländern sind die Mindestschwellen wie folgt (Eurofound, 2014):
- 3 Beschäftigte: Tschechische Republik
- 5 Beschäftigte: Dänemark, Estland, Malta
- 10 Beschäftigte: Finnland, Polen, Ungarn
- 15 Beschäftigte: Rumänien
- 20 Beschäftigte: Litauen, Vereinigtes Königreich
- 21 Beschäftigte: Griechenland, Zypern
- 50 Beschäftigte: Lettland

TEIL 3

ÜBERBETRIEBLICHE KOORDINIERUNG DES SOZIALEN DIALOGS

11 Überbetrieblicher Dialog: Was verbirgt sich hinter dem Namen?

11.1 Einige Zahlen...

Auch wenn überbetriebliche Tarifvereinbarungen weithin als typisches Merkmal europäischer Arbeitsbeziehungen gelten, finden sich ihre frühesten Vorläufer Ende des 19. Jahrhunderts nicht in Europa, sondern in Neuseeland und Australien.[22] Aber angefangen mit einigen Schweizer Kantonen haben die europäischen Länder ab dem ersten Jahrzehnt des 20. Jahrhunderts und insbesondere nach dem Ende des Ersten Weltkriegs auf die eine oder andere Weise damit begonnen, ein System des überbetrieblichen sozialen Dialogs aufzubauen.

Im ersten Teil dieses Berichts wurde versucht, die verschiedenen EU-Mitgliedstaaten anhand ihrer Strukturen des sozialen Dialogs einzuordnen – mit eher enttäuschendem Ergebnis. Selbst innerhalb eines Clusters (z. B. skandinavische Länder, der Süden, die „neuen" Mitgliedstaaten) bestehen beträchtliche Unterschiede zwischen den Ländern. Das führt dazu, dass die Strukturen des überbetrieblichen Dialogs von einem Land zum anderen sehr verschieden sind und selbst innerhalb eines EU-Mitgliedstaats die Beziehung zwischen den einzelnen Organisationen und verschiedenen Ebenen des sozialen Dialogs nicht eindeutig ist. Dies ist meist historisch bedingt, aber die heutige Situation wirkt sich auch aus. In den Niederlanden gehören weniger als 20% aller Arbeitnehmer einer Gewerkschaft an, während über 80% der Unternehmen in einem Arbeitgeberverband sind (SER, 2014); in einigen „neuen" EU-Mitgliedstaaten ist die Situation genau umgekehrt, was ein sehr gemischtes Gesamtbild ergibt.

---

22 http://collective.etuc.org/sites/default/files/Schulten 2012 Extension procedures in Europe.doc

Die Tarifbindung ist eines der Kernmerkmale organisierter Arbeitsbeziehungen. „Umso weniger Arbeitnehmer unter Tarifverträge fallen, umso weniger Relevanz haben organisierte Arbeitgeber-Arbeitnehmer-Beziehungen insgesamt. Der Kernmechanismus zur Steuerung organisierter Arbeitsbeziehungen ist der Tarifvertrag im Gegensatz zu marktüblichen Einzelarbeitsverträgen. Daher ist die Tarifbindung für den Grad der Arbeitsmarktorganisation wichtiger als die Verhandlungsebene, da auch dezentralisierte Tarifverträge (die nur einen Arbeitgeber betreffen) eine organisierte (d. h. marktfremde) Form der Arbeitsmarktsteuerung darstellen. Daher ist der wichtigste Indikator für den Grad der Organisation/Nichtorganisation von Arbeitsmärkten die Tarifbindungsquote von Kollektivverträgen" (Traxler et al., 2001).

Das bedeutet, dass sich die Tarifbindung (zur Definition siehe Abschnitt 3.2.3 in Teil 1) von einem Land zum anderen stark unterscheidet. Auf Basis der jüngsten verfügbaren Daten von 2009/2010 wurde die Tabelle auf der nächsten Seite erstellt. Es wird deutlich, dass bei der Tarifbindung die Eurozone und vor allem die nordischen Länder die höchsten Werte erreichen.

Es ist interessant zu analysieren, ob sich die Tarifbindung in den letzten Jahrzehnten verändert hat. Ein Vergleich der Tarifbindungsquoten zwischen 1990-1992 und 2005-2007 durch die OECD zeigt, dass die Zahlen in den meisten der in Tabelle 11.1 genannten Länder weitgehend unverändert geblieben sind. In den angelsächsischen Ländern (Irland und Vereinigtes Königreich in der EU, USA, Neuseeland und Australien) ist die Tarifbindung jedoch deutlich gesunken[23] – sowie in Portugal (OECD, 2012). Aber wie sieht es mit der Wirtschaftskrise 2008/2009 und ihren Folgen aus? In diesem jüngsten Zeitraum längeren Wirtschaftsabschwungs scheint ein deutlicher Trend zur Dezentralisierung des Tarifverhandlungsprozesses in fast allen EU-Mitgliedstaaten aufzutreten. So kamen in vielen Fällen die nationalen und in geringerem Umfang auch sektoralen Tarifverhandlungen (manchmal unter dem Sammelbegriff *Verhandlungen auf mehreren Ebenen* geführt) infolge der Krise zum Erliegen. Dies hat in vielen Ländern im privaten Sektor zu einem Erstarken der betrieblichen Tarifverhandlungen geführt (Eurofound, 2013), sodass in vielen Sektoren der Inhalt dieses Kapitels an Relevanz verloren hat. Doch es gibt auch mögliche Treiber für Gegentrends: Der grenzübergreifende Einfluss der EU-Behörden (Kommission,

---

23 Es handelt sich um einen langfristigen Trend: In den 1960er Jahren hatten die meisten angelsächsischen Länder (die USA bildeten die einzige Ausnahme) eine recht hohe Tarifbindung. Aber die Tarifbindung ging allmählich immer mehr zurück. Das Gleiche gilt für Japan (Ochel, 2001).

Parlament, Rat) scheint ständig zu steigen, sodass der soziale Dialog auf europäischer Ebene in absehbarer Zukunft ebenfalls an Bedeutung gewinnen könnte.

Tabelle 11.1 Tarifbindung von Kollektivverträgen*

Tarifbindung (%)	EU-Mitgliedstaaten	Andere Länder
≥ 90	Belgien, Finnland, Frankreich, Österreich, Slowenien, Schweden,	Keine
80 ≤ 90	Spanien, Niederlande, Dänemark, Italien	Island
70 ≤ 80	Portugal, Rumänien	Norwegen
60 ≤ 70	Griechenland, Deutschland	?
50 ≤ 60	Luxemburg, Malta, Zypern	Israel, Schweiz, Norwegen
40 ≤ 50	Irland, Tschechische Republik, Slowakei	Australien
30 ≤ 40	Ungarn, Vereinigtes Königreich, Bulgarien	Kanada
20 ≤ 30	Lettland	?
10 ≤ 20	Estland, Litauen	Neuseeland, Japan, USA
≤ 10	Keine	Mexiko

* Schätzungen. Zahlen für 2007, 2008, 2009 oder 2010, je nach Verfügbarkeit
Quelle: http://collective.etuc.org/sites/default/files/Schulten 2012 Extension procedures in Europe.doc

11.2 ... und ihre Ursprünge ...

Generell fallen gut zwei Drittel der Arbeitnehmer in der EU unter den Geltungsbereich eines Tarifvertrags. Europa hat daher eine höhere Tarifbindung als alle anderen Regionen der Welt.[24] Für dieses Phänomen wurden alle erdenklichen Erklärungen angeführt, aber es besteht ein allgemeiner Konsens, dass die Existenz staatlicher Bestimmungen, die das Tarifverhandlungssystem fördern, der entscheidende Faktor ist. Eines der wichtigsten Mittel des Staats zur Steuerung dieser Frage ist das Instrument der Allgemeinverbindlichkeit von Tarifverträgen: Staatliche Behörden erklären einen Tarifvertrag per Rechtsakt über die unmittelbaren vertragsschließenden Parteien hinaus als verbindlich, sodass er für alle Firmen und Arbeitnehmer in einer bestimmten Region, einem Sektor oder dem gesamten Land gilt. Auf diese Weise kann die Reichweite des Tarifvertrags deutlich erhöht und das Tarifvertragssystem insgesamt stabilisiert werden.

Diesen Prozess bezeichnet man im Allgemeinen als *Allgemeinverbindlichkeit*. Durch die Erweiterung des Geltungsbereichs eines Tarifvertrags wird dieser auch für Arbeitnehmer und Unternehmen bindend, die keiner der Vertragsparteien angehören. Dabei muss eine grundlegende Unterscheidung getroffen werden. Es gibt zunächst die Erweiterung des Geltungsbereichs des Tarifvertrags auf nicht gewerkschaftlich organisierte Arbeitnehmer in Firmen, die organisiert sind. Im Hinblick auf dieses Ziel haben die meisten europäischen Ländern eine Rechtsvorschrift, die sich *Erga-omnes-Regelung* nennt, d. h. die Bestimmungen von Tarifverträgen in Unternehmen, die durch diese gebunden sind, gelten auch für deren nicht gewerkschaftlich organisierte Mitarbeiter. In der Praxis gelten selbst in Ländern, die nicht diese Art der Regelung haben, wie Deutschland, die tarifvertraglichen Bestimmungen in der Regel für alle Beschäftigten der erfassten Unternehmen. Ein Grund, warum Arbeitgeber Interesse an der Gleichbehandlung gewerkschaftlich organisierter und nichtorganisierter Arbeitnehmer haben, ist, dass eine tarifvertraglich vereinbarte Besserstellung ein starker Anreiz wäre, einer Gewerkschaft beizutreten.[25] Die Arbeitnehmerorganisationen haben so außerdem die Gewissheit, dass alle Beschäftigten eines bestimmten Unternehmens oder einer Institution gleichbehandelt werden.

---

24 http://collective.etuc.org/sites/default/files/Schulten 2012 Extension procedures in Europe.doc
25 http://collective.etuc.org/sites/default/files/Schulten 2012 Extension procedures in Europe.doc

Der zweite Ansatz besteht darin, den Geltungsbereich des Tarifvertrags auf Unternehmen, die nicht organisiert sind, auszudehnen. Hier ist das Mittel der Wahl die *Allgemeinverbindlichkeitserklärung*, über die der Staat per Rechtsakt den Geltungsbereich des Tarifvertrags über die Unternehmen hinaus ausdehnt, die Mitglied einer der vertragsschließenden Parteien sind – aber andere Ansätze sind auch denkbar. So kann der Staat zum Beispiel von Anfang an Gremien wie den Wirtschaftskammern, deren Mitgliedschaft für die Arbeitgeber verpflichtet ist, Tarifverhandlungsrechte gewähren. Die nachfolgende Tabelle zeigt eine allgemeine Übersicht der Lage innerhalb der EU.

Tabelle 11.2 Verbreitung der Allgemeinverbindlichkeitserklärungen in Europa

Häufigkeit der Erklärung	Betreffende Länder
Sehr weit verbreitet: Die meisten Branchentarifverträge werden für allgemeinverbindlich erklärt	Belgien, Finnland, Frankreich, Griechenland, Luxemburg, Niederlande, Portugal
Funktionale Äquivalente, die in der Praxis weit verbreiteten Allgemeinverbindlichkeitserklärungen entsprechen	Italien**, Österreich*, Spanien*** (Slowenien bis 2008, Rumänien bis 2011)
Unüblich oder selten: Häufig konzentrieren sich die Allgemeinverbindlichkeitserklärungen auf wenige Sektoren	Bulgarien, Deutschland, Estland, Irland, Lettland, Litauen, Norwegen, Polen, Rumänien, Slowakei, Slowenien, Schweiz, Tschechische Republik, Ungarn
Keine Allgemeinverbindlichkeitserklärung	Dänemark, Malta, Schweden, Vereinigtes Königreich, Zypern

*   In großen Teilen der Wirtschaft müssen Unternehmen der Wirtschaftskammer angehören, die in den meisten Tarifverträgen die Arbeitgeberpartei ist.
**   Die italienische Verfassung gewährleistet das Recht jedes Arbeitnehmers auf ein „gerechtes Entgelt". Bei einem Rechtsstreit gehen die italienischen Arbeitsgerichte in der Regel davon aus, dass der jeweilige Tariflohn als gerechtes Entgelt gilt.
***   Der Geltungsbereich von Tarifverträgen wird automatisch auf alle nicht organisierten Unternehmen ausgedehnt, sofern die Tarifverträge von „repräsentativen" Parteien geschlossen wurden.
Quelle: http://collective.etuc.org/sites/default/files/Schulten 2012 Extension procedures in Europe.doc

Die Anwendung der *Allgemeinverbindlichkeitserklärung* unterliegt in der Regel einer Reihe von Bedingungen, die ihre Verbreitung entweder behindern oder fördern können. Die meisten Länder schreiben gewisse Kriterien zur Repräsentativität des Tarifvertrags vor, der für allgemeinverbindlich erklärt wird. In einigen Ländern wie Deutschland oder den Niederlanden wird die Repräsentativität anhand der Tarifbindung ermittelt, d.h. solche Erklärungen können nur dann greifen, wenn der Tarifvertrag bereits für einen bestimmten Anteil der Arbeitnehmer gilt. Die nötige Tarifbindung liegt in der Regel bei 50% aller Arbeitnehmer in den Unternehmen, die unter den Tarifvertrag fallen, ungeachtet der Gewerkschaftsmitgliedschaft. In anderen Ländern wie Belgien, Frankreich oder Spanien ist das Kriterium für die Repräsentativität eines Tarifvertrags nicht die Tarifbindung, sondern die Frage, ob der Tarifvertrag zwischen repräsentativen Parteien geschlossen wird. Der Gedanke dahinter ist, dass die Arbeitgeberorganisationen und Gewerkschaften „nicht nur die unmittelbaren Interessen ihrer Mitglieder vertreten, sondern eine wichtige Regulierungsfunktion für die gesamte Gesellschaft wahrnehmen"[26]. Bei diesem Konzept wird die Repräsentativität der Parteien in jedem dieser Länder nach verschiedenen Kriterien bewertet.

11.3 ... und ihre Wirkung

In diesem Fall profitieren beide an den Verhandlungen beteiligten Parteien von dieser Form der Allgemeinverbindlichkeitserklärung. Aus Arbeitgebersicht haben allgemeingültige Tarifverträge eine *Kartellfunktion* und daher werden Branchentarifverträge – auch wenn sie oft detailliert sind – von den meisten Unternehmen in der jeweiligen Branche begrüßt, die Druck auf die anderen Firmen ausüben, damit alle Elemente ordnungsgemäß eingehalten werden. In Sektoren, in denen kleine Firmen überwiegen, wie dem Bauwesen oder der gewerblichen Reinigung, ist der Abschluss von Tarifverträgen für das Überleben der Großunternehmen wichtig: Durch die strenge Regulierung der Arbeitsbedingungen können die etablierten Arbeitgeber gegenüber den kleinen und mittleren Konkurrenzfirmen wettbewerbsfähig bleiben, die ansonsten versucht wären, mehr Schwarzarbeit, unterbezahlte Arbeitsmigranten und Überstunden zu nutzen (Van Peteghem et al., 2012). Darüber hinaus haben viele dieser Tarifverträge eine *Ordnungs- und Friedensfunktion*; das bedeutet, dass beide

---

26 http://collective.etuc.org/sites/default/files/Schulten 2012 Extension procedures in Europe.doc

Vertragsparteien den Betriebsfrieden wahren, solange der Tarifvertrag gilt, sodass die Arbeitgeber auf Verlässlichkeit und im Grundsatz auf die ungestörte Fortsetzung ihrer Geschäftstätigkeit zählen können, und zwar im gesamten Wirtschaftszweig.

Die Gewerkschaften sind überwiegend für die Allgemeinverbindlichkeitserklärung, auch wenn eine gewisse Ambivalenz bleibt. Im Gegensatz zu den Arbeitgebern befürchten die Gewerkschaften womöglich, dass betriebsübergreifende Tarifverträge ihre Organisationsmacht schwächen könnten, da sie den Anreiz der Gewerkschaftsmitgliedschaft mindern. Die AVE bedeutet außerdem eine größere politische Abhängigkeit vom Staat, was ihre Marktposition je nach der gerade regierenden politischen Partei schwächen könnte.

12 Der branchenspezifische Ansatz

Der sektorale soziale Dialog – die Zwischenebene zwischen nationalen (paritätischen oder tripartistischen) Konsultationen und Tarifverhandlungen auf Unternehmensebene – ist ein Kernelement des westlichen sozioökonomischen Gefüges. So schieben viele Autoren die relative Schwäche des Arbeitsbeziehungssystems in den „neuen" EU-Mitgliedstaaten auf das Fehlen gut funktionierender sektoraler, paritätischer Gremien und weisen damit auf die „kleine Anzahl von Tarifverträgen, die fehlende Kommunikation zwischen den Sozialpartnern auf dieser Ebene und das bisherige Versäumnis hin, den erforderlichen gesetzlichen und institutionellen Rahmen zu schaffen" (Ghellab & Vaughan-Whitehead, 2003). Dies wird dadurch illustriert, dass Slowenien (das Land hat relativ schnell zu den westeuropäischen Ländern aufgeschlossen) auf sektoraler Ebene eine Infrastruktur für einen guten sozialen Dialog hat (Wierink, 2006).

Dieses Kapitel befasst sich mit Branchentarifverträgen als solchen, da sie das konkreteste Ergebnis des sektoralen sozialen Dialogs sind.

12.1 Tarifverträge: Was verbirgt sich hinter dem Namen?

Tarifverträge können auf allen Ebenen abgeschlossen werden, wo Arbeitgeber oder ihre Verbände und Arbeitnehmerorganisationen überzeugt sind, dass eine solche Vereinbarung notwendig ist. In der Regel sind die Arbeitgeber nicht darauf erpicht, zu viele Verhandlungsebenen zu haben: Aus ihrer Sicht bedeutet jede Ebene zusätzliche Kosten, was die personellen Ressourcen betrifft, und könnte neue Zugeständnisse der Unternehmen erfordern (Standaert, 2005). Oft betrachten sie die Branchenebene als vorrangig für zweigliedrige Verhandlungen geeignet.

Allgemeine Bedingungen, die das Konzept des Tarifvertrags erfüllen muss, können wie folgt zusammengefasst werden:
- ➢ Es obliegt den Sozialpartnern selbst, die Ebene der Anwendung, die Dauer, den Inhalt, die Umsetzungsdaten oder andere Details solcher Vereinbarungen zu bestimmen.
- ➢ Andererseits dürfen Tarifverträge nicht gegen geltendes Recht oder internationale Abkommen verstoßen.

➤ Ein Tarifvertrag auf tieferer Ebene darf einem übergeordneten Tarifvertrag nicht widersprechen.
➤ Überbetriebliche Vereinbarungen, die zwischen mehreren Unternehmen (oder einem einzigen großen Konzern) geschlossen werden, die/der einen Sektor in einem Land oder einer Region dominieren, denen zu einem späteren Zeitpunkt eine Reihe anderer, kleinerer Arbeitgeber folgen, können nicht als Branchentarifverträge im eigentlichen Sinne betrachtet werden, unabhängig davon, ob sie durch Tarifverhandlungen zustande gekommen sind.
➤ Die Verbindlichkeit eines Tarifvertrags kann variieren. In einigen Fällen und Ländern gibt es Bestimmungen zum Selbstaustritt. Dieser Sachverhalt ist womöglich erklärungsbedürftig.

Der Selbstaustritt

Traditionell haben sektorale (und sektorenübergreifende) Tarifverträge die Funktion, die Entgelte und Arbeitsbedingungen für ganze Sektoren oder sogar Länder zu vereinheitlichen. Seit einigen Jahrzehnten bedient man sich jedoch des Selbstaustritts, der auch bisweilen Ausnahmeregelung genannt wird, als Mittel, um von einheitlichen Standards abzuweichen und es einzelnen Unternehmen zu ermöglichen, bei einem begrenzten (und zumeist vorher festgelegten) Themenspektrum betriebsinterne Regeln und Bestimmungen umzusetzen. Als Grund für die wachsende Tendenz zum Selbstaustritt wird die zunehmende Globalisierung des Wettbewerbs zitiert. Dies führt dazu, dass sich „für die Unternehmen Möglichkeiten bieten – durch unterschiedlichste Ausnahmen (wie Öffnungsklauseln, Härtefallregelungen, Klauseln zur Zahlungsunfähigkeit) – von Lohnstandards abzuweichen, die in sektoralen oder branchenübergreifenden Tarifverträgen geregelt werden, einschließlich Mindestlöhnen, wenn sie unter vorübergehenden wirtschaftlichen Schwierigkeiten leiden" (Keune, 2010). Es gibt kaum systematische Daten zu diesem Thema – außer dass immer mehr EU-Mitgliedstaaten beim Abschluss von Tarifverträgen solche Klauseln zu nutzen scheinen.

Die Länder lassen über zwei Wege Selbstaustrittsklauseln in sektorenübergreifenden Tarifverträgen zu. Einige Mitgliedstaaten (z. B. Italien, Frankreich, Spanien) haben Rechtsvorschriften, die explizit bestimmte Aspekte solcher Ausnahmen regeln, wie die Bedingungen, unter denen sie gelten, oder die

Themen, die sie erfassen dürfen. Andererseits gilt in mehreren Ländern (Belgien, Deutschland, Österreich) der Grundsatz, dass Tarifverträge auf höherer Ebene Vorrang vor untergeordneten haben, d.h. es obliegt den Arbeitgebern und Gewerkschaften, solche Klauseln in übergeordneten Tarifverträgen aufzunehmen. Nur dann können die betrieblichen Sozialpartner Änderungen bestimmter Punkte firmenübergreifender Tarifverträge diskutieren. Außerdem nutzen die einzelnen Unternehmen solche Austrittsklauseln in der Praxis in sehr unterschiedlichem Maße. In Deutschland werden solche Öffnungsklauseln häufig auf Unternehmensebene genutzt, während in anderen Ländern nur wenige Unternehmen davon Gebrauch machen. Ein gemeinsamer Faktor fast aller Öffnungsklauseln ist, dass „die Ausnahmen auf (...) Vereinbarungen (...) basieren müssen, die den Arbeitnehmervertretern ein Maß an Kontrolle über die Anwendung solcher Klauseln geben müssen" (Keune, 2010). Außerdem gibt es in mehreren Fällen Kontrollen auf höherer Ebene (wie die Sektorenausschüsse in Italien oder das Labour Court in der Republik Irland).

Als Schlussfolgerung könnte man festhalten, dass die Sozialpartner auf sektoraler und regionaler/nationaler Ebene für eine hohe Stabilität ihrer tarifvertraglichen Ansätze eintreten und Selbstaustrittsklauseln als Mittel nutzen, um einen gewissen Freiheitsgrad für einzelne Unternehmen zu ermöglichen anstatt den Weg für ein allgemeines Tarifvertragssystem auf Unternehmensebene zu ebnen.

Ein Tarifvertrag kann folgende Inhalte definieren:
- Beschäftigungsbedingungen, vor allem Entgelte, Prämien und Zulagen, Aus- und Weiterbildung, Arbeitszeitregelungen (flexible Arbeitszeiten, Schichtarbeit, Überstunden etc.), Urlaubsansprüche, Freistellung (bezahlt und unbezahlt), Fahrtkostenzulagen, Beschäftigungsgarantien, Zugang zu zusätzlichen betrieblichen Sozialversicherungssystemen (Rentenausgleichsregelungen, garantiertes Entgelt bei Unfällen,...)
- Beschäftigungsverhältnisse, vor allem den Status von Gewerkschaftsvertretern im Unternehmen, Regelungen für Schulungsmaßnahmen für Gewerkschaftsvertreter, Verfahren zur Lösung oder Beilegung von Konflikten auf Unternehmens- oder Branchenebene
- Arbeitsbedingungen: Gesundheit und Sicherheit (einschließlich psychosozialer Risiken), Härtefall-Regelungen, Politiken zur Vermeidung von respektlo-

sem Verhalten oder Gewalt am Arbeitsplatz, Hilfsangebote für Mitarbeiter, allgemeine Gesundheitsförderung
- Produktivität und Wettbewerbsfähigkeit (Ghellab & Vaughan-Whitehead, 2003), einschließlich der sozialverantwortlichen Unternehmensführung, Umweltfragen, Produktverantwortung und Geschäftsethik
- Andere Themen: Chancengleichheit (z. B. Maßnahmen gegen Diskriminierung und Ungleichheit zwischen Männern und Frauen), Nachhaltigkeit, Einsatz von Leiharbeitnehmern, Sonderfonds für Sozialleistungen.

Ein Tarifvertrag kann entweder befristet sein (mit einer festen Laufzeit, die durch ein Anfangs- und Enddatum bestimmt wird) oder für einen unbefristeten Zeitraum gelten mit der Möglichkeit, den Vertrag mit einer festgelegten Frist zu kündigen. Ein wichtiger Bestandteil kann eine Klausel zur Friedenspflicht sein. Dies ist eine Verpflichtung der Gewerkschaft, den sozialen Frieden im Sektor (oder im Unternehmen), für den/das der Tarifvertrag gilt, zu gewährleisten und zu wahren. Diese Klausel steht für die Verpflichtung, die die Gewerkschaften im Gegenzug für die Erfüllung der Bedingungen durch den/die Arbeitgeberverband/-verbände eingehen. *Friedenspflicht* bedeutet, dass sich die Gewerkschaften formell verpflichten, während der Laufzeit des Tarifvertrags auf der Ebene des Tarifvertrags (oder den Ebenen darunter, z. B. der betrieblichen) keine neuen Forderungen zu stellen, keine Aktionen oder Forderungen von Arbeitnehmern auf unteren Ebenen nach weiteren oder neuen Vorteilen zu unterstützen und „sich keinen Initiativen der Regierungen anzuschließen, die zu einer Erhöhung der Arbeitskosten führen können, die Harmonie stören oder dem Inhalt des Tarifvertrags zuwiderlaufen könnten" (Standaert, 2005).

Bei Nichteinhaltung des Tarifvertrags kann der Arbeitgeberverband (oder einzelne Arbeitgeber) zumindest in einigen Ländern aus dem Tarifvertrag aussteigen, seine Umsetzung aussetzen oder „die Arbeitnehmerorganisationen durch Streichung gewisser finanzieller oder materieller Förderungen ihnen und ihren Delegierten gegenüber oder Einstellung bestimmter Einrichtungen (z. B. Unterstützung für Fortbildungseinrichtungen, Freistellung für Gewerkschaftsaktivitäten etc.) finanziell bestrafen (Standaert, 2005). In Ländern, wo Gewerkschaften und Arbeitgeberverbände eine eigene Rechtspersönlichkeit haben, kann die durch die Nichteinhaltung des Tarifvertrags geschädigte Partei die andere Partei vor (ein Arbeits-)Gericht bringen und Schadenersatz fordern.

Was die Begriffsbestimmungen betrifft, kann man schließlich noch eine Unterscheidung zwischen einer Tarifvereinbarung im eigentlichen Sinne und

Übereinkommen der Sozialpartner treffen, die in einigen Ländern als sektorales Instrument gesehen werden, das einen regulären Tarifvertrag ergänzt oder ersetzt.

Der Unterschied zwischen einem Tarifvertrag und einem sozialpartnerschaftlichen Übereinkommen

Eine besondere Form des sektoralen sozialen Dialogs ist unter der Bezeichnung des sozialpartnerschaftlichen Übereinkommens bekannt. Es handelt sich um freiwillige Vereinbarungen, die in gegenseitiger Absprache zwischen den Arbeitgeber- und Arbeitnehmerorganisationen in einem bestimmten Sektor geschlossen werden. In vielen Ländern, insbesondere in Skandinavien und im angelsächsischen Raum, haben die sektoralen Übereinkommen zwischen den Sozialpartnern seit den 1980er Jahren Konjunktur. Sie haben häufig die Form einer Broschüre oder eines Hefts, in dem eine Reihe von Prioritäten für den Sektor festgelegt wird, überwiegend zur Qualität, Umwelt, Energie oder Gesundheit und Sicherheit am Arbeitsplatz. In jüngerer Vergangenheit wurden sie inhaltlich um die Prävention von Fehlzeiten durch Krankheiten oder psychosoziale Risiken erweitert. Im Allgemeinen befassen sich die Übereinkommen der Sozialpartner mit Themen, die nur schwer durch eindeutige, messbare Standards reguliert und daher nicht leicht in formelle, verbindliche Vereinbarungen aufgenommen werden können, da sie für Regierungsstellen kaum überprüfbar sind. In solchen Übereinkommen wird häufig angegeben, ob es sich bei den behandelten Aspekten um eine rechtliche Verpflichtung, einen Branchenstandard, eine Empfehlung oder lediglich um eine Warnung handelt, dass eine bestimmte Situation zu vermeiden ist. Die Absicht ist, dass jeder Arbeitgeber anhand des Übereinkommens prüfen sollte, inwiefern sein Unternehmen den geltenden Rechtsvorschriften genügt und entsprechend guter Praxis in der Branche handelt (Heselmans & Van Peteghem, 2007). Sie können selbst entscheiden, wie sie mögliche Defizite beheben. Daher ist ein solches Übereinkommen wenig mehr als eine umfangreiche, sektorenspezifische Checkliste der verschiedenen Verbesserungsansätze. In einigen Ländern (z. B. den Niederlanden) wird der Grundgedanke verfolgt, dass Unternehmen, die die Bestimmungen des Übereinkommens erfolgreich umsetzen, zertifiziert werden; in anderen werden Übereinkommen staatlich gefördert. Im Allgemeinen werden Übereinkommen als effektives Mittel gesehen, um Gruppendruck dazu zu nutzen, Unternehmen zu überzeugen, deren Haltung entweder passiv oder offen negativ ist.

Manche Übereinkommen legen Ergebnisse fest, auf die sich die Unterzeichner verpflichten. Die dänischen Gewerkschaften und Arbeitgeberverbände eines Sektors schlossen 1992 ein Übereinkommen über einen Aktionsplan zur Bekämpfung von Muskel-Skelett-Erkrankungen. Das ehrgeizige Ziel des Plans war, repetitive Arbeiten bis zum Jahr 2000 um 50% zu verringern. Eine Bewertung der Wirkung dieses Plans zeigte, dass er trotz gewisser Defizite eine Verringerung repetitiver Arbeiten bewirkt hat, auch wenn das Ziel verfehlt wurde (Hasle et al., 2004).

Dennoch sind solche Übereinkommen nicht als einziger oder gar idealer Ansatz zur Verbesserung der Arbeitsbeziehungen zu sehen, zum Beispiel in kleinen und mittleren Unternehmen (KMU). Das Ergebnis fällt oft unterschiedlich aus. Die Arbeitgeber finden einerseits die Anforderungen an das Arbeitsumfeld zu streng; die Gewerkschaftsmitglieder sind ihrerseits vielleicht genau der gegenteiligen Meinung (Hasle & Petersen, 2004). Dabei sollte nicht vergessen werden, dass Übereinkommen nicht rechtsverbindlich sind, sondern oft nur bewirken sollen, dass die Gewerbeaufsicht den beteiligten Arbeitgebern gegenüber größere Nachsicht walten lässt. Angesichts der dünneren Personaldecke der meisten staatlichen Stellen ist es womöglich schwierig, der Versuchung zu widerstehen, Nachsicht gegenüber Firmen aus Sektoren walten zu lassen, die solche Übereinkommen haben (Heselmans & Van Peteghem, 2007).

Zusammenfassend gilt, dass von den Sozialpartnern des Sektors über das Arbeitsumfeld geschlossene Übereinkommen eine neue Dynamik auslösen können, wenn sie die beiden Seiten – die jeweiligen Verbände und die Unternehmen – zu einem stärkeren Engagement für Verbesserungen veranlassen. Dabei scheint jedoch eine enge Zusammenarbeit zwischen den Behörden und Sozialpartnern erforderlich zu sein.

12.2 Wichtige Merkmale

Die fünf wichtigsten Aspekte für die Entwicklung des sektoralen sozialen Dialogs können wie folgt zusammengefasst werden (Ghellab & Vaughan-Whitehead, 2003):

- Organisationsfähigkeiten und Ressourcen der Arbeitnehmer- und Arbeitgeberorganisationen in den jeweiligen Sektoren
- Rechtlicher und institutioneller Rahmen, der notwendig ist, um den sektoralen sozialen Dialog zu stärken
- Rolle des Staats für die Förderung, Regulierung und Entwicklung dieses Dialogs
- Integration des sektoralen sozialen Dialogs in über- und untergeordnete Ebenen des sozialen Dialogs (national, regional, betrieblich)
- Merkmale sektoraler Tarifverträge: Anzahl, Inhalte, Laufzeit, Überprüfung und Durchsetzung.

Diese Elemente werden in den nachfolgenden Abschnitten behandelt.

12.2.1 Organisationsmacht und Ressourcen der Sozialpartner

Die Arbeitgeberorganisationen können nur für und im Namen ihrer Mitglieder Tarifverträge verhandeln und abschließen. Umso mehr Mitglieder sie vertreten, umso höher ist ihre Repräsentativität: „Dies ist wichtig, wenn die Organisation die Absicht hat, die (...) Behörden aufzufordern, abgeschlossene Tarifverträge für alle Unternehmen in ihrem Sektor für allgemeinverbindlich erklären zu lassen – einschließlich der Unternehmen in der gleichen Branche, die nicht diesem Arbeitgeberverband angehören" (Standaert, 2005). Die Repräsentativität ist für die Gewerkschaften gleichermaßen wichtig: Sie können nur dann als legitimer Gesprächspartner auftreten, wenn sie die Fähigkeit haben, die Tarifverträge unter ihren Mitgliedern durchzusetzen (und in vielen Fällen auch unter den Nichtmitgliedern).

Die Verhandlungsführer sind in der Praxis Experten für Tarifverhandlungen und Arbeitsrecht, die den Sektor, seine Freiheiten und Engpässe sehr gut kennen und in der Regel von ihren jeweiligen Organisationen sehr gut vorbereitet werden.

12.2.2 Der gesetzliche und institutionelle Rahmen

Artikel 4 des ILO-Übereinkommens 98 über die Grundsätze des Vereinigungsrechts und des Rechts zu Kollektivverhandlungen lautet: „Soweit erforderlich, sind den Landesverhältnissen angepasste Maßnahmen zu treffen, um im weitesten Umfang Entwicklung und Anwendung von Verfahren zu fördern, durch die Arbeitgeber oder Organisationen von Arbeitgebern einerseits und Organisationen von Arbeitnehmern andererseits freiwillig über den Abschluss von Gesamtarbeitsverträgen zur Regelung der Lohn- und Arbeitsbedingungen verhandeln können."

Alle EU-Mitgliedstaaten haben in der einen oder anderen Form einen ordnungspolitischen Rahmen geschaffen, aber die zugrunde liegenden Konzepte unterscheiden sich deutlich.

Untersuchungen zeigen, dass der Rahmen in hohem Maße die Organisationsmacht der beteiligten Sozialpartner beeinflusst, vor allem auf der Arbeitgeberseite. Besteht ein institutioneller Rahmen für Tarifverhandlungen auf Verbandsebene mit einer Form der Allgemeinverbindlichkeitserklärung, hat dies eine eindeutig positive Wirkung auf den Organisationsgrad der Arbeitgeberverbände (Traxler, Blaschke & Kittel, 2001).

12.2.3 Die Rolle des Staats

In den meisten EU-Mitgliedstaaten haben die Regierungen oder regionalen Behörden ein Team von Experten gegründet, das die Sozialpartner im Verhandlungsprozess unterstützt; darüber hinaus können die Regierungsstellen administrative Unterstützung leisten.

12.2.4 Die Integration von Branchentarifverträgen

In manchen Ländern, die eine lange Tradition unterschiedlicher Tarifverträge auf betrieblicher, regionaler, sektoraler und nationaler Ebene haben, wird in den Tarifverträgen deren Hierarchie geregelt. Nationale Tarifverträge haben Vorrang und können durch andere Vereinbarungen auf tieferen Ebenen niemals außer Kraft gesetzt werden. In gleicher Weise darf ein betrieblicher Tarifvertrag, der in einem Unternehmen eines bestimmten Sektors geschlossen wird, niemals einem bestehenden Branchentarifvertrag zuwiderlaufen. Ein konkretes Beispiel: Wenn die Sozialpartner in Belgien eine maximale Entgelterhöhung für den gesamten privaten Sektor vereinbaren, die in einem nationalen Tarifvertrag festgeschrieben wird, darf kein Sektor oder einzelnes Unternehmen höhere Entgelterhöhungen gewähren, die diesen Grenzwert übersteigen.

12.2.5 Merkmale von Branchentarifverträgen

Nachfolgend werden einige Kriterien für die Qualität von Branchentarifverträgen genannt. Erstens sollten Branchentarifverträge ein breites Spektrum unterschiedlicher Themen behandeln. Die Entgelthöhe, Tariftabellen oder Lohnerhöhungen werden für die Arbeitnehmer und ihre Vertreter immer ein wichtiges Thema bleiben. Aber der Inhalt sollte über finanzielle Fragen hinausgehen, wie bereits oben erwähnt.

Was die Arbeitsbedingungen betrifft, sollten Tarifverträge zweitens über eine reine Wiederholung oder eine begrenzte, überwiegend irrelevante Klärung allgemeiner Bestimmungen, die an anderer Stelle geregelt werden (zum Beispiel im Arbeitsgesetzbuch oder einem nationalen Tarifvertrag) hinausgehen. Branchentarifverträge sollten vielmehr neue Rechte und Pflichten definieren, anstatt nur die Bestimmungen des Arbeitsrechts zu übernehmen.

Drittens haben reine Empfehlungen in Tarifverträgen nichts zu suchen. Wenn die in Tarifverträgen behandelten Themen nicht rechtsverbindlich sind, liegt es oft daran, dass die Arbeitgeberverbände nicht von ihren Mitgliedern befugt worden sind, Tarifverträge abzuschließen (Ghellab & Vaughan-Whitehead, 2003). Ein anderer möglicher Grund ist, dass der Sektor lieber auf Grundlage locker definierter Übereinkommen arbeitet (im Englischen als *„compacts"* bezeichnet, siehe oben).

12.3 Erfolgsfaktoren für Branchentarifverhandlungen

Ein guter Ausgangspunkt zur Bewertung von Erfolgsfaktoren für Tarifverträge ist die Feststellung, dass es deutliche Unterschiede im Umfang der Tarifbindung zwischen den verschiedenen Sektoren gibt. Zunächst sind in fast allen Ländern die Tarifbindungsquoten im privaten Sektor (zum Teil deutlich) geringer als im öffentlichen Sektor. Die einzige Ausnahme (Eurofound, 2012c) schien 1999 Portugal zu sein.

Aber in fast allen EU-Mitgliedstaaten variiert die Tarifbindungsquote je nach Sektor sehr stark. Die nachfolgende Tabelle zeigt exemplarisch die Zahlen für Ungarn für das Jahr 2000 (Eurofound, 2012c). Angesichts dieser Unterschiede stellt sich logischerweise die Frage nach den Ursachen. Die Wissenschaft ist sich bei den Erfolgsfaktoren für Branchentarifverträge uneinig. Manche Autoren (wie Ochel, 2001) argumentieren, dass die Tarifbindung überwiegend vom gewerkschaftlichen Organisationsgrad abhängt, aber die Realität scheint diese These nur bedingt zu bestätigen. Ein gutes Beispiel ist Frankreich, das einen extrem niedrigen gewerkschaftlichen Organisationsgrad, aber eine hohe Tarifbindung hat. Eine hohe Tarifbindung von Branchenabschlüssen spiegelt nicht immer die Wirkung der Gewerkschaften im jeweiligen Sektor wider. Eine oberflächliche Betrachtung reicht also nicht.

Tabelle 12.1   Tarifbindung nach Sektoren in Ungarn für das Jahr 2000

Sektor	Tarifbindung (Prozentsätze)
Land- und Forstwirtschaft, Jagd	19
Bergbau und Steinbrüche	41
Verarbeitendes Gewerbe	40
Strom-, Gas- und Wasserversorgung	97
Bauwesen	9
Groß- und Einzelhandel, Fahrzeugreparaturen und persönliche Haushaltswaren	16
Hotels und Gaststätten	23
Verkehr, Lagerung und Kommunikationn	64
Finanzdienstvermittlung, Immobilien, Vermietung und Geschäftsaktivitäten	27
Öffentliche Verwaltung und Verteidigung	10
Bildung, Gesundheitsversorgung und Sozialarbeit, andere Gemeinschafts- und persönliche Dienstleistungen	40

Quelle: Eurofound, 2012c

Regelungen zur Allgemeinverbindlichkeitserklärung sind sicher ein wichtiger Einflussfaktor, was unmittelbar die Frage nach dem bestehenden ordnungspolitischen Rahmen aufwirft. Dieser hängt in der Regel davon ab, wie sehr der soziale Dialog im Allgemeinen und Arbeit insgesamt reguliert sind. Was die Wirkung von Tarifverträgen betrifft, kann man feststellen, dass in fast allen EU-Mitgliedstaaten diese Vereinbarungen zwischen den vertragsschließenden Parteien (inter partes) rechtsverbindlich sind. Auch hier stellen die angelsächsischen Länder wieder eine Ausnahme von der Regel dar: Im Vereinigten Königreich und in Irland kann ein Tarifvertrag inter partes nur dann für verbindlich erklärt werden, wenn dies ausdrücklich vereinbart wird (Rebhahn, 2003). Das Konzept der *Allgemeinverbindlichkeitserklärung* ist für den Mechanismus der firmenübergreifenden Tarifverhandlung von zentraler Bedeutung; daher muss es besonders hervorgehoben werden.

Allgemeinverbindlichkeitserklärung: Kernmerkmal eines guten, überbetrieblichen Tarifvertragssystems

Regelungen, die Tarifverträge über die vertragsschließenden Parteien hinaus für verbindlich erklären, sind wichtige Faktoren, die sich deutlich auf die Verfahren und Praxis zur Festlegung von Entgelten, Arbeitszeiten und Arbeitsbedingungen auswirken (Traxler & Behrens, 2002). Laut einer Vergleichsstudie der Europäischen Beobachtungsstelle zur Entwicklung der Arbeitsbeziehungen (EIRO) über die Tarifbindung und Verfahren zur Allgemeinverbindlichkeitserklärung gibt es grundsätzlich drei Rechtsmechanismen:

- *Allgemeinverbindlichkeitserklärung (AVE) im strengen Sinn:* Ein Tarifvertrag wird für allgemeinverbindlich erklärt, indem alle Arbeitnehmer und Arbeitgeber im Geltungsbereich, die nicht Vertragspartei sind, ausdrücklich durch den Tarifvertrag gebunden werden.
- *Erweiterung:* Ein Tarifvertrag, der an anderer Stelle geschlossen wird, gilt auch für Sektoren und Bereiche, die keine Gewerkschaftsvertretung und/oder Arbeitgeberverbände haben, die Tarifverhandlungen führen können.
- *Funktionale Äquivalente:* Zum Beispiel Pflichtmitgliedschaft in den Organisationen der vertragsschließenden Parteien oder Rechtsvorschriften, die verlangen, dass Auftragnehmer staatlicher Stellen die Tarifverträge einhalten. Solche Entsprechungen basieren nicht auf einem formellen Mechanismus zur AVE, führen aber de facto zu einer Allgemeinverbindlichkeit der Bestimmungen.

In den meisten Mitgliedstaaten des Europäischen Wirtschaftsraums sind Bestimmungen zur AVE recht weit verbreitet. Mit Ausnahme von Norwegen, Schweden und dem Vereinigten Königreich haben alle Länder mindestens einen Mechanismus zur AVE im engeren Sinne, Erweiterung von Tarifverträgen oder funktionale Äquivalente. Eine Studie von EIRO zur Situation in 20 EU-Mitgliedstaaten, die Traxler & Behrens (2002) zitieren, zeigte, dass zum damaligen Zeitpunkt 15 der betrachteten Länder über irgendeine Form von Mechanismus zur AVE im engeren Sinne verfügten, während nur Österreich, Spanien und Portugal Prozesse zur Erweiterung hatten. Zu dem Zeitpunkt hatten sechs Länder funktionale Äquivalente, auch wenn solche Regelungen in drei Fällen lediglich andere bestehende Verfahren unterstützten. In Italien und der Slowakei basierten die Regelungen zur AVE ausschließlich auf funktionalen Äquivalenten und insbesondere in Slowenien hatte die Pflichtmitgliedschaft der Unternehmen in den Industrie- und Handelskammern zur Folge, dass die Wirkung auf die Tarifbindung ziemlich hoch war und bleibt.

Bestimmungen zur AVE im engeren Sinne (auch als Erga-omnes-Regelung bekannt) bilden die Mehrheit der entsprechenden Verfahren in den EU-Mitgliedstaaten. Obwohl sich die konkreten Rechtsvorschriften, Anforderungen und Verfahren zur AVE beträchtlich unterscheiden, gibt es einige gemeinsame Elemente und Praktiken, die sich in mehreren Ländern finden. In einigen wenigen Fällen greifen quasi automatisch Erga-omnes-Regelungen zur AVE ex lege (d.h. aufgrund eines entsprechenden Gesetzes), aber in der Regel muss mindestens eine der Tarifvertragsparteien oder ein Sozialpartner die Initiative ergreifen. In der überwiegenden Mehrheit der Fälle wird die Allgemeinverbindlichkeitserklärung durch einen öffentlichen Verwaltungsakt entschieden, in der Regel durch einen Beschluss, Erlass oder auf Anordnung der für Arbeitsfragen zuständigen Regierungsstelle. Einige Länder haben Mindestanforderungen an die AVE definiert, die zumeist Mindestquoten für die Tarifbindung des jeweiligen Tarifvertrags vor der AVE betreffen. Andere Mindestanforderungen sehen vor, dass die AVE im „öffentlichen Interesse" sein oder Nachteile für Arbeitnehmer oder Arbeitgeber ausgleichen muss. Es ist festzuhalten, dass Tarifverträge zwar erga omnes für alle Arbeitgeber und Arbeitnehmer in ihrem Geltungsbereich für allgemeinverbindlich erklärt werden, aber dennoch Unterschiede bestehen – vorwiegend durch die verschiedenen Umfänge der Tarifverträge im jeweiligen Land (Traxler & Behrens, 2002).

13 Der nationale Ansatz

Die Akteure des sozialen Dialogs sind die Sozialpartner – also die Arbeitgebervertreter und Arbeitnehmervertreter – ungeachtet davon, ob Regierungsvertreter teilnehmen oder nicht. Im ersten Fall spricht man von bi- und im letzteren von *tripartistischem* Dialog. Die relative Stärke der drei Parteien variiert von Land zu Land und innerhalb jedes EU-Mitgliedstaats von Gremium zu Gremium. In den meisten Fällen waren jahrzehntelang die Arbeitsmodelle, die Arbeitnehmerrechte, Arbeitsbedingungen und Arbeitnehmerbeteiligung (direkt, indirekt und finanziell) die vorrangigen Themen des Dialogs, während die Regierung als Moderator, Vermittler, Regulierungs- und Vollstreckungsinstanz agiert. Die Rolle der Regierungsstellen für die Förderung und Nachhaltigkeit des nationalen sozialen Dialogs wird generell als wichtig eingeschätzt, da sie den Verbreitungsgrad tripartistischer Konsultationen erhöht und die proaktive Beteiligung der Sozialpartner am politischen Entscheidungsprozess fördert. Die Regierungsstellen sind auch für die Schaffung eines geeigneten Rechtsrahmens verantwortlich, der die Unabhängigkeit und Grundrechte der Sozialpartner gewährleistet. Bei der Förderung des bi- und tripartistischen sozialen Dialogs sollten die Arbeitsbehörden sicherstellen, dass die Sozialpartner Vereinigungsfreiheit genießen, sodass die Arbeitgeber und Arbeitnehmer ihre Ansichten unabhängig äußern können.

Dies verleitet Ishikawa (2003) zu der Aussage, dass es drei Ebenen des nationalen sozialen Dialogs gibt. Die erste, grundlegende Ebene befasst sich ausschließlich mit Fragen der Arbeitsbeziehungen; dieser Dialog ist oft bipartistisch und findet in einem Rahmen statt, wo die Arbeitgeber- und die Arbeitnehmervertreter „Insiderfragen", wie Entgelte, Bedingungen und Rechte am Arbeitsplatz, Rentensysteme etc. diskutieren. Dies könnte man als sozialen Dialog im „engeren" Sinne bezeichnen, wohingegen der „umfassendere" soziale Dialog allgemeine Beschäftigungspolitiken behandelt, wie die Schaffung von Arbeitsplätzen, den Zugang zu Arbeitslosenunterstützung, Ausgleich für die Einstellung von Arbeitnehmern mit Behinderungen etc. Diese Form des nationalen sozialen Dialogs ist oft tripartistisch und die Diskussionen können um ein ganzes Spektrum von Wirtschafts- und Sozialpolitiken erweitert werden. Der „erweiterte" soziale Dialog schließlich ist die reifste Form der gemeinsamen Entscheidungsfindung, bei der verschiedene zivilgesellschaftliche Organisationen eine Rolle spielen. Einige Länder haben die Beteiligung am sozialen Dialog auf andere gesellschaftliche Akteure ausgeweitet. Beispiele sind Belgien, Österreich und Spanien, wo aufgrund der Bedeutung der Landwirtschaft für die Wirtschaft die Landwirte am nationalen sozialen Dialog teilnehmen. Andere Formen der Vertretung betreffen die Firmeninhaber von KMUs und Handwerksbetrieben in Belgien und den Niederlanden, Genossenschaftsvertreter in Dänemark und Portugal und Verbraucherschutzorganisationen in Dänemark und Spanien.[27]

Schließlich darf auch nicht vergessen werden, dass nicht alle Länder nationale Verhandlungsebenen haben: In Deutschland, dem Vereinigten Königreich und den USA beispielsweise haben nationale branchenübergreifende Tarifverträge keine Tradition. Lohnbildungs- oder Verhandlungssysteme herrschen seit jeher in der Literatur über den sozialen Dialog vor, da die Lohnbildung zu den Bereichen gehört, in denen organisierte Interessengruppen am stärksten und regelmäßigsten an der Entscheidungsfindung beteiligt waren.

Dennoch hielt sich bis vor einigen Jahren in der Literatur das Argument, dass der nationale soziale Dialog durch eine Reihe sozioökonomischer Veränderungen überflüssig geworden sei – Globalisierung, europäischer Einigungsprozess, technologischer Wandel und eine allgemeine Offensive der Arbeitgeber (siehe Teil 1 des Berichts). Jüngste Untersuchungen haben festgestellt, dass in den letzten dreißig Jahren in Westeuropa die Bereitschaft der Regierungen, mit den Sozialpartnern zu verhandeln, und die Häufigkeit der Vereinbarungen gestiegen sind, wenn auch oft in Form von Sozialpakten (siehe Abschnitt 3.2) anstelle klar definierter nationaler Tarifverträge. Auf dem Höhepunkt der letzten Finanzkrise von 2008 bis 2010 wurden nur in drei EU-Mitgliedstaaten Tarifvereinbarungen von den nationalen Sozialpartnern geschlossen: in den Niederlanden, Polen und der Tschechischen Republik (Baccaro & Heeb, 2011).

Daher gilt noch immer, dass Sozialverträge und insbesondere sektorenübergreifende Tarifvereinbarungen, das vielleicht offensichtlichste Ergebnis eines erfolgreichen sozialen Dialogs auf nationaler Ebene sind. In vielen europäischen Ländern wurden die Sozialverträge zum wichtigsten Instrument zur Bewältigung der wirtschaftlichen und sozialen Herausforderungen der Globalisierung, Wirtschaftsreform und Währungsintegration. Außerdem hat der soziale Dialog mittlerweile über seine angestammte Heimstatt in Kontinentaleuropa hinaus Fuß gefasst und wird auch in anderen Ländern praktiziert, wie Südafrika und Südkorea (Baccaro & Heeb, 2011).

---

27 www.southeast-europe.net/document.cmt?id=504

13.1 Art und Wirkung des nationalen Tarifvertragssystems

Ein Bericht der Weltbank (Aidt & Tzannatos, 2002) analysierte im Jahr 2002 über tausend Studien zur Wirkung von Gewerkschaften und Tarifverhandlungen. Er verwendet den Begriff der Tarifkoordinierung als Mischung aus Zentralisierung und Koordinierung, wie wir sie interpretieren. Die Haupterkenntnis der Analyse war, dass die Tarifkoordinierung zwischen Arbeitnehmer- und Arbeitgeberorganisationen bei der Lohnbildung und anderen Beschäftigungsaspekten (z. B. Arbeitsbedingungen) großen Einfluss auf die Arbeitsmarktergebnisse und volkswirtschaftliche Leistung hat. Länder mit stark koordinierten Tarifverhandlungen haben tendenziell weniger Arbeitslosigkeit, die außerdem weniger strukturell ist; sie zeichnen sich durch geringere Einkommensungleichheit aus und haben weniger und kürzere Streiks als Länder ohne koordinierte Tarifverhandlungen. Insbesondere die Koordinierung zwischen den Arbeitgebern führt zu geringer Arbeitslosigkeit. Dahingegen kommen mehrere Forscher anhand internationaler Daten zu dem Ergebnis, dass eine fragmentierte Gewerkschaftsbewegung und viele Gewerkschaftsverbände oft mit höherer Inflation und Arbeitslosigkeit einhergehen. Die zentralisierte und koordinierte Lohnbildung wird außerdem als Garant für Lohnzurückhaltung gesehen (Kenworthy & Kittel, 2003; Aidt & Tzannatos, 2002).

Lohn*zentralisierung* kann als die Ebene(n) definiert werden, auf der die Verhandlungen erfolgen, und daher eine gewisse *Koordinierung* erfordern. In den beiden folgenden Abschnitten werden diese beiden Konzepte im Detail analysiert.

13.1.1 Zentralisierung

Seit den 1930er Jahren war angesichts der Nachwehen der Weltwirtschaftskrise, die 1928 begann, die Zentralisierung der Tarifverhandlungen das Gebot der Stunde, zumindest auf dem europäischen Festland. Dieser Trend kehrte sich in den 1980er Jahren um, als viele internationale Institutionen (ILO, EU) die Dezentralisierung der Tarifverhandlungen als Antwort auf das sich schnell verändernde sozioökonomische Umfeld sahen. Visser (2013) definiert die *Dezentralisierung* als „Abwärtsverlagerung, bei der der Ort der Entscheidung über Entgelte und Arbeitszeiten näher an das einzelne Unternehmen heranrückt". Die Dezentralisierung kann organisiert und strukturiert erfolgen, sodass die betrieblichen Verhandlungen eine zusätzliche Ebene verkörpern, die auf branchenspezifischen oder nationalen Vereinbarungen aufbaut, sich aber gleichzeitig innerhalb des Rahmens bewegt, den diese Verträge auf höherer

Ebene vorgeben. Aber viele Länder verzeichneten einen Trend, bei dem Tarifverträge auf Unternehmensebene die Branchenebene schlicht abgelöst haben. Diese Tendenz bedeutete vor allem eine geringere Tarifbindung und weniger detaillierte Tarifverträge. In der Literatur wird dieser Prozess als *desorganisierte Dezentralisierung* bezeichnet. Öffnungsklauseln (Ausnahmeregelungen), die in Abschnitt 2.1 erörtert werden, sind ein typisches Merkmal dieser Art von Dezentralisierung.

Sind Entscheidungen auf der Branchenebene angesiedelt, ganz zu schweigen von der regionalen oder nationalen Ebene, werden die Entgelte und Arbeitsbedingungen durch die Zentralisierung harmonisiert: Es verringert die Ungleichheit zwischen Unternehmen in einem Sektor oder einer geografischen Region und wirkt unmittelbarer auf die Einkommensverteilung und unterstützt in der Regel den Grundsatz „Gleiches Entgelt für gleiche Arbeit".

Die Tendenz zur Dezentralisierung geht mit einem Rückzug des Staats aus der Festlegung von Entgelten und Beschäftigungsbedingungen einher, was „größere Flexibilität bei der Anwendung von Rechtsvorschriften ermöglicht, zum Beispiel durch Ausnahmen von Rechtsstandards und durch weniger Mindestbedingungen" (Visser, 2013). Es ist ein typisches Merkmal des neoliberalen Denkens, das die Nichteinmischung des Staats als unantastbar betrachtet.

13.1.2 Koordinierung

Die Koordinierung, die sich zumeist auf Lohnverhandlungen reduziert, ist im Wesentlichen ein Verhaltenskonzept. Es bezieht sich darauf, wie sehr Harmonie im Lohnbildungsprozess beabsichtigt wird, oder anders ausgedrückt – inwiefern „kleinere" Akteure bewusst dem folgen, was die „großen" Akteure entscheiden (Kenworthy & Kittel, 2003). In der internationalen Forschung zu Lohnbildungssystemen gilt dieses Konzept seit den frühen 1990er Jahren und der Arbeit von Soskice (1990) als der „aufstrebende Stern". Die politischen Kreise der EU schenken diesem Koordinierungstheorem ebenfalls große Beachtung. Mit Einführung der Europäischen Wirtschafts- und Währungsunion begannen die grenzübergreifenden Initiativen zur Lohnkoordinierung, aber der Anreiz der innerstaatlichen Tarifkoordinierung stieg ebenfalls (Mermet & Clarke, 2002).

Theoretisch kann man unter folgenden Dimensionen der Tarifkoordinierung oder beabsichtigten Harmonisierung der Tarifverhandlungen unterscheiden (Traxler et al., 2001):

- Staatlich verordnete Koordinierung: Dies ist selten. Ein Beispiel ist die gesetzlich vorgeschriebene Kontrolle von Entgelterhöhungen (in Belgien).
- Staatlich geförderte Koordinierung: Bei dieser weniger voluntaristischen Form schafft der Staat positive oder negative Anreize für die Tarifverhandlungsparteien, ihre Politiken zu koordinieren. Viele EU-Mitgliedstaaten bestritten diesen Weg in den 1990er und 2000er Jahren, unter anderem durch den Abschluss tripartistischer Einkommensabkommen.
- Verbandsübergreifende Koordinierung: zentralisierte Tarifverhandlungen, die von den zentralen Gewerkschaften und Arbeitgeberverbänden geführt werden.
- Verbandsinterne Koordinierung: Dachverbände führen keine Tarifverhandlungen, stimmen aber die Aktivitäten ihrer Mitgliedsorganisationen untereinander ab.
- Musterlohnverhandlungen: Die Koordinierung ist eher passiv und semiabsichtliche Folge der Tatsache/Tradition, dass von einer bestimmten Tarifverhandlungspartei erzielte Abschlüsse Signalcharakter für andere Tarifverhandlungen haben bzw. die Richtung vorgeben. Ein typisches Beispiel ist die führende Rolle der Tarifverträge, die in der deutschen Metallindustrie abgeschlossen werden (den Anfang macht Nordrhein-Westfalen).

13.1.3 Lackmustext für nationale Tarifverhandlungen: Einführung eines Mindestlohns

Vor dem Hintergrund der weitreichenden sozialen Folgen der Wirtschaftskrise, die 2008 begann, steht die Debatte über die Einführung eines Mindestlohns in allen europäischen Ländern wieder auf der politischen Tagesordnung. Der Gedanke eines europäischen Mindestlohns wird immer häufiger als Teil einer umfassenden makroökonomischen Neuausrichtung in die Diskussion eingebracht. Angestrebt wird eine Abkehr von den aktuellen angebotsseitigen Politiken in Richtung nachfrage- und entgeltorientierter Politiken. Dies basiert auf der Annahme, dass vor dem Hintergrund einer sich nur langsam erholenden Wirtschaft und fehlender Inflation die Entgelte eine wichtige Rolle für die Ankurbelung der Binnennachfrage, den sozialen Zusammenhalt und die Abwendung einer langen Deflationsphase spielen.

Kritiker betonen jedoch immer wieder die negativen Beschäftigungsfolgen von Mindestlöhnen. Das Bild ist tatsächlich gemischt. Um den negativen Folgen der Wirtschaftskrise von 2008 zu begegnen, beschlossen einige EU-Mitgliedstaaten, ihre nationalen Mindestlöhne zu senken (oder sie gänzlich abzuschaffen), um die Beschäftigung anzukurbeln, während andere Länder den gegenteiligen Weg einschlugen, um ein Mindesteinkommen für die Arbeitnehmer zu sichern (Vandekerckhove et al., 2012). Aktuell scheint die allgemeine Meinung – laut jüngerer internationaler empirischer Vergleichsstudien (Bosch & Weinkopf, 2014) – zu sein, dass die bestehenden Mindestlohnpolitiken keine negativen Beschäftigungsfolgen ausgelöst haben.

Die bestehenden Mindestlöhne in Europa lassen sich grob in zwei Kategorien einteilen (Schulten & Müller, 2014). *Universelle* Mindestlöhne ziehen eine allgemeine Lohnuntergrenze ein, die in der Regel auf nationaler Ebene festgelegt wird und generell für alle Arbeitnehmer gilt. Die meisten EU-Mitgliedstaaten folgen diesem Ansatz. Einige Länder haben *Branchenmindestlöhne*, die einen Mindestlohn für bestimmte Branchen und/oder Berufsgruppen festlegen: Das ist der Weg, den die nordeuropäischen Länder sowie Deutschland, Österreich und Italien eingeschlagen haben.

Es ist schwierig, die absolute Höhe der verschiedenen Mindestlöhne in Europa zu vergleichen, da die stark divergierenden wirtschaftlichen und sozialen Randbedingungen großen Einfluss haben. Die Argumente für universelle Mindestlohnregelungen sind, dass der Branchenansatz nicht alle Arbeitnehmer abdeckt; zweitens haben einige Sektoren einen extrem niedrigen Mindestlohn, der tendenziell deutlich unter den Mindestlöhnen in vergleichbaren westeuropäischen Ländern liegt (Deutschland in jüngster Zeit[28] und Österreich sind gute Beispiele).

Es ist klar, dass die Einführung eines Mindestlohns nur in den Ländern machbar ist, in denen die Prozesse des Sozialdialogs zentralisiert und koordiniert sind.

13.2 Sozialpakte

In den letzten vier Jahrzehnten haben die Regierungen mehrerer entwickelter Volkswirtschaften das Instrument des „Sozialpakts" genutzt, um politische Veränderungen und sogar radikale Steuer- und Arbeitsmarktreformen umzusetzen. Sozialpakte bedeuten einen politischen Austausch, der auf gegenseitigen Verpflichtungen der Dachgewerkschaftsverbände, in den meisten Fällen

---

28 Seit 1. Januar 2015 hat Deutschland einen universellen Mindestlohn von 8,50 Euro pro Stunde, was der sechsthöchste Mindestlohn unter den EU-Mitgliedstaaten ist.

nationalen Arbeitgeberverbände und häufig der Regierungen basiert. Der Inhalt dieser Pakte variiert, aber die meisten behandeln sozialstaatliche, beschäftigungs-, arbeitsmarkt- und einkommenspolitische Fragen. Meistens geht die Initiative von nationalen oder regionalen politischen Behörden aus. Sozialpakte sind auf dem europäischen Festland weit verbreitet, wurden aber auch in Ländern wie Australien, Südkorea und Südafrika unterzeichnet. Es ist außerdem interessant festzustellen, dass im ersten Jahrzehnt des 21. Jahrhunderts Sozialpakte so verbreitet zu sein scheinen wie in den 1970er Jahren (Colombo et al., 2010). Ihre Verbreitung sollte jedoch nicht überschätzt werden: Von allen EU-Mitgliedstaaten werden nur in sechs Ländern (Finnland, Irland, Italien, Niederlande, Portugal und Slowenien) weiterhin regelmäßig Sozialpakte verhandelt und abgeschlossen (Regan, 2010).

Sozialpakte haben die Form öffentlich verkündeter Politikverträge, die politische Fragen und Ziele sowie die Mittel zu deren Umsetzung und Aufgaben und Zuständigkeiten der vertragsschließenden Parteien regeln. Pakte werden öffentlich gemacht und ihre Inhalte werden häufig genau überprüft: Über den Abschluss eines Sozialpakts wird in den Nachrichten berichtet. Dies liegt daran, dass Pakte oft Themen behandeln, die in westlichen Demokratien als Kernaktivitäten der Legislative oder als Befugnisse der Exekutive gelten (Regierungsmitglieder sowie Parlament). So sehen manche Wissenschaftler Sozialpakte als Archetyp der politischen, außerparlamentarisch verhandelten Reform mit dem Vorteil, dass diese Form der Abstimmung das Potenzial birgt, eine breitere Unterstützung für Reformen zu sichern und so ihre Nachhaltigkeit zu erhöhen (Avdagic, 2010).

In der Praxis unterscheidet die politikwissenschaftliche Literatur zwischen den Pakten der ersten und zweiten Generation. Die Sozialpakte der 1970er und frühen 1980er Jahren werden als Phasen der Kooperation zwischen Gewerkschaften und (oft) linksgerichteten Regierungen gesehen (Colombo et al., 2010). Sie haben die Lohnzurückhaltung im Gegensatz für höhere sozialstaatliche Ausgaben oder geringere Inflation zum Inhalt. Bei den Sozialpakten der letzten Jahrzehnte spricht man davon, dass sie sich von den früheren dahingehend unterscheiden, dass sie eher auf Kürzungen – anstelle von Erhöhungen – der öffentlichen Ausgaben und auf den Kampf gegen die Arbeitslosigkeit abzielen (im Allgemeinen oder für spezifische Gruppen).

Es bleibt die Frage: In welchem sozioökonomischen Umfeld haben sich Sozialpakte bewährt und sind sie mit höherer Wahrscheinlichkeit zielführend? Logischerweise werden Sozialpartner nur dann die Initiative zum Abschluss von

Sozialpakten ergreifen, wenn sie darin Vorteile sehen: Pakte sind wahrscheinlicher, wenn die Kosten eines Konflikts (aus Sicht des Staats) relativ hoch sind. Dies scheint durch empirische Ergebnisse belegt zu sein, aber die einfachste Schlussfolgerung, die man daraus ableiten könnte – dass die Verbreitung von Sozialpakten in den Ländern am höchsten ist, die eine hohe Streikhäufigkeit haben – ließ sich nicht bestätigen. Colombo et al. (2010) haben nicht feststellen können, dass die Wahrscheinlichkeit von Sozialpakten mit steigendem gewerkschaftlichen Organisationsgrad und der Häufigkeit politisch motivierter Generalstreiks zunimmt. Sie kommen hingegen zu folgendem Schluss: „Sozialpakte sind wahrscheinlicher, wenn viel auf dem Spiel steht, in wirtschaftlich schwierigen und politisch riskanten Zeiten, wenn der gewerkschaftliche Organisationsgrad hoch ist und die Regierung unter Zeitdruck steht." Dieser letzte Faktor scheint von größter Bedeutung zu sein: In der Literatur wird als vorherrschende Erklärung für Sozialpakte die Rolle von Krisen oder einer schwierigen wirtschaftlichen Lage genannt. Es wird argumentiert, dass solche nationalen Notlagen starke Anreize für die Abstimmung setzen, da eine schwierige Problemlage zu einem gemeinsamen Verständnis beitragen kann, dass die Zusammenarbeit der zielführende Handlungsansatz ist. Eine Studie hält dem jedoch entgegen, dass der „Sozialdialog häufig ausbleibt (...), wenn es sich bei der Krise nicht um einen ausgewachsenen Notstand handelt und die Gewerkschaften so stark sind, dass die Regierungen Angst haben, in Verhandlungen einen zu hohen Preis zahlen zu müssen" (Baccaro & Heeb, 2011). Avdagic (2010) kommt daher zu diesem Schluss: „Sozialpakte werden im Allgemeinen als funktionale Reaktionen auf verschiedene wirtschaftliche Probleme dargestellt".

Akute wirtschaftliche Probleme gewährleisten per se noch nicht den Abschluss von Sozialpakten. „Hohe Inflation und Staatsverschuldung oder Arbeitslosigkeit allein erwiesen sich weder als notwendig noch ausreichend für eine weite Verbreitung von Sozialpakten. Eine schwierige Wirtschaftslage scheint nur dann relevant zu sein, wenn bestimmte politische und institutionelle Bedingungen hinzukommen." (Avdagic, 2010). Zu diesen Bedingungen zählen Regierungen mit einer schwachen Mehrheit, die Existenz zentralisierter und einflussreicher Gewerkschaften, eine Tradition betriebsübergreifender Tarifverhandlungen und tripartistische Politikforen.

Dabei stellt sich die Frage, ob es sich auf die Wahlergebnisse von Regierungsparteien auswirkt, wenn sie diese Form des Abkommens verfolgen, und es die Wahrscheinlichkeit ihrer Wiederwahl erhöht. Eine Studie von 16 westeuropäischen Ländern zwischen 1980 und 2012 (Hamann et al., 2015) kam zu dem

Ergebnis, dass der Abschluss von Sozialpakten eine deutliche und positive Wirkung auf die Ergebnisse der regierenden Parteien bei den nächsten Wahlen hat und ihre Chancen auf Wiederwahl erhöht. Dies scheint von der Art der Regierung abzuhängen und schließt an die letzte Ausführung im vorangegangenen Absatz an: „Obwohl alle Arten von Regierungen bei Wahlen von solchen Pakten profitieren, werden Einparteienregierungen für die einseitige Umsetzung politischer Reformen an der Wahlurne am stärksten abgestraft, Minderheitsregierungen moderat und Koalitionsregierungen am wenigsten." Das ist womöglich der Hauptgrund, warum Sozialpakte fast immer von den Regierungen ausgehen, oft mit Unterstützung der Nationalbank (Acocella & De Bartolomeo, 2013).

13.3 Nationale Institutionen für den sozialen Dialog

In vielen EU-Mitgliedstaaten hat das Konsultationssystem für nationale sozioökonomische Fragen verschiedene Institutionen hervorgebracht. Diese haben oft regionale oder lokale Stellen. Ihnen ist gemein, dass es sich um formelle Gremien handelt: Bisweilen wird ihre Arbeitsweise in einem irgendwie gearteten Rechtsrahmen geregelt; andere haben sogar eine eigene Rechtspersönlichkeit, was im Grundsatz bedeutet, dass diese Institutionen von Dauer sein sollen. Aber davon abgesehen, gibt es selbst innerhalb einzelner Länder unterschiedliche Systeme oder Merkmale.

Solche Stellen unterscheiden sich anhand ihrer Zielsetzungen. Einige Dialoginstitutionen definieren ihren Arbeitsbereich recht weit und behandeln ein breites Spektrum sozioökonomischer Themen; andere haben einen engeren Zuständigkeitsbereich, z. B. den Arbeitsschutz.

Ein weiterer Unterschied hängt mit der Zusammensetzung der Institution zusammen. In einigen Fällen werden nationale Institutionen ausschließlich mit Arbeitgeber- und Arbeitnehmervertretern besetzt und geführt; an anderen Stellen sind Beamte oder Ansprechpartner, die von politischen Behörden abgeordnet werden, oder unabhängige Sachverständige beteiligt, die eine unparteiische Sichtweise beisteuern sollen.

In vielen EU-Mitgliedstaaten ist die wichtigste Stelle eine Form von Wirtschafts- und Sozialrat (Belgien[29], Frankreich[30], Luxemburg[31]). Das niederländische Äquivalent SER soll hier als Beispiel dienen. Eine vollständige Liste der nationalen Stellen kann auf der Webseite des Europäischen Wirtschafts- und Sozialausschusses (EWSA) eingesehen werden.

Ein Beispiel eines Wirtschafts- und Sozialrats: der SER (Niederlande)

Der niederländische SER (Sozioökonomischer Rat) ist eine Stelle, an der neben den Sozialpartnern auch unabhängige Fachleute beteiligt sind. Die drei Parteien haben jeweils elf Mitglieder (mit Stellvertretern), woraus sich eine Gesamtanzahl von 33 stimmberechtigten Mitgliedern ergibt. Der SER hat regionale Stellen, wo sich die drei Partner regelmäßig treffen.

Der SER ist ein dauerhaftes Dialoggremium, das 1950 per Gesetz geschaffen wurde. Die unabhängigen Experten, die praktisch alle Akademiker sind, müssen sicherstellen, dass der Rat nicht nur den Interessen der Arbeitgeber und Arbeitnehmer Rechnung trägt, sondern auch öffentliche Interessen berücksichtigt. Der SER – und die Ausschüsse, die innerhalb des Rats arbeiten – dürfen die Regierung und das Parlament bei nationalen und internationalen sozioökonomischen Fragen beraten. Die meisten dieser Empfehlungen werden auf Anfrage eines oder mehrerer Regierungsmitglieder erarbeitet. Sie behandeln nicht nur Themen, die mit dem Arbeitsmarkt, dem Arbeitsrecht oder der Sozialversicherung in Zusammenhang stehen, sondern auch andere Frage, wie die Regionalplanung und Mobilität, die Gesundheitsversorgung, Umweltfragen, Energie und Bildung. Dies wird damit begründet, dass dieser letzte Themenkomplex starken Einfluss auf die sozioökonomische Politik insgesamt hat. Es herrscht die einhellige Meinung, dass sozioökonomische Fragen ganzheitlich betrachtet werden müssen: Deshalb richten Regierungsmitglieder gemeinsame Anfragen an den SER mit der Bitte um Beratung.

---

29 De Sociaal-economische Raad
30 Conseil économique, social et environnemental; Umweltfragen sind ein wichtiges Thema seiner Arbeit.
31 Wirtschafts- un Socialrat

13.4 Vertretung in verschiedenen Gremien

In vielen EU-Mitgliedstaaten sind die Sozialpartner an der Führung der verschiedenen sozial- und wirtschaftspolitischen Stellen und Behörden, die für den Arbeitsmarkt relevant sind, beteiligt. Ein wichtiges Beispiel für diese Beteiligung und anerkannte gute Praxis ist die gemeinsame Gestaltung der Berufsausbildung. Ein experimenteller Ansatz geht noch weiter und bindet die Sozialpartner in gemeinsamen Initiativen ein, die Bündnisse und Netzwerke für zukunftsorientierte Unternehmen und Arbeitsplätze fördern.

13.5 Berufsausbildung und Arbeitsbeziehungen

Innovationen stellen Unternehmen und Arbeitnehmer vor neue Probleme und Herausforderungen, die neues Wissen und Kompetenzen erfordern. Traditionell wurden die Berufsausbildungssysteme aufgebaut, um Menschen mit den Fähigkeiten auszustatten, die sie für die Arbeitswelt brauchen. Die Hauptstrategie der Politik war die reaktive Anpassung: die möglichst genaue Abstimmung der Berufsausbildung auf die „reale" Entwicklung des Produktionsprozesses. Heute ist das Konzept der Wissensgesellschaft zunehmend verbreitet (Lundvall, 1997). Es zeigt, dass aufgrund des Tempos der heutigen Unternehmensinnovationen die Wirtschaftsleistung stark von der Fähigkeit abhängt, kontinuierlich dazuzulernen, anstatt sich auf das erworbene Wissen oder die vorhandenen Qualifikationen zu verlassen. Für das Ausbildungssystem bedeutet dies, dass man Arbeitnehmern die Fähigkeit zum Lernen vermitteln muss. Es führt außerdem dazu, dass das Augenmerk auf dem lebenslangen Lernen liegt: Arbeitnehmer müssen während ihres gesamten Erwerbslebens leichten Zugang zu Lernmöglichkeiten haben.

Seit den 1990er Jahren ist das politische Interesse am Thema der Berufsausbildung stark gestiegen (Descy & Tessaring, 2001). Die Berufsausbildung wurde als beschäftigungspolitisches Instrument voll entwickelt. Über die berufliche Erst- und Weiterbildung werden junge Menschen und andere Gruppen in den Arbeitsmarkt integriert und die Chancengleichheit gefördert. Zunehmend stellt diese Beschäftigungspolitik das Bindeglied zwischen technologischer/organisatorischer Innovation und den Fähigkeiten der Arbeitnehmer als Kernfaktor des Unternehmenserfolgs dar. Der Grundgedanke ist, dass man durch die Gewährleistung eines leichten Zugangs zu gut ausgebildeten und qualifizierten Arbeitnehmern, die sich schnell an neue Arbeitsmethoden anpassen und neue

Produkte entwickeln können, Wettbewerbsvorteile fördert. In der Europäischen Union werden daher Anstrengungen unternommen, um das Qualifikationsniveau der Arbeitnehmer und ihre Fähigkeit zu verbessern, sich an Veränderungen des Arbeitsinhalts und der Arbeitsmethoden anzupassen. Die Berufsausbildung wird als Mittel gesehen, die sowohl die „Beschäftigungsfähigkeit" der Arbeitnehmer (die Chance, einen Arbeitsplatz zu bekommen und zu behalten) wie auch die Wettbewerbsfähigkeit der Unternehmen erhöhen kann.

Infolge dieser konvergierenden Interessen und der stärkeren politischen Beachtung ist das Thema der Berufsausbildung in den letzten Jahren zu einer wichtigen Frage in Tarifverhandlungen und der Zusammenarbeit zwischen den Arbeitnehmern und -gebern geworden. Die EU-Politik hat eine vermittelnde Rolle bei der stärkeren Beachtung dieses Themas gespielt. Die europäische Politik sieht die Förderung der Berufsausbildung und des lebenslangen Lernens als wesentliches Element der Beschäftigungsstrategie. Die Sozialpartner werden aufgefordert, Initiativen im Bereich der Berufsausbildung zu verfolgen.

Auch wenn zwischen den Mitgliedstaaten Unterschiede bestehen, sind die Sozialpartner in allen Ländern auf der politischen Ebene, in den Umsetzungsphasen und an der Gestaltung der Erst- und Weiterbildung beteiligt. In einer Analyse einer Erhebung, die von CEDEFOP durchgeführt wurde, stellt Winterton (2006) fest: „Der soziale Dialog und andere Beteiligungsformen der Sozialpartner, wie tripartistische Gremien, [sind] auf allen Ebenen der Berufsausbildungspolitik und -umsetzung umfassend und deutlich: der nationalen, regionalen, sektoralen und lokalen [...]. Bedeutend ist, dass die Sozialpartner unabhängig davon beteiligt werden, ob das vorherrschende Berufsbildungssystem gesetzlich reguliert ist (wie in den meisten Ländern), auf freiwilligen Vereinbarungen basiert (wie im Vereinigten Königreich) oder einer Kombination aus beidem, wie bei der formalisierten Kooperation in Finnland und den Niederlanden." Ein Bericht, der 2009 von der Europäischen Stiftung zur Verbesserung der Lebens- und Arbeitsbedingungen und CEDEFOP erstellt wurde, bestätigte die zunehmende Einbindung der Sozialpartner in die Entscheidungsprozesse durch diverse, je nach Land unterschiedliche Mechanismen. In der folgenden Tabelle ist die Beteiligung in Österreich und Spanien exemplarisch zusammengefasst.

Tabelle 13.1 Berufsausbildung und Arbeitsbeziehungen: Finanzierung, Beteiligung in Österreich und Spanien

Land	Steuerung der Berufsausbildung	Finanzierung durch die Sozialpartner	Einbindung der Sozialpartner auf betrieblicher Ebene
Österreich	Einbindung über die Kammern; Beratung und Beteiligung in verschiedenen Initiativen der Berufsausbildung, Verwaltung des dualen Systems, Angebot von Berufsausbildungsprogrammen	Indirekt (Kammern)	Beratende Befugnisse der Betriebsräte
Spanien	Gemeinsame Leitung; die Sozialpartner sind im Generalrat für Berufsausbildung vertreten; diese Gremien bestehen auch auf regionaler Ebene	Indirekte Pflichtbeiträge der Unternehmen	Recht auf Unterrichtung und Anhörung zum Fortbildungsplan; Erstellung von Ausbildungsplänen als Teil von Tarifvereinbarungen

Quelle: CESIFO DICE (von CEDEFOP)

Auf diese Weise sind die Sozialpartner an der Leitung, Finanzierung und Entwicklung der lokalen oder betrieblichen Berufsausbildungssysteme beteiligt. Heyes (2007) wendet jedoch ein, dass diese Beteiligung und ein konsensorientierter Ansatz bei dieser Einbindung nicht *per definitionem* als gegeben zu betrachten sind. Die Transparenz der Qualifikationen und Informationen über die Art von Berufsausbildung, die angeboten wird, sind Themen, die die Sozialpartner leicht bearbeiten können. Strittige Themen, die ebenfalls behandelt werden müssen, sind jedoch: gleiche Rechte auf Fortbildung (insbesondere der Geringqualifizierten), Kompetenzen, die die Beschäftigungsfähigkeit über den aktuellen Arbeitsplatz hinaus verbessern; Anerkennung des informellen Lernens und entsprechender Fähigkeiten; Ansprache von Menschen, die sich mit dem Lernen „schwertun" (Stuart & Wallis, 2007). Eine „flexible"

Kombination aus sektoralen Rahmen und gemeinsam geführten Agenturen und die Umsetzung im Unternehmen durch Partnerschaften im Betrieb scheinen ratsam (Stuart & Wallis, 2007). Staatliche Finanzierungen wirken als Anreiz für ein stärkeres Engagement und Finanzierung durch die Arbeitgeberseite (Trampusch & Eichenberger, 2012).

13.6 Regionale Wirtschaftspartnerschaften

Regionen können durch institutionelle Reflexivität Wettbewerbsvorteile wahren. Dabei fördert der kontinuierliche Wissenstransfer zwischen Firmen, Institutionen und Regierungen die Innovations-, Antizipations- und Anpassungsfähigkeit (Storper, 1997). Ein regionales Innovationssystem besteht aus einem Firmennetzwerk, das ein lokales Produktionscluster und eine institutionelle Infrastruktur bildet, um diese Gruppierung und Vernetzung zu fördern. Cooke und Morgan (1998) beschreiben die Bedeutung dieser Art regionaler Innovationssysteme wie folgt: „Wir stellen fest, dass die Wirtschaftstätigkeit zunehmend auf Konzepten des kollektiven Lernens basiert und Wettbewerb immer mehr Partnerschaft und interaktive Innovation bedeutet. Diese erfolgen zwischen der Geschäftsleitung und den Arbeitnehmern, zwischen Firmen, die vor der Wettbewerbsphase zusammenarbeiten, und zwischen kleinen und großen Unternehmen und ihrem Steuerungssystem auf nationaler und regionaler Ebene. Wir beobachten insbesondere, dass die lokalen und regionalen Ebenen als Mittler wirtschaftlicher Koordinierung an Bedeutung gewonnen haben..." Die folgende Darstellung verdeutlicht diese Wirtschaftslogik der regionalen Innovation.

Tabelle 13.2 Regionale Innovationsstrategie und Sozialpartnerschaft

Wettbewerbsvorteil: Erfolgreiche regionale Spezialisierung durch Innovation in einer globalisierten Wirtschaft
▲
Innovation = Interaktiver Prozess
▲
Die Interaktionen basieren auf Vertrauen (Netzwerke als Gegensatz zum Markt oder zur Hierarchie)
▲
Netzwerke basieren auf Nähe
▲
Die Nähe wird durch das kollektive Lernen und soziales Vertrauen/Kapital gefördert
▲
Kollektives Lernen und soziales Kapital wird durch einen Ansatz der lokalen Partnerschaft gefördert

Quelle: Cooke & Morgen, 1998

Für Cooke und Morgan (1998) ist ein Kernfaktor eines regionalen Innovationssystems die Existenz der institutionellen und organisatorischen Mittel, über die die Region als System der kollektiven sozialen Ordnung:
- Eine bestimmte Lernkultur verallgemeinert;
- Vertrauen oder soziales Kapitel fördert (und so die Notwendigkeit für Verhandlungen und Verträge mindert);
- Die Minimierung von Konflikten durch Unterstützung einer demokratischeren und integrativen Einbindung möglichst vieler Akteure und ihrer Zusammenschlüsse fördert.

Die Grundlage dieser Ordnung ist ein politisches Netzwerk, das aus öffentlichen und privaten Stellen, Gruppen, Organisationen, Vereinigungen und Einzelpersonen besteht, die sich vorrangig dadurch abheben, dass sie im Umfeld der jeweiligen regionalen Innovationsstrategie interagieren. Diese Stellen können Forschungs- und Bildungseinrichtungen, Technologietransferagenturen, öffentliche und private Stellen der Regierungsführung (Interessensgruppen, Handelskammern), Berufsausbildungseinrichtungen, Banken, große und kleine Unternehmen etc. sein. Sie haben Verbindungen durch gegenseitige Konsultationsprogramme, Partnerschaften, mehrwertschöpfende Informationsströme und politische Schritte.

In dieser Art regionalen Innovationssystems spielen die Arbeitsbeziehungen eine untergeordnete Rolle. Im Rahmen dieser Art von Innovationen können sich jedoch regionale Verhandlungen und Konsultationen entwickeln. In den 1990er Jahren förderte die Europäische Kommission den Abschluss territorialer Beschäftigungspakte (Spineux et al., 2000). Auch wenn das Augenmerk auf Beschäftigungsstrategien liegt, besteht eine weitere Priorität darin, Firmen in Innovationsclustern zu bündeln. Die Verbindung zwischen einer regionalen Partnerschaft unter dem Gesichtspunkt der Beschäftigung einerseits und der Wettbewerbsfähigkeit andererseits baut in manchen deutschen Ländern, italienischen Provinzen und skandinavischen Regionen auf einer langen Tradition der Kooperation auf. Den Gewerkschaften kommt in dieser Tradition nicht die Verhandlungsrolle zu, sondern die des Akteurs in einem System der gegenseitigen Konsultation zur Stärkung des Vertrauens in und des Bewusstseins für die regionale Wirtschaftsstrategie.

In ganz Europa waren die Arbeitgeberorganisationen und Gewerkschaften an Aktivitäten zur Stärkung der Innovationen auf lokaler oder regionaler Ebene beteiligt. Der folgende Exkurs fasst typische Beispiele solcher Aktivitäten zusammen (siehe auch Pyke, 1998).

Tabelle 13.3 Formen der Beteiligung der Sozialpartner an Strategien der regionalen Innovation und Wettbewerbsfähigkeit

---

Territorialpakte, Österreich
Der österreichische Arbeitsmarkt und die Beschäftigungspolitik stehen vor besonderen Herausforderungen, die einige Institutionen allein nicht bewältigen können. Im Rahmen der Territorialen Beschäftigungspakte können innovative Strategien entwickelt und neue Ansätze eingeführt werden, um das komplexe Problem der Arbeitslosigkeit zu behandeln. Territoriale Beschäftigungspakte sind regionale Partnerschaften zur besseren Verknüpfung der Beschäftigungspolitik mit anderen Politiken, um die Beschäftigungssituation auf regionaler und lokaler Ebene zu verbessern.
Weitere Informationen: www.pakte.at

Regionalpakt für die Sozialökonomie in Murcia, Spanien
In der Region Murcia wurde für den Zeitraum 2013-2015 ein Regionalpakt für die Sozialökonomie zwischen der Regionalregierung und den regionalen Verbänden der Arbeitnehmergenossenschaften (UCOMUR), Firmen in Arbeit-

nehmerhand (AMUSAL), landwirtschaftlichen Genossenschaften (FECOAM, FECAMUR) und Bildungsgenossenschaften (UCOERM) geschlossen. Der Sozialpakt soll Firmen und Organisationen der Sozialökonomie stärken, indem deren Gründung gefördert, ihre Wettbewerbsfähigkeit gesteigert und die Beschäftigung und Aus- und Weiterbildung unterstützt werden. Das Besondere daran ist, dass es sich um ein bilaterales Abkommen zwischen der Regionalregierung und den repräsentativen Organisationen der Sozialökonomie handelt.
Weitere Informationen: www.mesmerproject.eu

Gebietspartnerschaften in Irland
Die lokalen Wirtschaftsförderungsgesellschaften (*Local Development Companies* – LDC) sind in Irland unter verschiedenen Bezeichnungen bekannt: *Local Area Partnerships* (lokale Partnerschaften), LEADER-Partnerschaften, *Integrated Development Companies* (Integrierte Fördergesellschaften) und dem selbsterklärenden Namen *Local Development Company*. Sie haben folgende gemeinsame Merkmale: Arbeit mit der Bevölkerung, um gemeinsam lokale Lösungen für lokale Probleme zu finden; Augenmerk auf der Förderung der lokalen Wirtschaftsentwicklung; Bekämpfung der Ungleichheit und sozialen Ausgrenzung; Führung durch eine sektorenübergreifende Partnerschaftsstruktur.
Weitere Informationen: www.ildn.ie

Flanders Synergy
Flanders Synergy (Belgien) wurde im Juni 2009 von einer Koalition regionaler Arbeitgeberverbände, Gewerkschaften, politischer Entscheidungsträger, Forschungs- und Entwicklungseinrichtungen, Hochschulen und Unternehmen gegründet. Ziel dieser Einrichtung ist, Innovationen im Bereich der Arbeitsorganisation zu fördern; der Schwerpunkt liegt auf Effizienz, Flexibilität, Qualität, Innovation und Nachhaltigkeit. Gleichzeitig soll der Ansatz die Arbeitsqualität durch Aufwertung der Arbeitsinhalte steigern, damit die Arbeitnehmer länger und gesünder im Erwerbsleben bleiben können. Die breite Unterstützung äußert sich in einem Spektrum von Aktivitäten, das von Forschung über die Erabeitung neuer Einsichten, Modelle und Tools bis zu überbetrieblichen Lernnetzwerken, Fortbildung und Unterstützung durch Fachleute in der Planung und Umsetzung innovativer Herangehensweisen an die Arbeitsorganisationen reicht.
Weitere Informationen: http: www.flanderssynergy.be

In einer thematischen Bewertung der Partnerschaft in den Strukturförderprojekten der EU stellen Kelleher, Batterbury und Stern (1999) fest, dass die Partnerschaft zur Effizienz und Effektivität des Programms, zum Kapazitätsaufbau und zum Mehrwert beiträgt. Die Projektbeteiligung erhöht insbesondere die institutionelle Flexibilität und Innovation und dieser Beitrag wirkt ausgleichend auf andere nationale oder regionale Strukturen, an denen die Partnerschaft beteiligt ist. Was die Einbindung der Sozialpartner betrifft, kommen die Autoren zu folgendem Schluss: „Der Beitrag der Sozialpartner zu den Programmpartnerschaften ist aus Gründen der Relevanz und Kapazität begrenzt. Wie gesagt, ist ihre Rolle in vielen Fällen in der Vorverhandlungsphase angesiedelt. Dies spiegelt die Tatsache wider, dass die Einbindung in den Partnerschaftsvereinbarungen in der Phase der Programmentwicklung (durch Vorverhandlung) am nötigsten und stärksten gewünscht ist. (...) Die Teilnahme an einer Partnerschaft erfordert Investitionen bezüglich Zeit und Ressourcen, die sich manche Partner nur schwer leisten können. Dies ist insbesondere bei kleineren und weniger strategischen Programmen ein Problem, wo das Verhältnis zwischen dem zu leistenden Beitrag und der Rendite sehr gering ist" (Kelleher et al., 1999). Auch wenn diese Bemerkungen auf einer bestimmten Art von Regionalprogramm basieren (mit Finanzierung auf europäischer Ebene), gelten sie vermutlich auch für viele andere Formen der Beteiligung, insbesondere der Gewerkschaften, an der Steuerung und Organisation der regionalen Entwicklungsprogramme und -strategien.

14 Fazit

Seit Gründung und Erweiterung der Europäischen Union nach dem Zweiten Weltkrieg ist der soziale Dialog ein Kernmerkmal des europäischen sozioökonomischen Modells und der Steuerung. Dieser Bericht versucht, als Teil eines EZA-Programms die Kernmerkmale dieser europäischen Tradition des sozialen Dialogs zu definieren und die strukturellen und institutionellen Bedingungen und Prozesskriterien zu beleuchten. Der Fokus dieses Berichts ist national (nicht transnational) und basiert auf einer selektiven Auswahl der bestehenden Fachliteratur mit dem Ziel, praktische Handlungsanleitungen zu erstellen. Diese praxisorientierten Leitlinien wurden außerdem in einer Seminarreihe bestätigt, die im Rahmen des EZA-Netzwerks organisiert wurde.

Im ersten Teil dieses Berichts wird ein „guter" sozialer Dialog durch die Analyse der europäischen Prägung dieser Art sozioökonomischer Steuerung und des politischen Austauschs konzeptualisiert. Diese Konzeptualisierung wird in einen nationalen Kontext gestellt. Wir haben in dieser Hinsicht folgende Punkte betont und argumentiert:
- Die grundlegende Verbindung zwischen diesem System des politischen Austauschs einerseits und dem Beschäftigungsverhältnis (Arbeitgeber-Arbeitnehmer) und inhärenten Widersprüchen dieser Entgelt-Arbeit-Verknüpfung andererseits
- Der kollektive, organisierte bi- oder tripartistische Charakter
- Die institutionellen Kernmerkmale anerkannter oder repräsentativer Gewerkschaften, Systeme der Tarifverhandlung und Gremien zur betrieblichen Unterrichtung und Anhörung; die Sozialpartnerschaft hängt von der Entwicklung der sozialen Konzertierung ab
- Der Grundkompromiss als Fundament des Systems, der mit der gegenseitigen Anerkennung beginnt und Effizienz und Gleichheit als erfolgreiche Strategie in Einklang bringen soll
- Die besondere und ergänzende Rolle dieses Systems innerhalb des europäischen Modells der demokratischen Steuerung
- Wie man diesen europäischen Weg aus christlich-ethischer Sicht der Arbeit und Wirtschaft als etwas Erstrebenswertes sehen kann
- Wie schwierig es ist, nicht nur einfache geschlossene Fragen zu stellen (die man mit „ja" oder „nein" beantworten kann), sondern Fragen, deren Antwort mit „es hängt davon ab" beginnt;

- Wie dieses europäische Modell seit der Krise wieder unter Beschuss geraten ist, insbesondere in den Ländern, die die Krise am härtesten getroffen hat. Die differenzierte Betrachtung („es hängt davon ab") war Gegenstand der anderen beiden Teile der Studie.

* * * * *

Demokratie am Arbeitsplatz (unabhängig davon, ob sie über Vertreter erfolgt oder nicht) kann als notwendige Abkehr von den Grundregeln des Kapitalismus gesehen werden, für die das Eigentum ein unantastbarer Grundsatz ist. So sind der soziale Dialog und Tarifverhandlungen – deren Kern die sektorenübergreifende Diskussion zwischen Arbeitgeber und Arbeitnehmern ist, ungeachtet des ungleichen Machtverhältnisses – grundsätzlich ein terminologischer Widerspruch *(contradictio in terminis)* nach der normalen rechtlichen Begründung des persönlichen Eigentums. Jede Firma ist Teil des Privatvermögens ihres Inhabers. In der modernen Zivilisation sind die Aktionäre jedoch nicht die einzige Interessenspartei. Im Laufe der Zeit wurde erkannt, dass Menschen, die einen Großteil ihrer Lebenszeit am Arbeitsplatz verbringen, Mitsprache bei ihren Arbeitsbedingungen und den operativen und strategischen Entscheidungen haben sollten, die die höheren Ebenen der Unternehmenshierarchie treffen. Das Modell der Unternehmensführung, das sich am Aktienwert ausrichtet *(„shareholder value")*, muss um die Stakeholder-Dimension ergänzt werden.

Daher ist der soziale Dialog eine Kernkomponente guter Regierungsführung auf allen Ebenen (Rychly & Pritzer, 2003), vor allem in Unternehmen; er steht für eine moderne Zivilgesellschaft. Seit Anfang des 20. Jahrhunderts waren die Gewerkschaften stets die treibende Kraft des sozialen Dialogs – auch wenn Arbeitgeberorganisationen und öffentliche Behörden schnell durch eigene Erfahrungen den Mehrwert von Tarifverhandlungen auf der betrieblichen sowie auf der sektoralen, nationalen oder internationalen Ebene erkannten. Retrospektiven betonen, dass diese Bewusstseinsveränderungen eine wichtige Rolle für die Gestaltung der Praxis des formellen sozialen Dialogs gespielt haben. „Der wichtigste Aspekt dieser Beziehung ist, dass der Erfolg der sozialen Demokratie wahrscheinlich von [diesen] Strukturen abhängt" (Crouch, 1993). So ist der soziale Dialog nur eines der Instrumente der Sozialpartner: Konfrontationskurs, Arbeitsniederlegungen, einseitige Entscheidungen, die von der Entlassung einzelner Arbeitnehmer bis zur Verlagerung gesamter Einheiten reichen, sind andere Wege, um auf betrieblicher oder höherer Ebene Einigungen zu erzielen.

Wissenschaftliche Erkenntnisse zeigen, dass die Wirkung der Gewerkschaften auf die Produktivität vom allgemeinen Klima der Arbeitsbeziehungen abhängt. Sie können die Produktivität fördern oder ihr abträglich sein. Manchmal macht es für die Rentabilität des Unternehmens keinen Unterschied, ob es gewerkschaftlich organisiert wird oder nicht. Wichtig ist, das richtige Klima zu schaffen – vertrauensvolle Beziehungen zwischen den Gewerkschaften und Arbeitgebern neben direkten Initiativen zur direkten Beteiligung der Arbeitnehmer – denn dies scheint den größten Einfluss auf die Produktivität zu haben (Coats, 2004).

Neben einer „angemessenen" Personalpolitik sollten die Grundlagen des betrieblichen sozialen Dialogs trotz unterschiedlicher Interessen folgende Aspekte umfassen: Engagement beider Seiten; klare Ziele und Regeln, was wie und wo behandelt wird; allgemeine und rechtzeitige Informationen zum Geschäft und der Beschäftigungslage. Ein überwachter Rechtsrahmen dient als Anreiz, um Anstrengungen zu unternehmen, die Aufgaben eines Arbeitnehmervertreters als wertvollen Karriereschritt anzuerkennen.

Institutionell muss die Demokratie am Arbeitsplatz über eine Reihe von Vertretungsgremien organisiert werden, die den Vertretern die notwendigen Mittel an die Hand geben, um die Mitsprache der Arbeitnehmer zu gewährleisten. Diese Mittel sollten auf Gewerkschaften und (nicht „oder") Betriebsräten basieren. Aufgrund der (internationalen) Vernetzung der Unternehmen ist es nötiger denn je, grenzübergreifende Vertretungsgremien zu haben. Ebenfalls zu berücksichtigen ist die Beteiligung in den Entscheidungsgremien der Unternehmen aufgrund der positiven Wirkung für die Beschäftigung, die in Untersuchungen über die Wirkung dieser Beteiligungsform festgestellt wurde. Eine ehrgeizige Form der Mitbestimmung erfordert jedoch die notwendigen Kompetenzen und Coaching. Was kleine Firmen betrifft, sollte ein institutioneller Rahmen gefördert werden, aber es sollte ein auf ihre Situation zugeschnittener Rahmen sein, der eine „schlanke" Struktur ermöglicht.

Wichtige Aspekte sind: Schutz vor ungerechter Behandlung, Recht auf Unterrichtung, vor allem über Geschäfts- und Finanzfragen, Freistellung für die Betriebsratsarbeit, Schulungsmöglichkeiten. Die Einbindung von (externen) Experten scheint insbesondere im Bereich von Wirtschafts- und Geschäftsdaten wichtig zu sein. Es sollten möglichst breite Wahlen organisiert werden, um eine hohe Repräsentativität zu erreichen. Ein effizienter und vertrauensbildender sozialer Dialog beginnt außerdem mit gegenseitigem Respekt. Die Arbeitnehmervertreter müssen gewisse Verfahrensfähigkeiten erwerben, insbesondere zur Problemlösung, Teamarbeit, Bewältigung von Konflikten, Veränderungsmanagement, Sitzungstechniken und Verhandlungskompetenzen.

* * * * *

Im Westeuropa der Nachkriegszeit besteht kein Zweifel daran, dass die Tarifverhandlungssysteme auf Verbandsebene sich zu Eckpfeilern der Lohnbildung und der Arbeitsmarktregulierung im Allgemeinen entwickelt haben. Dennoch ist der betriebsübergreifende soziale Dialog derzeit Ziel von Kritik bzw. offener Angriffe durch die nationalen und internationalen öffentlichen Behörden und mächtigen Finanzzentren. Die OECD verteidigte 2006 noch ein exklusives, dezentralisiertes Tarifverhandlungssystem („Neuausrichtung der Branchentarifverhandlungen auf den Abschluss von Rahmenverträgen, was den Firmen mehr Handlungsspielraum bei der Anpassung von Löhnen an die örtlichen Bedingungen lässt" – Rexed, 2007), betont aber heute, dass das Wissen darüber, was in diesem Bereich am besten funktioniert, nur begrenzt sei und man Komplementarität und Wechselwirkungen mit anderen Politiken, wie dem Beschäftigungsschutz, der Sozialversicherung, Ausbildung und Kompetenzen, nicht ignorieren dürfe (Visser, 2013).

Für die Arbeitnehmer haben Tarifverhandlungen eine Schutzfunktion (Sicherung einer angemessenen Bezahlung und Arbeitsbedingungen), eine Mitsprachefunktion (sie ermöglichen die Äußerung von Klagen und Erwartungen) und eine Verteilungsfunktion (Sicherung eines Anteils am Wirtschaftswachstum und der Früchte der Fortbildung, Technologie und Produktivität). Aus Sicht der Arbeitgeber besteht die Kernfunktion von Tarifverhandlungen vermutlich in der Regelung von Konflikten. Außerdem zeigt die Erfahrung, dass die Managementkontrolle tendenziell effektiver ist, wenn sie durch gemeinsame Regeln legitimiert ist. Aus volkswirtschaftlicher Sicht fördert dieser Beitrag zur Minderung der Ungewissheit auf eine integrativere Weise Investitionen und Wachstum, unter Berücksichtigung der Nachfrageseite der Wirtschaft. Schließlich befreien Tarifverhandlungen Staat und Politik von der komplexen Aufgabe, Standards festzulegen und Koordinierungsprobleme in einem Bereich mit hohem Konfliktpotenzial und einem hohem Risiko von Fehlschlägen bei der Umsetzung zu lösen.

* * * * *

Dieser Bericht verweist auf umfangreiche wissenschaftliche Erkenntnisse, die belegen, dass viele dieser Annahmen tatsächlich gerechtfertigt sind, aber eine positive Wirkung nicht garantiert und der Aufbau eines effektiven sozialen Dialogs keine rasche Lösung ist. „Ob das Tarifvertragssystem einen positiven Beitrag zum Wirtschaftswachstum, der Beschäftigung, dem Sozialstaat und der Gleichheit leistet, hängt davon ab, wie es organisiert ist" (Visser, 2013) und von den Politiken, die von allen beteiligten Parteien verfolgt werden: den Arbeitnehmern und ihren Gewerkschaften, den Arbeitgebern und ihren Verbänden sowie den Regierungen und ihren Institutionen. Koordinierung ist hier das Schlüsselwort. Aus institutioneller Sicht wurde die Bedeutung von Regelungen zur Allgemeinverbindlichkeitserklärung betont (die durch Verfahren zum „Selbstaustritt" ausgeglichen werden?). Diesbezüglich erörterte dieser Teil auch die möglichen Vorteile sozioökonomischer Räte für den tripartistischen sozialen Dialog über makroökonomische Fragen, die Verhandlung von Sozialpakten, die Ausdehnung des sozialen Dialogs auf die Berufsausbildung und regionale Partnerschaften als Instrument.

Literaturangaben

Addison, J. T., & Belfield, C. R. (2004): Unions and employment growth: the one constant? Industrial Relations: A Journal of Economy and Society, 43(2), S. 305–323

Aidt T., & Tzannatos Z. (2002): Unions and collective bargaining: economic effects in a global environment. Washington, D.C.: Weltbank

Anderson S.K. & Mailand M. (2001): Social partnerships in Europe – the role of employers and trade unions, Employment Relations Research Centre, University of Copenhagen, Juni 2001

Armingeon K. & Careja R. (2004): What do trade unions do? Contradictory truisms. A comparative analysis of trade unions in CEE countries, Paper prepared for presentation at the ECPR Joint Sessions, Uppsala, 14.-18. April 2004, Workshop 13

Aust A., Leitner S. & Lessenich S. (Hrsg.) (2000): Sozialmodell Europa, Konturen eines Phänomens, Jahrbuch für Europa- und Nordamerika-Studien, Folge 4, Leske & Budrich

Baccaro L. & Heeb S. (2011): Social dialogue during the financial and economic crisis: Results from the ILO/WB inventory using a Boolean analysis on 44 countries, ILO, Working Paper no. 3, November 2011

Barry M. & Wilkinson A. (2011): "Reconceptualising employer associations under evolving employment relations: countervailing power revisited", Work, Employment & Society, 25(1), S. 149-162

Behrens, M. & Dribbusch, H. (2014): Arbeitgebermaßnahmen gegen Betriebsräte: Angriffe auf die betriebliche Mitbestimmung. WSI-Mitteilungen, 2/2014, S. 140-148

Bewley, T. F. (1999): Why wages don't fall during a recession. Harvard University Press

BIS (2010): Industrial Action and the Law, Guidance document, Department for Business Innovation and Skills, https://www.gov.uk/government/uploads/system/uploads/attachment_data/file/249807/10-923-industrial-action-and-the-law.pdf

Blanchflower D. G. (1996): The wage curve (2. Auflage). Cambridge, Massachusetts, USA: MIT press

Blanchflower D. G., Millward N., & Oswald A. J. (1991): Unionism and employment behaviour. Economic Journal, (101), S. 815–834

Bohle D. & Greskovits B. (2004): Capital, labor and the prospects of the European social model in the East, Central and Eastern Europe Working Paper 58, Minda de Gunzburg Center for European Studies, Harvard University

Booth, A. L., & McCulloch, A. (1999): Redundancy Pay, Unions and Employment. The Manchester School, 67(3), 346–366. doi:10.1111/1467-9957.0015
Bosch G. & Weinkopf C. (2014): Zur Einführung des gesetzlichen Mindestlohns von 8,50 Euro in Deutschland, Arbeitspapier Nr. 304, Düsseldorf, Hans-Böckler-Stiftung
Boxall P. (2008): Trade union strategy; chapter in Blyton P., Bacon N., Fiorito J. & Heere E. (Hrsg.): The Sage Handboek of Industrial Relations, Sage Publications Ltd
Brewster Ch., Wood G., Croucher R. & Brookes M. (2007): Are works councils and joint consultative committees a threat to trade unions? A comparative analysis, in Economic and Industrial Democracy, Department of Economic History, Universität Uppsala, 2007
Bruun N. (2002): The Autonomy of Collective Agreement, General Report to the VIIth European Regional Congress, Stockholm, September 2002
Bryson A. (2003): Working with dinosaurs? Union effectiveness in delivering for employees, Research Discussion Paper 11, Policy Studies Institute, London
Budd J.W. & Bhave D. (2008): Values, ideologies and frames of reference in industrial relations; Kapitel in Blyton P., Bacon N., Fiorito J. & Heere E. (Hrsg.): The Sage Handbook of Industrial Relations, Sage Publications Ltd, 2008
Budd, J.W. (2004): Non-wage forms of compensation. Journal of Labor Research, 25(4), S. 597–622
Burgess, S., Lane, J., & Stevens, D. (2001): Churning dynamics: an analysis of hires and separations at the employer level. Labour Economics, 8, S. 1–14
Calmfors L., & Driffill J. (1988): Bargaining structure, corporatism and macroeconomic performance. Economic policy, 3(6), S. 14–61
Cameron I., Hare B., Duff R. & Maloney B. (2006): An investigation of approaches to workers engagement, HSE Research Report 516
Card D., & Krueger A.B. (1994): Minimum Wages and Employment: A Case Study of the Fast-Food Industry in New Jersey and Pennsylvania. The American Economic Review, 84(4), S. 772–793
Cassiers I. & Denayer L. (2009): Sociaal overleg en social-economische veranderingen in België van 1944 tot heden, Discussion Paper 2009-42, Institut de Recherches Economiques et Sociales, UCL
CEDEFOP (2010): The social dialogue on education and training in the Copenhagen process; Study on the social partner's work perspectives and perceptions to contribute to enhanced European cooperation in VET and LLL. Luxemburg: Amt für Veröffentlichungen der Europäischen Union
Coats D. (2004): Speaking up! Voice, industrial democracy and organisational performance, Work Foundation, London

Colombo E., Tirelli P. & Visser J. (2010): Reinterpreting social pacts: theory and evidence, Working Paper Series, no. 187, Department of Economics, Universität Mailand - Bicocca
Confederation of Icelandic Employers (2013): Collective agreements and labour market in the Nordic countries, Übersetzung der Zusammenfassung eines gemeinsamen Berichts der isländischen Arbeitgeberverbände und Gewerkschaften, Mai 2013
Cooke, P. & Morgan, K. (1998): The associational economy. Firms, regions, and innovation, Oxford University Press
Cortebeeck V., Huys R., Van Gyes G. &Vandenbrande T. (2004): The quality of industrial relations indicators: an assessment of the data and country profiles of 15 member states, HIVA, KU Löwen
Crouch C. (1993): Industrial relations and European state traditions, Clarendon Press, Oxford
Crowley S. (2004): Explaining labor weakness in post-communist Europe: historical legacies and comparative perspective, East European Politics and Societies, Band 6, Nr. 3, S. 325-347
Crowley S. (2008): Does labor still matter? East European labor and varieties on capitalism, National Council for Eurasian and East European Research, National Endowment for the Humanities Program, Seattle
Davidov G. (2004): Collective Bargaining Laws: Purpose and Scope, International Journal of comparative law and industrial relations, Frühjahr 2004, S. 81-106
De Prins P., De Vos A., Van Beirendonck L & Cambré B. (2013): Duurzame arbeidsrelaties 'outside in', HR Square, Nr. 133, S. 72-76
Descy P. & Tessaring M. (2002): Training and learning for competence, Second report on vocational training research in Europe, Cedefop Reference Series no. 31, Luxemburg
De Spiegelaere S. & Van Gyes G. (2015): Medezeggenschap, daar valt iets voor te zeggen. In G. Van Gyes & S. De Spiegelaere (Hrsg.), De onderneming is van ons allemaal de Belgische werknemers inspraak innoveren. Leuven: Acco
Devos C., Mus M. & Humblet P. (Hrsg.) (2011): De toekomst van het sociaal overleg, Academia Press, Gent
Driffill, J. (2006): The Centralization of Wage Bargaining Revisited: What Have we Learnt? Journal of Common Market Studies, 44(4), S. 731–756. doi:10.1111/j.1468-5965.2006.00660.x
Eccles R.G., Edmondson A.C. & Serafeim G. (2011): "The impact of a corporate culture of sustainability on corporate behaviour and performance", Working Paper, Harvard Business School
Elen L. (2010): Praktijkgids voor het sociaal overleg, Hrsg. Die Keure

Engelen E. (2002): Corporate governance, property and democracy: a conceptual critique of shareholder ideaology, Economy and Society, 31, Nr. 3, August 2002, S. 391-413

Engelen E. (ohne Datum): Economisch burgerschap in de onderneming, een oefening in concreet utopisme, Thela Thesis, Amsterdam

Eurofound (2002): Collective bargaining coverage and extension procedures, Europäische Stiftung zur Verbesserung der Lebens- und Arbeitsbedingungen, Europäische Beobachtungsstelle für Arbeitsbeziehungen (EIRO), Studie TN0212102S

Eurofound (2011): Employee representation at establishment level in Europe, Europäische Unternehmenserhebung 2009, Luxemburg: Amt für Veröffentlichungen der Europäischen Union

Eurofound (2012a): Leitfaden Soziales Europa, Band. 2/Sozialer Dialog, Luxemburg: Amt für Veröffentlichungen der Europäischen Union

Eurofound (2012b): Workplace employee representation in Europe, Luxemburg: Amt für Veröffentlichungen der Europäischen Union

Eurofound (2013): Impact of the crisis on industrial relations, Europäische Stiftung zur Verbesserung der Lebens- und Arbeitsbedingungen, Luxemburg: Amt für Veröffentlichungen der Europäischen Union

Europäische Agentur für Sicherheit und Gesundheit am Arbeitsplatz (2012): Worker representation and consultation on safety & health. An analysis of the findings of the ESENER, Europäische Beobachtungsstelle für Risiken

Europäische Agentur für Sicherheit und Gesundheit am Arbeitsplatz (2013): Analysis of the determinants of workplace occupational safety and health practice in a selection of EU Member States, Europäische Beobachtungsstelle für Risiken

Europäische Kommission (2002): Bericht der Hochrangigen Gruppe für Arbeitsbeziehungen und Wandel in der Europäischen Union, Generaldirektion für Beschäftigung, Soziales und Integration, Referat EMPL/D.1, Amt für amtliche Veröffentlichungen der Europäischen Union, Luxemburg, Jan. 2002

Europäische Kommission (2012): Industrial Relations in Europe 2012, Generaldirektion für Beschäftigung, Soziales und Integration, Referat B.1, Amt für amtliche Veröffentlichungen der Europäischen Union, Luxemburg, Dez. 2012

Europäische Union (2002): Generaldirektion für Beschäftigung und Soziales, Referat EMPL/D.1, Amt für amtliche Veröffentlichungen der Europäischen Union, Luxemburg

Fauver L. & Fuerst M. E. (2006): Does good corporate governance include employee representation? Evidence from German corporate boards. Journal of Financial Economics, 82 (3), S. 673-710

Fiorito J. & Jarley P. (2008): Trade union morphology; Kapitel in Blyton P., Bacon N., Fiorito J. & Heere E. (Hrsg.): The Sage Handbook of Industrial Relations, Sage Publications Ltd

FitzRoy F.R. & Kraft K. (2004): Co-Determination, Efficiency, and Productivity, Discussion Paper 1442, IZA, Bonn
Foley J. R. & Polanyi M. (2006): Economic and industrial democracy: Why bother?, Economic and Industrial Democracy, 27, S. 173-191
Forseth U. et al. (2009): Stop in the name of safety – the right of the safety representative to halt dangerous work, chapter in Safety, Reliability and Risk Analysis: Theory, Methods and Applications, Martorell et al. (Hrsg.), London
Fourastié J. (1979): Les trente glorieuses: ou la révolution invisible de 1946-1975, Fayard 1079, Presses universitaires de France, Paris
Freeman, R. B. (2005): What do unions do? – The 2004 M-brane stringtwister edition. Journal of Labor Research, 26(4), S. 641–668
Freeman R. B., & Medoff J.L. (1984): What do unions do. Industrial & Labour Relations Review, 38, S. 244.
Freeman R. B., & Rogers J. (1999): What workers want. Russel Sage
Furaker B. & Bengtsson M. (2013): Collective and multilevel benefits of trade unions: a multi-level analysis of 21 European countries, Industrial Relations Journal, 44-5-6, S. 548-565
Gallez, Z., Van Gyes, G., De Cordt, Y., & Van Gehuchten, P.P. (2010): De rol van de bedrijfsrevisor ten opzichte van de OR. Antwerpen, Maklu
Gerner-Beuerle C., Paech P. & Schuster E.P. (2013): Study on Directors' Duties and Liabilities (p. 427). Brüssel: Europäische Kommission, GD Markt
Ghellab Y. & Vaughan-Whitehead D. (2003): Sectoral social dialogue in future EU member states: the weakest link, ILO
Gold M., Kluge N. & Conchon A. (2010): "In the union and on the board": experiences or board-level employee representatives across Europe. Brüssel: ETUI
Gomez R. (1998): Globalisation and labor standards: multilateral worker protection in an era of footloose capital, Center for International Studies, Working Paper 1998-4
Gorton G. & Schmid F. A. (2004): Capital, Labor, and the Firm: A Study of German Code Termination. Journal of the European Economic Association, 2 (5), S. 863-905
Governmental Social Responsibility (ohne Datum): "Methodological Tool: Social dialogue-consultation framework for promoting quality and social responsibility in regional/local government", Broschüre, Activity 4.5., www.southeast-europe.net/document.cmt?id=504
Gruenberg G. (1998): Papal pronouncements of labor unions and workplace democracy, International Journal of Social Economics, 25.11/12, S. 1711-1726
Guest D. (2008): Worker well-being; Kapitel in Blyton P., Bacon N., Fiorito J. & Heere E. (Ed.): The Sage Handboek of Industrial Relations, Sage Publications Ltd

Gumbrell-McCormic R. (1975): International actors and international regulation; Kapitel in Blyton P., Bacon
Hammer T. H. & Avgar, A. (2005): The impact of unions on job satisfaction, organizational commitment, and turnover. Journal of Labor Research, 26(2), S. 241–266
Hasle P. & Petersen J. (2004): The role of agreements between labour unions and employers in the regulation of the work environment; Kapitel in: Policy and practice in safety & health, 02.01.2004, IOSH Services Limited
Hasle P. Hansen N.J. & Moeller N. (2004): Agreements between labour unions and employers' associations as a strategy for the prevention of repetitive strain injury, Economic and industrial Democracy, SAGE, Band 25 (1), S. 75-101
Hassel A. (2013): Trade unions and the future of democratic capitalism, Hertie School of Governance, Juni 2013
Hayter S. & Stoevska V. (2011): Social Dialogue Indicators, International Statistical Enquiry, Technical Brief, Nov. 2011, ILO, Genf
Heselmans M. & Van Peteghem (2007): "Meer welzijn op het werk. Een eigen visie", uitg. Garant (Antwerpen/Apeldoorn), D/2007/5779/140
Heyes, J. (2007): Training, social dialogue and collective bargaining in Western Europe. Economic and industrial democracy, 28, 2, S. 239-258
Hicks, J. R. (1955): Economic Foundations of Wage Policy. The Economic Journal, 65(259), S. 389–404. doi:10.2307/2227316
Hicks A. & Schwartz M.A. (2005): The handbook of political sociology, Cambridge University Press
Hirsch, B. T. (2004): What do unions do for economic performance? Journal of Labor Research, 25(3), S. 415–455
Hirschman A. O. (1970): Exit, voice, and loyalty: Responses to decline in firms, organizations, and states (Vol. 25). Harvard University Press
Hyman R. (1975): Industrial relations: a Marxist introduction, London, Macmillan
Hyman R. (2008): The state in industrial relations; chapter in Blyton P., Bacon N., Fiorito J. & Heere E. (Hrsg.): The Sage Handboek of Industrial Relations, Sage Publications Ltd
ILO (2013): Social dialogue interventions: what works and why? A synthesis review 2002-2012, Genf, April 2013
Ishikawa J. (2003): Key features of national social dialogue: a social dialogue research book, ILO, Genf, Nov. 2003
Kaufman B. E. (2005): What do unions do? Evaluation and commentary. Journal of Labor Research, 26(4), S. 555–595
Kelleher J., Batterbury S. & Stern E. (1999): The thematic evaluation of the partnership principle, Tavistock Institute, London
Kenworthy L. & Kittel B. (2003): Indicators of social dialogue: concepts and measurements, ILO-Arbeitspapier Nr. 5, Genf

Keune M. (2010): Derogation clauses on wages in sectoral collective agreements in seven European Countries, Eurofound
Kotter J.P. & Heskett J.L. (1992): Company culture and performance, New York, Free Press
Lansbury R.D. & Pickersgill R. (2000): Training, social dialogue and industrial relations: an international perspective, Paper 9th VET research conference, Coffs Harbour, 4.-7. Juli 2000, http//www.ncver.edu.au/research/papers/trconf9.htm
Lassnigg L. (2001): Steering, networking and profiles of professionals in vocational education and training, in P. Descy & M. Tessaring: Training in Europe, Cedefop Reference Series, no. 1, Luxemburg
Laulom S. (2012): System of employee representation in enterprises in France, in "Systems of employee representation at the enterprise; a comparative review", Blanpain R. (Hrsg.), Wolters Kluwer
Leschke J. & Watt A. (2010): How do institutions affect the labour market adjustment to the economic crisis in different EU countries, Arbeitspapier der ETUI
Levinson K. (2000): Termination code in Sweden: Myth and Reality. Economic and Industrial Democracy, 21 (4), S. 457-473
Lewin D. (2005): Unionism and employment conflict resolution: Rethinking collective voice and its consequences. Journal of Labor Research, 26(2), S. 209–239
Lindbeck A. & Snower D. (2002): The insider-outsider theory: A survey. IZA discussion papers, S. 534
Lindbeck A. & Snower D. (1986): Wage setting, unemployment, and insider-outsider relations. The American Economic Review, 76(2), S. 235–239
Locke E.A., Schweiger D.M. & Latham G.P. (1986): Participation in decision making, when should it be used, Organisational Dynamics, Vol. 14, Issue 3, S. 65-79
Lundvall B.-A. & Borras S. (1997): The globalizing learning economy: implications for innovation policy, GD XII, EU-Kommission, Luxemburg
Luyten D. (1995): Sociaal-economisch overleg in België sedert 1918, VUB-Press, Brüssel
Manning A. (2006): A Generalised Model of Monopsony*. The Economic Journal, 116(508), S. 84–100. doi:10.1111/j.1468-0297.2006.01048.x
Martin A. & Ross G. (1999): The brave new world of European Labour. European trade union at the millennium, New York, Oxford, Berghahn Books
Martin J.M. & Swank D. (2004): Does the organization of capital matter? Employers and active labor market policy at the national and firm levels, American Political Science Review, vol. 98, Nr. 4, S. 593-661
Masters M. F. & Delaney J. T. (2005): Organized labor's political scorecard. Journal of Labor Research, 26(3), S. 365–392
McLennan K. (2005): What do unions do? A management perspective. Journal of Labor Research, 26(4), S. 597–621

Mermet, E. & P. Clarke (2002): Third Annual Report on the Coordination of Collective Bargaining, EGB, Diskussions- und Arbeitspapier, ETUI
Mishell L. & Sabadish N. (2012): Inequality and poverty, Report, Economic Policy Institute, 2. Mai 2012
Müller-Jentsch W. (1985): 'Trade Unions as Intermediary Organizations', Economic and Industrial Democracy 6(1), S. 3-33.
Nichols T. & Walters D. (2009): Worker representation on safety & health in the UK: problems with the preferred model and beyond, zitiert in: Europäische Agentur für Sicherheit und Gesundheit am Arbeitsplatz, 2013
Ochel W. (2001): Collective bargaining coverage in the OECD from the 1960s to the 1990s, CESifo Forum, München, 2 (4), S. 62-65
OECD (2012): Employment Outlook 2012, http://www.oecd-ilibrary.org/employment/oecd-employment-outlook-2012_empl_outlook-2012-en;jsessionid=apq2qbfuouomf.x-oecd-live-01
OHCM (2012): What is Employee Relations?, http://ohcm.ndc.nasa.gov/employee_relations/whatis.htm, NASA's Goddard Space Flight Center Office of Human Relations
Olson M. (1990): How bright are the northern lights?: some questions about Sweden. Lund University Press, Lund
http://www.mobergpublications.se/other/title.pdf
Oreopoulos P., Von Wachter T., & Heisz A. (2007): The Short- and Long-Term Career Effects of Graduating in a Recession: Hysteresis and Heterogeneity in the Market for College Graduates
Pyke F. (1998): Local development initiatives and the management of change in Europe, Employment and training papers n° 31, ILO, Genf
Rebhahn R. (2004): Collective labour law in Europe from a comparative law perspective, International Journal of Comparative Labour Law and Industrial Relations, Ausgabe 1, S. 107-132
Regan A. (2010): Does discourse matter in the formation and consolidation of social pacts? Social partnership and labor market policy in Ireland, Critical Policy Studies 4, 3, S. 250-277
Regini M. (2002): Work and Labor in Global Economies, The case of Western Europe, Presidential address at the SASE 14th Annual Meeting on Socio-Economics, University of Minnesota, Minneapolis, 27.-30. Juni 2002
Renaud S. (2007). Dynamic Efficiency of Supervisory Board Codetermination in Germany. LABOUR, 21 (4-5), S. 689-712
Rexed K. et al. (2007): "Governance of Decentralised Pay Setting in Selected OECD Countries", OECD Working Papers on Public Governance, 2007/3, OECD Publishing, http://doi.org/10.1111/j.1467-9914.2007.00387.x

Roorda G. & Hooi S. (2000): Branchcodes: TQM op maat van het ambacht, Sigma 4. August 2000, S. 28-32

Rügemer, W. & Wigand, E. (2014): Union-Busting in Deutschland. Die Bekämpfung von Betriebsräten und Gewerkschaften als professionelle Dienstleistung. Frankfurt, Otto Brenner Stiftung

Rychly L. & Pritzer R. (2003): Social Dialogue at national level in the EU accession countries, Working Paper, In: Focus Programme on Social Dialogue, Labour Law and Labour Administration, ILO, Genf, Feb. 2003

Scharlowsky V. (2014): Role and challenges for German trade unions in the social dialogue, Vortrag für die EZA-Sitzung in Jurmala, 24. Jan. 2014

Schulten T. & Müller T. (2013): A new European Interventionism? The impact of the New European Economic Governance on Wages and Collective Bargaining, Konferenzdokumentation der Jahreskonferenz von ETUI in Rom, März 2013

Sciarra S. (2005): The evolution of labour law (1992-2003) – general report, Europäische Kommission, Generaldirektion für Beschäftigung, Soziales und Chancengleichheit, Referat D.2, Juni 2005

SER (2014): De kracht van het overleg, uitleg over de Nederlandse overlegeconomie, Broschüre, Den Haag, Niederlande

Sisson K. & Marginson P. (2002): Co-ordinated Bargaining: A Process for our Times?, British Journal of Industrial Relations 40(2): S. 197–220

Sivananthiran S. & Venkata Ratnam C.S. (Hrsg.) (2003): Best practices in social dialogue, ILO, Subregional Office for South Asia in cooperation with Indian Industrial Relations Association, Genf

Sorensen O.H. & Hasle P. (2009): The importance of trust in organisational change; Kapitel in; Saksvik P.E. (Hrsg.): Prerequisites for health organisational change, Bentham Books

Soskice D. (1990): Wage determination, the changing role of institutions in advanced industrialised countries, Oxford Review of Economic Policy, 6, S. 36-61

Spineux A., Léonard E., Lelour, X., Barre Ph. & Walthern P. (2000): Négocier l'emploi – comparaison des formes de régulation de l'emploi en Europe, Institut des Sciences du Travail, Dossier Nr. 19, Löwen, Oktober 2000

Standaert J.-M. (2005): Collective bargaining bij employers' organisations, some key success factors, ILO, Bureau for employers' activities, Genf

Storper M. (1997): The regional world, territorial development in a global economy, Guildford Press

Streeck W. & Kenworthy L. (2000): Theories and practices of Neo-corporatism; chapter in: Janoski T., Alford R., Stuart, M. & Wallis, E. (2007). Partnership approaches to learning: a seven-country study. European journal of industrial relations, 13, 3, S. 301-321

Summers J. & Hyman J. (2005): Employee participation and company performance: a review of the literature, Work and Opportunity Series no. 33, Joseph Rowntree Foundation, Aberdeen
Swenson P. & Pontussen J. (2011): The Swedish employer offensive against centralized bargaining, cited by Barry & Wilkinson
Trampusch, C. & Eichenberger, P. (2012): Skills and industrial relations in coordinated market economies – continuing vocational training in Denmark, the Netherlands, Austria and Switzerland. British journal of industrial relations, 50, 4, S. 644-666
Traxler F. & Behrens M. (2012): Collective bargaining coverage and extension procedures, European Observatory of Working Life, https://eurofound.europa.eu/observatories/eurwork/comparative-information/collective-bargaining-coverage-and-extension-procedures
Traxler F., Blaschke F. & Kittel B. (2001): National Labour Relations in Internationalized Markets: A Comparative Study of Institutions, Change, and Performance, Oxford University Press, New York
Upchurch M., Taylor G. & Mathers A. (2009): The crisis of social democratic trade unionism in Western Europe, Ashgate, London
Vandekerckhove S., Van Peteghem J. & Van Gyes G. (2012): Wages and working conditions in the crisis, EWCO Paper, publication number 1473, Dublin
Van der Heijen P., Grappenhuis F., Heerman van Voss G., Timmerman L. & Verhulp E. (2012): Medezeggenschap: Ontwikkelingen in de 21ste eeuw, Sociaal-economische Raad, Notitie, Juni 2012
Van Gyes, G. (2003): Industrial relations and innovation. A review for the European Commission (Nr. 36)
Van Gyes, G. (2006): Employee representation at the workplace in the Employee representation at the workplace in the Member States. In: Industrial relations in Europe 2006, Kap. 3 (S. 57-77). Luxemburg: Amt für amtliche Veröffentlichungen der Europäischen Gemeinschaften
Van Gyes, G. (2010): Workplace social dialogue. In: European Company Survey 2009. Overview, Kap. 4. Luxemburg: Amt für amtliche Veröffentlichungen der Europäischen Gemeinschaften, S. 45-70
Van Peteghem J., Pauwels F. & Ramioul M. (2012): Een syntheseverslag over de Belgische "groene" bouwsector, report established within the framework of the Walqing project, HIVA, Löwen
Van Peteghem J., Hermans V. & Lamberts M. (2013): Interventietypologieën voor preventie van musculoskeletale aandoeningen en psychosociale risico's, HIVA, Löwen
Van Peteghem J. (2013): Het welzijnsbeleid op de arbeidsplaats in België: hoe zien de vakspecialisten zelf hun toekomst?, Tijdschrift voor toegepaste Arbowetenschap, 2de jaargang, Nr. 26, S. 39-49

Verma, A. (2005): What do unions do to the workplace? Union effects on management and HRM policies. Journal of Labor Research, 26(3), S. 415–449. doi:10.1007/s12122-005-1013-5
Visser J. (2013): Wage bargaining institutions: from crisis to crisis, Economic Papers no. 488, Europäische Kommission
Wallace J., Gunnigle P. & McMahon G. (2004): Industrial relations in Ireland, Hrsg. G. Hill & MacMillan, Third Edition, Dublin
Walters D. & Frick K. (2000): Worker participation and the management of occupational safety & health: reinforcing or conflicting strategies; Kapitel in; Frick K., Langaa J., Quinlan M. & Wilthagen T. (Hrsg.): Systematic Safety & health Management – Perspectives on an international development, Pergamom, Oxford
Walters D. (2010): The role of worker representation and consultation in managing safety & health in the construction industry, WP2710, ILO, Genf
Walters D., Nichols Th., Connor J., Tasiran A.C. & Cam S. (2005): The role and effectiveness of safety representatives in influencing workplace safety & health, Research Report 363, HSE Executive
Walters, D. & Gourlay, S. N. (1990): Ten years of statutory work involvement in safety & health at the workplace; a report on the effectiveness of the implementation of the Safety Representatives and Safety Committees Regulations, 1987 (London: HMSO)
Walton, M., & Balls, E. (1995): Workers in an integrating world. World Development Report
Waterman P. (1998): Globalization, social movements and the new Internationalisms, London, Mansell
Webb, S. & Webb, B. (1920): The History of Trade Unionism, Longmans, Green and Company, London
Wierink M. (2006): Les relations professionnelles dans les pays d'Europe centrale et orientale au tournant de l'entrée de l'Union Européenne: survey de littérature, Document d'études, DARES, Broschüre Nr. 110, März 2006
Williamson J. (2013): Workers on Board. The case for workers' voice in corporate governance, London, Trades Union Congress
Winterton, J. (2007): Building social dialogue over training and learning: European and national developments. European journal of industrial relations, 13, 3, S. 281-300
Wooden M., & Hawke A. (2000): Unions and the employment growth: panel data evidence. Industrial Relations: A Journal of Economy and Society, 39(1), S. 88–107

Autoren

Guy Van Gyes (KU Löwen – HIVA, Belgien) forscht zu Arbeitsbeziehungen, Beschäftigungsbedingungen und Arbeitnehmerbeteiligung und leitet entsprechende Studien. Ein weiteres Spezialgebiet sind Untersuchungen von Lohnbildungs- und Tarifvertragssystemen. Seine Forschungsarbeiten befassen sich vorrangig mit der europäischen Perspektive. Als Politikexperte hat er beratend für Organisationen wie die Europäische Kommission, belgische Bundesbehörden sowie die europäischen und belgischen Sozialpartner gearbeitet. Derzeit koordiniert er das im 7. Forschungsrahmenprogramm geförderte Projekt InGRID zur Berücksichtigung von Knowhow beim integrativen Wachstum.

Sem Vandekerckhove ist wissenschaftlicher Mitarbeiter an der KU Löwen – HIVA. Seine Forschungsinteressen liegen vorrangig im Bereich der Lohnbildung, Tarifverhandlungen und Arbeitsbedingungen. Er schreibt derzeit seine Doktorarbeit über die Auswirkungen der Arbeitsmarktinstitutionen auf die Entgelte und Beschäftigung in Belgien. Er war außerdem an verschiedenen europäischen Projekten beteiligt, die sich mit den Entgelttrends in der Krise und Mindestlohnpolitiken befasst haben.

Jan Van Peteghem (* 1951) hat einen Master in Sicherheitstechnik. Er hat den Großteil seines Arbeitslebens dem Wohlergehen am Arbeitsplatz gewidmet. Er arbeitet seit langem in der wissenschaftlichen Forschung am HIVA (Katholische Universität Löwen, Belgien), sein Thema sind die Arbeitsbedingungen im Allgemeinen. Er wurde 1996 zum Gastdozenten an der Fakultät für Ingenieurswissenschaften der KU Löwen ernannt, wo er zwei Kurse zum Arbeitsschutz und Gesundheitsmanagement hält. Während seines Berufslebens hat er außerdem die akademische Welt gegen die Praxis eingetauscht. Er hatte verschiedene Führungspositionen in mehreren Unternehmen und war im Kabinett des belgischen Ministeriums für Arbeit und Beschäftigung. Dadurch verfügt er über umfangreiche Erfahrungen und wissenschaftliche Einblicke in die Bedeutung und Rolle des sozialen Dialogs, insbesondere auf betrieblicher Ebene und im Hinblick auf Fragen der Gesundheit und Sicherheit am Arbeitsplatz.

Stan De Spiegelaere hat einen Master in Politikwissenschaften (2008 – Ugent), Arbeitswissenschaften (2010 – ULB) und einen Doktortitel in Soziologie (2014 – KU Löwen). Er war als wissenschaftlicher Mitarbeiter am Forschungsinstitut der KU Löwen für Arbeit und Gesellschaft (HIVA) beschäftigt, bis er 2015 zum Europäischen Gewerkschaftsinstitut (ETUI) wechselte. Sein Hauptforschungsthema sind die betrieblichen Arbeitsbeziehungen, Arbeitnehmerbeteiligung und europäischen Betriebsräte.